한일근대사상사연구

이 기 용 著

국학자료원

머 리 말

증보판에 즈음해서

이 책은 일본침략사상의 계보와 '정한론' 및 그 비판설, 근대사상인 한국 개화사상과 일본문명사상의 특색과 그 차이의 비교, 또 한일 근대 사상가들의 국가인식과 대외인식, 그리고 근대일본의 기독교사상과 평화사상 등을 다룬 것이다. 4년 전에 초판을 냈는데 일부 수정해서 증보판을 내게 되었다.

한일 간의 문화개방 이후 최근 일본에서는 K-POP이 열광적인 인기를 얻고 있고 일본방송사가 한국드라마를 많이 편성하는 등 한류 붐이 절정에 달하고 있다. 이것은 한일문화교류의 결실이자 앞으로도 더욱 성숙된 한일관계 형성에 이바지 할 것이라고 확신한다. 반면 이런 바람직한 현상에 대해 참물을 끼얹듯 일부 우익세력은 방송사까지 가서 한류반대운동을 펼치며 노골적인 한국공격 발언을 서슴지 않고 있다. 그것은 특히 1990년대 이후 진행되어 온 일본의 우경화 현상의 표출이라고 생각되며 역사왜곡과 독도의 일본영유권 주장도 그 강도를 높이고 있다.

동아시아의 한국, 중국, 일본 등이 앞으로 가야 할 방향은 공동체구성이다. 그것은 한, 중, 일의 대다수 지식인, 정치인, 경제인들이 공감하는 과제다. 그러나 그 전제조건으로 요구되는 것은 역사에 대한 공통인식이다. EU

(유럽공동체)의 독일과 프랑스는 공통된 역사교과서 채용에 합의하는 등 미리 이 역사적 갈등문제를 극복하고 공동체 실현을 성공시켰다. 그러나 한, 중, 일 삼국간의 역사적 갈등문제 극복은 아직 요원한 상태다. 오히려 올 8월 독도영유권을 강력히 주장하는 일본 자민당 소속 국회의원의 울릉도 방문 시도에서 보이듯이 역사왜곡에 기인한 일본의 그릇된 영토주장은 이제 노골적인 도발행동으로 발전하고 있다. 일본의 역사왜곡의 시정을 위해서도 일본침략사상의 역사적 계보와 한일근대사상의 본질을 밝히는 것이 선행 과제라고 생각한다.

숱한 외침 속에서도 주체성을 잃지 않고 독자적인 민족문화를 견지해 온 한국이 근대에 이르러 밀려오는 서양파동을 잘 소화하지 못한 채, 왜 역사시대 문화적으로 우월감을 가졌던 일본에게 힘없이 무너졌는지 의문을 안 가질 수가 없다.

일본의 침략사상은 고대시기부터 일본서기(日本書記) 등 왜곡된 사서(史書)에서 그 맹아가 형성되었고 그것이 역사 흐름 속에서 계승되어 오다가 근세기 도요토미 히데요시(豊臣秀吉)의 거국적인 조선침략으로 구제화 되었다. 그리고 에도시기 국학사상에 계승되고 개항기 '정한론(征韓論)'으로 크게 분출하였으며, 한국침략을 목적으로 한 청일전쟁과 러일전쟁을 건쳐서 한국병합으로 완전한 결실을 맺었다. 이와 같은 역사적 배경 속에서 침략사상으로 연결된 일본근대사상의 본질은 무엇이며 유교적 전통을 지닌 한국 근대사상과의 차이는 무엇인가? 또 근대화를 성공시키지는 못했지만 한국근대사상이 갖는 현대적 가치는 무엇인가? 또 침략사상 일색 속에서 이색적인 평화사상을 펼쳤던 일본의 양심적 지식인들의 사상과 행동의 의미는 무엇인가? 그 시대의 희소가치 만큼 필자가 높이 평가하고 싶었던 부분이다.

한국과 일본은 서로 피할 수 없는 이웃이며 앞으로 동아시아공동체를 이루기 위해 함께 노력해야 할 나라다. 2002년에 한일월드컵 공동개최를 성공시켰고 최근의 고조된 한류붐과 더불어 정치, 경제면에서도 보다 성숙된 교류가 진전되고 있다. 따라서 앞으로도 더욱 가치관의 공유를 확대해서 아시아와 세계평화를 위해 공헌하는 나라가 되어야 할 것이다.

이를 위해서는 우선 한일 간 양식적 지식인들의 학술교류가 더욱 진전되어서 역사왜곡을 시정하며 역사적 사실에 대한 공통인식을 갖는 적극적인 노력이 필요하다. 앞으로 이 책이 지속적으로 바른 한일관계사 정립과 미래의 밝은 한일관계 구축에 일조 할 것을 희망한다.

필자가 학문의 길에 나가고 이 자리에 서기까지 지도해 주신 존경하는 은사님들이 계신다. 성균관대 (전)이장희 교수님, (전)성대경 교수님, 서중석 교수님, 신해순 교수님, 인하대 윤병석 명예교수님, 국민대 (전)조동걸 교수님들께 깊은 감사를 드린다.

곁에서 늘 힘이 되어 준 아내와 또 같이 격려해 준 우리 자녀 정현, 성준, 정선, 성현이 에게 고마움을 표한다. 또 이 책이 출판되기까지 협조 해 주신 국학자료원의 정찬용사장님과 정구형이사님 또 새미의 정진이사장님 특히 재편집에 수고를 아끼지 않으셨던 박지연 편집이사님께도 진심으로 감사를 드린다.

2011년 10월 27일
선문대 연구실에서
이 기 용

목 차

제1부 근대일본의 침략사상과 평화사상
―다야마 마사나카의 「정한론」비판을 중심으로―

I. 서　론

일본 근대화의 기점인 메이지(明治)초기 분출되었던 '정한론(征韓論)'은 선린우호관계가 지속되었던 에도(江戸)시대와는 다른 불행한 근대한일관계의 서곡이며 오늘날 일본인 의식 속에 자리 잡고 있는 왜곡된 한국관의 연원이라고 볼 수 있다.

그러나 '정한론'은 메이지 초기 갑자기 나타난 것이 아니고 그 원형은 고대시대로 거슬러 올라간다.『일본서기(日本書紀)』의 진구기(神功期)의 기술내용은 모두 신화(神話)나 설화(說話)에 속하는 내용이다. 그 중의 '진구(神功)황후의 삼한(三韓)정벌'도 허구의 내용이자 설화인 것이다. 그러나 그 설화가 침략사상의 원형이 되면서 조선과 일본의 무력충돌과 긴장상태가 발생할 때마다 새로 포장되고 재생되었다.

『일본서기』는 일본국가의 기원과 형성과정을 기록한 사서(史書)이지만 그 속에는 밀접한 고대한일관계를 반영하듯 한반도 관련기사가 많다. 그러나 그 기사 속에는 사실이 아닌 의도적 조작이 상당부분 포함되어 있고 또 후세 사람들의 개작 등으로 역사적 사실로는 보기 어려운 왜곡된 내용들이 있다. 특히 『일본서기』는 고대천황제국가의 천황의 정당성과 권위를 높이기 위한 목적으로 편찬되었기 때문에 한반도 관계기사는 사실성과 시기부분에서 많이 왜곡되었다고 볼 수 있다. 그 같은 『일본서기』에 기술된 내용 중에, 후대의 일본인 의식 속에 계승되어 조선과의 긴장 관계나 무력충돌이 일어날 때마다 상기되었던 설화가 바로 '진구황후의 삼한정벌'이다.

즉 몽고의 일본내침 때와 조선의 대마도 정벌 때에 재생되었고 도요토미 히데요시(豊臣秀吉:1537~1598)가 일으킨 임진왜란 때에 다시 재생되어 군사들의 사기를 올리는 역할을 하였다. 특히 에도시대에는 유학(儒學)이 주류사상을 이루어 유학자들을 중심으로 조선에 대한 존경심이 강하게 존재하였지만 한편으로 국학자들이 '진구황후설화'를 다시 인용하여 재생되고 침략사상으로 체계화되면서 메이지 초기 '정한론'으로 연결되었다.

'정한론'에 관한 국내연구1)가 지금까지 주로 근본적인 접근보다는 사건 내지, 사실 위주로 이루어진 것에 비해, 일본에서는 현재까지 많은 학자들에 의해 다각적으로 연구되어 왔다. 전전의 연구는 주로 군국주의 일본을 비호하는 관점에서 기술된 것들이었으나,2) 전후에는 일본 국내에서도 이런 경향을 비판하여 메이지유신사 연구의 일환으로 상당한 연구성과를 거두고 있다. 그러나 이것도 전시대의 유산을 완전히 청산했다고 보기는 어렵다.

'정한론'에 관한 일본의 연구경향은 정한논쟁을 정한파와 비정한파의 대립으로 설명하는 부류3)와 이러한 도식적 설명을 거부하는 부류4)로 나눌 수 있다. 정한논쟁이 침략을 전제로 한 일본의 내란이었음을 감안할 때 정한파

---

1) 裵成東, 『日本近代政治史』, 法文社, 1976; 李炫熙, 『征韓論의 背景과 影響』 大旺社, 1986.
2) 煙山專太郎, 『征韓論實相』, 早稻田大學出判部, 1907; 菊田貞雄, 『征韓論の眞相とその 影響』 東京日日新聞社, 1941.
3) 大江志及夫, 「征韓論の成立とその意義」, 『東アジアの近代史の硏究』 御茶の水書房, 1967; 坂野潤治, 「征韓論爭後の內治派と外征派」, 近代日本硏究會 『幕末維新の日本』 由川出版社, 1981.
4) 遠山茂樹, 「征韓論, 自由民權論, 封建論」, 「歷史學硏究」, 143, 145; 藤村道生, 「征韓論に 於ける內因と外因」, 日本國際政治學會, 『日本外交史の諸問題』 Ⅲ. 有斐閣, 1967.

와 비정한파는 공히 '정한'이라는 본질적 차이는 없다. 다만 이것이 정한의 시기와 방법상의 차이라고 볼 때 당시의 정한론의 본질에 대한 비판론이 보다 중요한 의미를 지니고 있다.

본고에서는 우선 정한론의 뿌리이자 원형인 '진구황후의 삼한정벌설화'가 역사적 사실이 아닌 허구임에도 불구하고 히데요시의 조선침략 때 재생되고 에도시대 정한사상을 확립한 지식인들에 의해 또 다시 인용되고 재생된 모습을 조명하고자 한다.

또한 막부 말기 확립된 정한사상과 직결되는 메이지 '정한론'과 대조선 교섭과정에서 야기된 정한논쟁에 대하여 살피고자 한다. 그리고 에도시대 주류사상이었던 조선 존중론의 메이지초기까지의 계승을 당시 다른 정한논쟁자들과는 본질적 차이를 보인 다야마 마사나카(田山正中)의 비판설에서 찾아보고자 한다.

II. 임란(壬亂) 및 에도(江戶)시대의 조선인식

1. 침략사상의 원형과 임진왜란

일본고대율령국가가 확립된 직후 720년에 편찬된『일본서기』는 고대일본의 건국사(建國史)를 다룬 사서이지만 내용에는 신화나 설화가 많아서 사실(史實)적 신빙성이 문제시 되는 사서다. 거기에 기술된 '신공황후의 삼한정벌' 기사내용은 다음과 같다.

> 처음 신(神)은 구마소(熊襲)정벌보다도 금은국(金銀國)인 신라를 처야한다고 신공에게 신탁(神託)을 내렸지만 천황(天皇)은 이를 의심해서 따르지 않았다. 그 뒤 다시 신탁이 황후에게 내려서 "태중에 있는 아들이 그 나라(신라)를 얻을 것이다."라고 하였다. 그런데 갑자기 천황이 죽게 되자 황후는 천황을 도요우라궁(豊浦宮)에 안치한 후, 신탁을 받들어서 남장을 하고 한반도에 출병하였다.

그 군대를 보자 신라왕이 말하기를 "나는 동방에 신국(神國)이 있는데 이름을
일본이라고 하며, 또 거룩한 임금이 있어 천황이라고 한다고 들었다. 반드시 그
나라의 신병(神兵)임에 틀림이 없으니 어찌 군사를 내어 대항할 수 있겠는가"
라고 먼저 항복하였다. 황후는 짚고 있던 창을 신라왕문(新羅王門)에 세우고 후
세의 표시로 삼았다. 그 소식을 들은 백제, 고구려도 스스로 항복하여 삼한은 이
후 일본에 조공을 하기로 맹세하였다.[5]

신탁을 받은 진구황후가 신의 가호 아래 신라를 무력으로 침략하고 이어
서 백제, 고구려까지 한반도 삼국을 정복했다고 하면서 침략의 정당성을 강
조하고 삼국으로부터의 조공과 일본으로의 종속관계의 성립을 설명한 내
용이다. 이 기사가 역사적 사실이 아닌 허구의 세계 즉 신화나 설화에 그친다
는 것은 이미 일본 측 여러 학자들도 지적하고 있다. 즉 츠다 소기치(津田左右
吉)는 이 설화와 관련된 문헌을 상세히 검토하고 모순점을 일일이 열거하면
서 이 설화는 가공의 구상으로부터 성립된 내용임을 제시하였다. 또 이케우
치 히로시(池內宏)는『일본서기』의 절저한 사료비판을 통해 그 허위부분을
지적하여 이 설화가 역사적 사실이 아님을 지적하였다. 그리고 미시나 쇼에
이(三品彰英)도 진구설화와 그 이전 시기는 기년(紀年)자체가 초사실적이며
고증이 불가능한 시대로 보았다.[6]

이와 같이 역사적 사실로는 문제시 되는 이 허구의 설화가 몽고내침, 대마
도정벌(기해동정:己亥東征), 임진왜란, 메이지 초기 '정한론' 등 조선과의 무력
적 충돌과 긴장상태가 발생할 때마다 새로 포장되고 재생된 점이다. 또한 이
설화내용은 일본을 신국(神國)으로 보는 의식, 조선에 대한 멸시관과 깊이 관
련되어 있다. 따라서 조선에 대해 왜곡된 시각과 침략성을 가진 학자나 집권

---

5)『日本書紀』第9卷 神功皇后・仲哀天皇 9년 9・10月, 井上光貞編,『日本の名著』1, 中央
  公論社, 1983, p.196.
6) 津田左右吉,『日本上代史研究』岩波書店, 1930; 池內宏,『日本上代史の一研究 - 日鮮の
  交渉と日本書記』近藤書店, 1947; 三品彰英,『日本書記朝鮮關係記事考證』吉川弘文館,
  1963.

자들에 의해 끊임없이 인용되고 활용되었다.

진구황후의 삼한정벌설화는 그 후 임진왜란 때 부활한다. 도요토미 히데요시의 전기인『타이코군기물어(太閤軍紀物語)』를 보면 조선침공에 앞서 군대배치를 정한 기술에서 진구황후의 삼한정벌설화가 나오고 있다.

> 대저 진구황후 그 신은 이국퇴치의 때에 나가토(長門)지방 후나산에서 목재를 벌채해 대선 48척 을 만들었다. 그때 황후는 임신의 징후가 있었지만 복대를 두르고 갑옷을 입었다. 그 시기는 후한 의 헌재 건안(建安) 5년에 해당한다. 10월 16일 선유의 일에 황후는 겨우 48척의 병선을 이끌고 고려국에 건너갔다. 이국의 대장군은 수만척의 병선으로 불꽃을 쏘았고 황후가 감색 구슬을 던져 간조가 되니 이적(夷狄)은 배에서 내려 대항하자, 다시 민주(滿珠)를 던지니 해상은 원래대로 만조로 되어 칼로 공격하니 이적은 모두 타살되었다. 이로서 그 나라는 항복하고 금은보화를 실은 80척의 선박으로 매년 아조(我朝)에 바치고 맹세하였다. 고려의 왕도의 뜰에서 고려왕은 "일본의 개이다"라고 했다. 황후는 활을 당기려고 하자 신라, 백제, 고려는 3달 안에 항복을 정하고 12월 5일 황후는 귀조(歸朝)에 올랐다. 12월 5일 지쿠젠(筑前)국에서 황자를 탄생하니 이것이 바로 하치만대보살(八幡大菩薩)이다.[7]

이 전설은 지쿠젠(筑前)지방 시가(志賀)섬 기치조사(吉祥寺)에 전하는 '진구황후이국퇴치연기(神功皇后異國退治緣起)'에 기록된 것으로 우필(祐筆) 야마나카(山中橘內)가 그 연기(緣起)를 히데요시에게 바친 것이다.

히데요시의 조선침략 때 그의 뇌리에는 신국의식이 있었고 조선침략에 동참한 무사나 승려들도 같은 의식을 가지고 있었다. 예를 들어서 마츠우라 마사노부(松浦鎭信)의 가신 요시노 진고자에몬(吉野甚五左衛門)의『요시노일기(吉野日記)』, 가토 기요마사(加藤淸正)의 가신 시모카와 효다이유(下川兵太夫)의『기요마사 고려진각서(淸正高麗陣覺書)』, 나베시마 나오시게(鍋島直茂)의

---

7) 北島万治, 「秀吉の朝鮮侵略における神國意識」, 『歷史評論』438, 1986, p.28.

가신 다지리 간조(田尻鑑鍾)의 『고려일기(高麗日記)』 등에는 「일본은 신국이다」라는 의식이 '진구황후의 삼한정벌설화'와 함께 기록되고 있다. 또한 다카시마 마사시게(高島正重)의 『조소카베모또치카기(長曾我部元親記)』, 시마즈가(島津家)의 『정한록(征韓錄)』, 깃가와 히로이에(吉川廣家)에 종군한 승려 야도아시   가쿠(宿蘆俊岳)의 『야도아시고(宿蘆稿)』에는 '진구황후의 삼한정벌'을 찬미하는 기술이 있다.[8]

1592년 3월말 히데요시는 교토(京都)를 출발하여 침략기지인 나고야(名護屋)를 향했는데 4월 11일을 지나 그 도중의 나가토국부(長門國府)에서 주아이천황, 진구황후의 사사(社詞)에 참배하였다. '진구황후설화'에서 발생한 조선이 일본의 정복대상이라는 인식은 히데요시의 조선침공의 군대배치를 정할 때 상기되었고 그것은 더욱 일본의 신국의식을 고양시켰으며 대륙침략의 정당성을 뒷받침하였다. 또 이 의식은 조선에 건너간 일본군 사이에도 침투하였다.

시마즈가 『정한록』에는 일본의 제장(諸將)이 나고야성에 진주할 때 "진구황후 삼한을 퇴치하시니 ……"라고 하면서 '진구황후의 삼한정벌'에 그 행위의 근거를 구하는 신국의식을 볼 수가 있다. 조선은 일본에 복속해야 할 대상이고 이를 내용으로 하는 신국의식은 조선침략의 개시에 즈음해서 한층 두드러진다.

나베시마 나오시게의 가신인 다지리의 『고려일기』에 의하면 1592년 5월 28일, 그들은 임진강에서 소선30여척으로 수백척에 달하는 조선군을 이겼다고 한다. 그 기술 후에 "그 신인 진구황후는 신라를 퇴치하기위해 모든 신들을 이키섬으로 불러들여 …… 일본의 신력(神力)은 위세를 더하여 신라를 복속시켰다." 라고 진구황후설화를 상기시키고 감회에 빠져 있다.

이는 다지리만이 아니고 마츠우라 마사노부의 가신 요시노의 각서에도 볼 수 있다 "일본은 신국이기 때문에 (중략) 진구황후는 여제(女帝)의 몸으로

---

8) 위의 책, p.27-28.

삼한을 복속시켰다. 이후 고려, 요동에서부터 매년 일본에 관물(官物)을 바쳤다. 이것은 상대의 선례가 되었다."라고 진구황후설화를 상기시키는 내용이 『요시노일기(吉野日記)』에 기록되어 있다.

또한 『기요마사 고려진각서』에는 "예로부터 진구황후, 오진(應神)천황 이래 삼한에서 일본에 공조를 바쳤는데, 지금에는 이를 취하지 못했다. 하치만 타로전(八幡太朗殿)의 신력(神力)으로 고려에 사람을 보내게 되었는데, 기요마사가 선수를 쳐서 고려국왕을 잡아 일본에 조공을 시키고자 한다."고 기록하고 있다. 『조서카베 모또치카기』도 「고려진지사(高麗陣之事)」에서 "진구황후이래, 이국퇴치를 위한 시도는 희대(稀代)의 어사(御事)이다."라고 상기시켰다.

야도아시   가쿠도 『야도아시고(宿蘆稿)』에서 "옛날에 진구황후가 이국을 정벌할 때 이국은 홀현히 항복을 구했다"라고 기록하고 있다. 이와 같이 히데요시의 조선침략 때 종군한 무사와 승려들 사이에는 진구황후 설화가 침투하고 있었고 그 사례는 무수히 많다.[9]

전반적으로 공통된 내용은 히데요시의 침략을 진구황후 출병의 재현이라고 생각하여 진구가 여성이며 회태 중이었음에도 불구하고 큰 위업을 이루어냈는데, 우리들은 진구에 뒤지지 않는 무훈을 세워야 한다고 사기를 높인 점이다.[10] 조선침략 때 히데요시가 내세운 진구황후설화는 이국정벌의 신국의식을 내용으로 하면서 조선침략에 대한 일본 무사단 스스로의 행위를 정당화하는 이데올로기가 된 것이다. 이와 같이 일본에 침략적인 집권자가 등장했을 때, 이 설화는 역사적 사실로 둔갑하여 그 침략행위에 힘을 실어주는 역할을 하였다.

---

9) 北島万次, 「秀吉の朝鮮侵略における神國意識」, 앞의 책, 1986, p.29-30.
10) 旗田巍, 「『日本書紀』에 나타난 古代日本人의 韓國觀」, 『第5回 國際學術會議論文集』 1, 한국정신문화연구원, 1988.

2. 에도시대 조선 존중론

일본유학을 확립한 후지와라 세이카(藤原惺窩:1516~1619)[11]는 히데요시의 조선침략 때 일본이 조선에서 약탈해 온 방대한 조선도서, 특히 유학 책을 탐독하며 당시 포로로 일본에 연행된 강항(姜沆:1567~1618)[12]을 통하여 그의 학문을 이루었다. 야마자키 안사이(山崎闇齊:1618~1682)[13]도 이퇴계(李退

---

11) 후지와라 세이카(藤原惺窩)가 姜沆을 알게 된 것은 姜抗이 후시미성(伏見城)에 있을 때(1598)의 일이다. 그리고 강항이 귀국할 때까지의 1년여를 지나는 동안 세이카는 신유학창도의 결의를 단단히 하였다. 세이카가 주자학 서적을 입수하게 된 것은 임진왜란·정유재란 때 일본 무장들이 가져온 일종의 전리품에 의해서다. 1598~1599년(세이카 38~39세)에 세이카는 사상적 대전환을 하였다. 그 계기로는 첫째 아카마츠 히로미치(赤松廣通)와 강항이 원조로써 신주(新註)에 의한 사서오경의 훈독본 간행이요, 둘째 아카마츠의 저택에서의 공자 제의식에 임한 것이요, 셋째는 강항 귀국 후 비로소 심의도복(深衣道服)을 입고 도구가와 이에야스(德川家康) 앞에 나아가 이에야스 측근의 학승들과 유불논쟁을 한 것이다(1599년 9월). 이때 비로소 유학의 독립을 천하에 공포하였으며, 이는 오로지 강항의 학문에서 영향을 받은 것이라고 할 수 있다. 아베 요시오(阿部吉雄), 『日本朱子學と朝鮮』, 東京大學出版會, 1965, pp.62~63.

12) 姜沆은 晋陽 姜氏로 전라도 영광 流峯里에서 태어났다. 1597年(선조30) 9월 정유재란 때 식솔 10여인과 함께 일본 도오도 다카토라(藤堂高虎)의 군세에 몰려 포로가 되었다. 일본 이요(伊豫)의 오츠(大津)에 유치되었다가 탈출을 기도했으나 뜻을 이루지 못하고 다음 해(1598年 7月) 오사카를 거쳐 후시미성(伏見城)에 위감되었다. 1600년 4월 석방되어 두 형 및 종속 10인 그 외 30여인과 더불어 교토를 떠나 5월에 부산에 도착했다. 강항이 후시미(伏見)에 있을 때 그 興地官號 및 강약세를 기록하여 상달하였던 바 선조께서는 가칭(嘉称)하시고 비국(備局)에 내려보냈다. 또한 이 때에 후지와라를 알게 되어 귀국할 때까지의 1년여를 지나는 동안 그의 학문을 세이카에게 전수시켰다. 귀국 후 죄루를 자처하고 고향에 폐복하여 환제(混弟)들과 더불어 궁가(躬嫁)할 것은 종계(綜計)로 삼았다. 그가 일본군에 포로로 있을 때 위험을 무릅쓰고 세 번이나 일본 국정을 밀보했고 후지와라 등의 원조로 절의를 완수하고 귀국할 수 있었다. 그의 저서 『간양록(看羊錄)』은 그 포로생활의 견문록 보고서이다. 아베 요시오(阿部吉雄), 위의 책, pp.63~65.

13) 야마자키 안사이(山崎闇齊)는 교오토의 한 낭인(浪人)의 아들로 태어나 15세 경에 묘신사(妙心寺)에 들어가 선승이 되었다가 25세때 심기일변하여 승복을 벗고 주자학으로 전회하였다. 안사이가 이퇴계의 『자성록(自省錄)』에 감격한 것은 그가 31세에 『벽이(闢異)』를 쓸 때 이미 나타났던 것으로 그 감흥을 33세 때 쓴 『백록동학규(白塵洞學規)』의 서문에서 잘 드러내고 있다. 즉 『자성록』을 읽고 일본에 서 지금까지 참으로

溪:1501~1570) 저서 중의 『자성록(自省錄)』의 영향을 크게 받으며 유학의 학문
체계를을 이루었다. 이와 같이 일본유학은 조선유학 의 전적인 영향을 받으
며 형성된 것이다. 따라서 후지와라 세이카, 하야시 라잔(林羅山:1583~1657),
14) 야마자키 안사이 등의 일본유학자는 조선유학, 그 중 특히 이퇴계의 학문
에 심취하였고, 후지와라는 조선풍의 '심의도복'을 착용할 정도로 조선을 존
경하였다.

이와 같이 이퇴계를 비롯한 조선유학자에 대한 존경심은 일본에 파견된
조선통신사를 접대하는 일본유학자의 태도에 잘 나타나 있다. 조선통신사
일행 속에는 항상 유학자가 동행했기 때문에 에도막부 하의 각 번(藩)은 통신
사가 올 때마다 그 지역 유학자를 통신사 곁에 파견하여 배우도록 하였다.

그들은 조선유학자와 수창(酬唱)하거나 밤을 지세워 가며 필담을 나누었
으며 조선유학자의 서체를 받는 것을 더할 나위 없는 명예로 생각하였다. 이
런 풍조는 무사나 유학자는 물론 일반인 사이에서도 강하게 존재하였고, 특
히 일본 유학자들의 조선유학자를 접하는 태도는 존경보다도 아예 숭배에
가까울 정도였다.15)

이러한 조선 존중론은 에도 초기 유학자들을 중심으로 형성되었다. 따라

인륜지도를 밝힌 것이 없었음을 개탄하고 이퇴계를 주자의 지우고제와 다름이 없다
고 평가하였다. 아베 요시오(阿部吉雄), 위의 책, pp.239~242.
14) 하야시 라잔(林羅山)은 교토의 한 낭인의 아들로 태어나 어렸을 때부터 신동이라는
칭송을 들었다. 그가 주자학을 처음으로 접한 것은 1600년으로 그의 나이 18세였는데,
이 때는 후지와라가 승복으로 도구가와 이에야스를 알현한 때이다. 1604년 세이카
44세 때 하야시 라잔은 세이카의 문인이 되었다. 이 때 라잔은 겨우 22세였지만 박학다
식으로서 바야흐로 일가를 이루고 있었다. 라잔이 처음 조선국사와 만난 것은 1605년
23세 때였는데 그는 민간청년학도로서 조선이 파견한 송운(松雲)의 숙소를 찾아가
여러가지 주자학상의 필어문답을 한 바 송운은 라잔을 칭탄(稱嘆)했다고 한다. 또
라잔은 25세 때 이에야스에 종사하여 스루가(駿河)의 문고관리를 맡았는데, 그 문고에
서는 판본의 반 이상이 조선본이었으니 조선주자학의 유입을 짐작할 수 있고 라잔은
그 많은 책을 모조리 독파했으니 그에 대한 영향을 알 수 있다. 阿部吉雄, 앞의 책,
pp.149~153; 金泰俊・姜在彦 外 編, 『韓日文化交流史』 (주)민문고, 1991, pp.219~222.
15) 阿部吉雄, 앞의 책 pp.466~472.

서 에도 중반부터 일부 지식인들 사이에서 멸시관이 대두되었다 하더라도 이 존중의식은 쇼헤이자카 학문소(昌平坂學問所:막부의 중앙교육기관)와 지방 번교를 중심으로 지속되었다. 또한 에도 말기까지 왕래한 조선통신사와의 문화적 교류를 통하여도 이 의식은 에도시대 내내 일본인의 중심적인 자리에 있었다고 볼 수 있다.

3. 조선멸시론과 정한사상

에도 초기의 농후했던 존중론과는 대조를 이룬 멸시론이 17세기 후반부터 일부 지식인 사이에 대두하였다. 이런 시각을 가진 양명학파인 구마자와 반잔(熊澤蕃山:1619~1691)은 그의 저서에서 조선, 중국, 일본에 대하여 다음과 같이 언급하였다.

> 구이(九夷) 안에서는 조선, 유구, 일본이 가장 우수한데, 그 삼국 중에서는 일본이 가장 빼어나다. 따라서 중하(中夏)의 밖, 사해(四海) 안에서는 일본에 버금 가는 나라가 없다. 이것은 천초황(天照皇)·신무제(神武帝)의 덕이다.[16]

즉 그는 중국을 특별시하고 중국 이외에 조선·유구·일본을 빼어난 나라로 타국과 구분하였지만 이 중에서는 일본이 가장 빼어나며 조선은 일본보다 열등하다고 생각하였다. 그 근거로 고대 천초황(天照皇)·신무제(神武帝)의 덕을 거론하는 바 여기에도 『일본서기』를 근거로 한 우월감이 나타나 있다.

또한 야마가 소코(山鹿素行:1622~1685)도 조선, 중국, 일본 삼국을 천지의 중도에 해당되는 나라라고 특별시 했지만, 삼국을 대등하게 보지 않고 특히 조선에 대하여는 다음과 같이 언급하였다.

---

16) 『集義和書』 卷8, 『蕃山全集』 第3册, p.269.

무릇 무용(武勇)으로 삼한을 평정하고 본조(本朝:일본)에 공물을 바치게 했
으며 이어서 고려를 치고 그 왕성을 함락시켜 일본부를 이조(異朝:조선)에 설치
하였다. 이와 같이 그 무위를 사해(四海)에 빛낸 것은 상대에서 근대까지 일관해
온 일이다.[17)]

즉 그도 『일본서기』의 '진구황후의 삼한정벌'가사에 의거해서 일본의 조
선침략을 찬미하고 조선은 원래 일본의 속국이라고 철저하게 멸시하였다.
따라서 일본의 속국인 조선의 일본내조는 인호가 될 수 없다고 교린관계를
부정하였다.

구마자와는 양명학파, 야마가는 고학파로서 에도시대 학문의 주류였던
주자학파는 대립적 관계에 있었고 또 그들이 활약한 시대는 대체로 17세기
후반 이후였다. 이 시대는 막부권력의 확립기인 동시에 화폐경제의 발전으
로 인한 무사생활의 궁핍화 등 봉건제 내부의 모순이 서서히 표면화 된 시기
였다. 이와 같이 막번 체제의 모순을 일찍이 감지한 이들을 통해 『일본서기』
의 특히 '진구황후의 삼한정벌'기사에 근거한 조선 멸시론이 대두하였다는
점은 특히 주목할 부분이다.

이후 막번 체제의 모순이 더욱 진행되어 막번개혁이 요구되는 시기 그 개
혁의 담당자로 등장한 아라이 하쿠세키(新井白石:1657~1725)는 조선과 관련
하여 「옛 삼한은 본조(일본)의 서번(西蕃)으로서 그나라 국왕들이 모두 본조
에 복속하였다.」[18)]고 '삼한정벌설'에 근거한 멸시관을 피력하며 비용부담
이 컸던 통신사의 접대비감소화를 주장하였다. 그는 일본천황과 청나라 황
제를 대등한 위치에 두고 도구가와 장군을 일본국왕으로 하여 조선국왕과
대등시 하여 결과적으로 조선을 일본보다 아래로 본 것이다.

조선멸시관은 그 후 오사카의 상인대상 사숙이었던 가이도쿠당(懷德堂)
당주인 유학자 나카이 지쿠잔(中井竹山:1730~1804)에게도 나타났다. 그의 학

---

17) 『山鹿素行全集』 思想篇 第13卷, p.22.
18) 『新井白石全集』 第3, p.635.

문적 특징은 공리주의실학론이었다. 1789년 그는 당시 막부의 집권자였던 마츠다이라 사다노부(松平定信:1758~1829)를 위해 정치, 경제, 사회 전반에 관한 개혁안을 『초모위언(草芽危言)』에 서술하여 바쳤는데 제4권의 '조선의 일'이라는 항목에서 다음과 같이 주장하였다.

> 진구의 원정 이래 조선이 복종하고 조공을 바쳐서, 우리의 속국이었다는 사실은 역대 오랫동안 끊어지지 않았는데 지금의 형세는 이와 다르다. 그 까닭은 도쿠가와정권 초기에 도요토미의 무로 더럽힌 형국(조선침략실패)을 간신이 마무리 짓고 일시적인 방편으로 교린을 맺었기 때문이다. 그들도 이전과 같이 교토에는 조공하지 않고 그냥 에도하고만 우호를 통하니 속국이라고 하기도 어렵고 빙사를 손님 접대의 예로 대우 안할 수도 없다..... 천년동안 속국이었던 작은 오랑캐를 시세(時勢)라고는 하지만 대등한 교린 상대국으로서 항례(抗禮)를 취하는 것은 원래 바라지 않는 일이다.19)

그도 역시 『일본서기』의 삼한정벌설을 근거로 해서 이전 학자보다 더욱 멸시관에 찬 조선속국론을 펼쳤는데 이러한 흐름은 그 후 해방론과 연결되면서 침략긍정론으로 이어졌다.

해방론자(海防論者) 하야시 시헤이(林子平:1738~1793)는 그의 저서 『해국병담(海國兵談)』 중 '무비지사(武備之事)'란 항목에서 다음과 같이 피력하였다.20)

> 일본은 조선·유구·에조의 세 나라와 국경이 접해 있다. 만일 이들 나라가 갑자기 변을 일으키고 잘 훈련된 병마로 밀어닥친다면 일본은 파죽지세에 무너질 것이다. 여하튼 천하의 병마를 조련해야 하지만 힘이 못 미치면 주군에서 만이라도 인마(人馬)를 조련해 두어야 한다.21)

---

19) 『草芽危言』 第4卷, 『日本經濟叢書』 第16卷, p.366, p.370.
20) 林子平, 『海國兵談自就』 學藏會 編, 『林子平全集』 第1卷 生活社, 1943, p.388.
21) 林子平, 『海國兵談自就』 學藏會 編, 『林子平全集』 第1卷 生活社, 1943, p.388.

즉 조선을 비롯한 세 나라로부터의 공격을 가정한 국방대책과 군사훈련의 필요성을 경고하면서 과거 역사에 대한 언급을 하였다.

> 신무제(神武帝)가 처음으로 통일과업을 이룬 후, 진구황후는 삼한을 신복시키고 타이코(太閤:히데요시)가 조선을 토벌하여 지금까지 일본에 복속시킨 것은 모두 무덕(武德)의 빛남이다.[22]

그도 '진구황후설화'를 역사적 사실로 둔갑시키고 히데요시의 조선침략을 찬미하며 아주 옛 부터 조선이 일본에 복종했음을 강조하였다. 따라서 해방의 필요에 의한 조선침공을 시사하였다.

이와 같이 에도 초기 유학자들에 의해 형성된 조선존중론과 대치되는 멸시론, 속국론의 사상적 흐름이 해방론자 하야시 시헤이에 이르러서 침략긍정론으로 발전하였다. 그것이 막부 말기에 요시다 쇼인(吉田松陰:1830~1859)에 의해 보다 노골적인 침략사상으로 체계화 된다. 그는 당초 미국함대를 이끌어 온 펠리의 개항요구에 자극받아 존황양이론(尊皇攘夷論)을 전개하다가 서양열강에 대한 종속대상으로 조선 및 아시아를 겨냥한 정한사상을 체계화시킨다. 또한 그는 도쿠가와 막번(幕藩)체제를 부정하여 도막(倒幕)운동까지 벌였다.

그도 "황조(皇朝)에 진구가 삼한을 정복하고 호조 도키무네(北條時宗)가 몽고를 섬멸하며 히데요시가 조선을 정벌함은 호걸이라고 할 수 있다."[23]고 『일본서기』의 '진구황후설화'를 인용하여 과거 조선침략을 찬미하는 조선멸시론을 펼쳤다[24] 그리고

> 조선과 만주는 서로 붙어서 일본의 서북쪽에 있고 모두 바다를 사이에 둔 가

---

22) 林子平, 『海國兵談』 第16卷 學藏會編, 『林子平全集』 第2卷 生活社, 1943, p.349.

23) 吉田松陰, 『講孟余話』, 山口縣敎育會編, 『吉田松陰全集』 第3卷, 大和書房 1974, p.387.

24) 吉野 誠, 「吉田松陰と朝鮮」, 朝鮮學會編, 『朝鮮學報』 第128集, 1988. p.43.

까운 나라다. 또한 조선은 과거 일본에 신하로 복속하였는데 최근 점점 거만해
졌다. 우선 조선의 풍속과 종교 등을 자세히 파악하여 그 나라를 다시 수복해야
한다.25)

라고 역사적으로 일본의 속국이었던 조선의 내정파악을 자세히 해서 오늘
날 다시 복속시켜야 한다는 조선속국화를 강조하였다. 또한

조선을 책질하여 옛날 번성시와 같이 인질과 조공을 바치게 해서 북쪽으로
는 만주의 땅을 분할하고 남쪽으로는 대만, 필리핀제도를 확보하여 더욱 진취
의 위세를 보여야 할 것이다.26)

라고 하여 조선은 옛날과 같이 차지하고 더 나아가 아시아까지도 확보하자
는 노골적인 침략논리를 펼쳤다. 이 시점에 이르러 에도시대에 재생한 '진구
황후설화'로 인한 대조선 멸시론과 침략론이 모두 집대성 되어서 체계적인
'정한사상'이 확립된 것을 알 수 있다.

　그의 '정한사상'은 서양열강의 압박감 속에서 막번체제를 비판하고 천황
중심의 국체론(國體論)을 펼치며 전개되었기 때문에 '존황정한(尊皇征韓)' 사
상으로도 부를 수 있다. 이 사상이 바로 메이지 초기 '정한론'으로 직결된다.
그것은 쇼인이 개설한 사숙(私塾)인 쇼카촌숙(松下村塾)에서 메이지시대 '정
한'의 실천지도자인 기도 다카요시(木戶孝允:1838~1877), 야마가타 아리토모
(山縣有朋:1838~1922), 이토 히로부미(伊藤博文:1841~1909) 등을 문하생으로 배
출한 데에서 알 수 있다.

　그러나 쇼인이 '존황정한(尊皇征韓)'을 확립한 이 시기에 이미 일본 사상계
및 일본사회 전체가 정한의식을 가졌는지는 의문의 여지가 있다. 그의 고향
조슈(長州)에도 번교인 명륜관(明倫館)이 있었고 거기에서도 정통 유학교

25) 吉田松陰, 『幽囚錄』, 『吉田松陰全集』第3卷, p.387.
26) 『幽囚錄』, 위의 책, p.350-351.

육27)이 지속적으로 이루어져 왔고 따라서 조선존중론도 계승되었다고 볼수 있다. 즉 그가 개설한 쇼카촌숙(松下村塾)은 당시 조슈(長州)의 중심교육기관인 번교 명륜관에 비하면 일개 사숙에 불과했으며, 그 사숙에서 나온 사상이 당시부터 이미 일본사상계 전체를 지배했다고 보기는 어렵다고 사료된다.28)

Ⅲ. 메이지 「정한론」

1. 메이지정부의 대조선교섭과 「정한론」

메이지정부 내에서 그의 스승인 쇼인의 뜻을 충실히 받아들여 '정한론(征韓論)'을 처음으로 발의한 사람은 소위 정한논쟁에서 '내치파'로 불리는 기도다. 그는 1868년(메이지원년) 12월 14일 대신 이와쿠라 도모미(岩倉具視: 1825~1883)의 질문에 대하여 다음과 같이 답변하였다.

> ······ 조속히 천하의 방향을 하나로 정하고 사절을 조선에 파견해서 그의 무례를 문책하고 만약 그가 불복할 때에는 명죄(鳴罪)공격하여 그 땅에 크게 일본의 위력을 신장하기를 원한다.
>
> 『木戸孝允日記』1권
> 明治元년 12월 4일條29)

메이지신정부가 막부 폐지와 조선정부에 대한 왕정복고의 통고를 대마번(對馬藩)에 위임해서 대수대차사(大修大差使) 오케구치 테츠시로(桶口鐵四郎)

---

27) 對談「日本に於ける朝鮮研究の系譜」,『季刊三千里』제34號, 三千里社, 1983, p.71.
28) 위의 책, p.71.
29) 日本史籍協會編,『木戸孝允日記』, 1933.

등의 일행이 대마도의 이즈하라(嚴原)를 출범한 것이 동년 12월 11일이었고, 부산초량의 왜관에 도착한 것은 12월 19일이었다.[30]

그러나 기도는 왕정복고를 조선 측에 통고하기 이전에 이미 "그 무례를 문책하고 명제(鳴罪)공격……"이라는 '정한론'을 펼쳤다. 당시 메이지신정부에서의 조슈번(長州藩)의 역할과 대조선외교에서의 기도의 지도적 지위를 볼 때 그의 발언의 영향력은 아주 컸었다.

이와 같은 메이지정부 집권자의 의사를 반영하듯 왕정복고를 알리는 서계(書契)에는 메이지천황을 조선국왕보다 상위에 두어 '황조(皇祖)', '황상(皇上)', '황실(皇室)'과 '봉칙(奉勅)' 등의 용어를 사용했었다. 그리고 일본이 일방적으로 신인(新印)을 사용하고, 서식과 그 내용이 종래의 격례(格例)와 선린우호와도 다르기 때문에 조선 동래부사 정현덕(鄭顯德)은 이 문서의 수납을 거절하고 즉시 일본사절을 돌려보냈다.

이후 조선정부가 서계양식의 변경을 계속 요구했음에도 불구하고 일본은 '황(皇)'과 '칙(勅)'의 문구를 고집한 채 계속 사신을 보냈었다. 그것은 메이지정부가 구교의 회복이라고 하면서 막말기 쇼인이 이미 확립한 '존황정한' 사상을 그대로 계승하여 외교에 관찰시켰기 때문이다. 특히 메이지 정부는 조선국왕이 도구가와 막부의 역대 장군과 항례(抗禮) 즉 대등관계에 있었고 정이대장군(征夷大將軍)은 원래 천황의 신하였기 때문에 조선국왕도 일본천황에게 '신례(臣禮)'를 갖추어야 한다는 논법이었다. 조선 또한 이런 일본의 오만한 외교태도를 받아들일 수가 없었다.

이와 같이 일본사절이 계속 쫓겨나자 메이지정부는 1869년 12월, 외무권(外務權)대록(大錄) 사다 하쿠보(佐田白茅:1832~1907)와 소록(少錄) 모리야마 시

---

30) 1868년 12월 메이지정부는 구대마번가로家老 히구치(樋口鐵四郞)를 大修大差使에 임명하여 에도시대의 관례에 따라 조선에 왕정복고를 통지하였다. 그러나 일본측이 서계양식을 바꾸지 않은 채 교섭을 진행하였으므로 조선 측의 반발을 일으켜 이후 8년간이나 갈등이 지속되었다. 姜在彦, 「江華島事件前後」, 『季刊 三千里』 第3號 三千里社, 1975年.

게루(森山茂:1842~1919)를 조선에 파견하여 그 실상을 알아보게 하였다. 사다
는 메이지정부의 대조선교섭에서 책임적인 역할을 맡았던 외무성(外務省)관
리다. 그도 당초부터 '진구황후설화'에 입각한 역사인식을 피력했었다.

> 조선은 진구·오진천황의 삼한정벌 이래 우리의 복속국이다. 마땅히 우리
> 나라는 상고(上古)의 역사에 비추어 우리 중흥의 세력을 이용해서 조선의 무례
> 를 쳐서 우리의 판도로 되돌려야 한다."[31]

즉 그는 이미 사신으로 조선에 파견되기 전부터 멸시관에 찬 조선속국론
을 주장했었다. 1870년 3월, 그가 조선에서 귀국하자 일본과 조선과의 관계
수립은 전혀 불가능하다는 결론을 내리고 격렬한 '정한론'을 내세워 다음과
같은 건백서(建白書)를 제출하였다.

> 조선은 황국을 멸시하기를 문자에 불손함이 있다하여 황국에게 치욕을 주
> 었습니다. 실로 불구대천의 도적이옵니다. 반드시 정벌하지 않으면 천황의 위
> 엄이 서지 않습니다. 조속히 황사(皇使)를 1명, 또 대장 1명, 소장 3명을 선발해
> 서 30대대를 인솔토록 해야 합니다.... 10대대는 강화도를 향하여 왕성을 공격
> 해서 대장이 여기를 통솔하고 다른 소장은 6대대를 통솔하고 경상, 전라, 충청
> 삼도에 진출해야 합니다. 또 다른 소장은 4대대를 통솔하여 강원, 경기에서 진
> 출하고 또 다른 소장은 10대대를 통솔하고 압록강을 거슬러 가서 함경, 평안,
> 황해의 삼도에 진출하도록 합니다.... 이와 같이 하루에 우리 30대대가 총궐기
> 해서 조선의 소굴을 유린하면 반드시 무너집니다.[32]

아주 노골적인 침략론이다. '진구황후의 삼한정벌'을 다시 실제로 재현하

---

31) 旗田巍, 『日本人の朝鮮觀』, 勁草書房, 1969, p.18.
32) 1875년(메이지8년) 3월 忠芬義芳樓藏版 『征韓評論』이라는 책이 출판되었는데 이것은
    격렬한 '征韓論'을 주장한 사다(佐田白茅)가 자설을 비롯한 8편의 '征韓論'에 관한 글을
    수집하고 각설에 대한 자신의 비평까지 주석으로 달아서 출판한 책이다. 吉野作造編,
    『明治文化全集』 22卷, 雜史編 所收 日本評論社, 1929, p.26.

자는 주장이었다. 이 건백서는 대조선 교섭의 난항과 더불어 일본조야에 많은 영향을 주었다. 특히 사다는 제출 직후에 이 격렬한 '정한론'을 유세하며 돌았기 때문에 전국적으로 파급되기 시작한다.

사다가 1875년에 펴낸『정한평론』에 수록된 '정한론' 중에 겐 사쿠료(源佐九良)의 글에도 「조선이 우리의 번속(藩屬)인 것은 이미 고사(古史)에 확실이 적혀 있다.」[33]라고 하여 메이지 초기 정한론자의 대부분이 '진구황후의 삼한정벌설화'를 역사적 사실로 인식하여 조선침략의 선례로 받아들이고 있는 것을 볼 수 있다. 근대일본의 침략사상의 기점이 된 메이지 초기 '정한론'에서 '진구황후설화'가 재생하여 그 생명력을 다시 과시한 것이다.

'정한론'의 발생원인에 대하여 오늘날 대부분의 일본교과서 서술에서는 조선 측의 쇄국정책 고집에서 비롯되었다고 한다. 그러나 사실은 메이지 신정부가 조선과의 교린관계를 계속하였던 도쿠가와 막부의 관례를 무시하고 일방적으로 서계양식을 변경한 데에 있다. 메이지 신정부에 대한 조선의 입장은 변함없는 에도시대 이래의 교린의 지속으로서 국교회복의 거부는 아니었다. 오히려 문제를 꼬이게 한 근본 원인은 먼저 메이지 정부가 '존황정한(尊皇征韓)' 사상에서 출발하여 서계에서 '황(皇)'과 '칙(勅)'의 문구를 사용하는 등 조선의 예속화를 고집한데에 있었다. 또한 일본은 조선 측의 시정요구를 일본에 대한 모욕으로 간주하여 '정한론'을 여론화 했으며 이는 바로 '정한외교'를 하기 위한 미리 예정된 도발행위였다.

2. 정한논쟁과 「정한론」의 본질

1873년 '메이지 6년 정변'으로 불리는 정한논쟁은 메이지정부가 일본의 왕정복고를 조선에 전달하는 문서를 보낸 이후 교착상태에 빠진 대조선교섭에서 '정한' 그 자체에는 차이가 없고 실행 시기와 방법상의 논쟁이다. 이

---

33) 佐田白茅編, 忠芬義芳樓藏版『征韓評論』, 吉野作造編,『明治文化全集』22卷, 雜史編 所收 日本評論社, 1929, p.26.

것은 메이지유신 이후 유신 주도세력간의 재편성을 위한 투쟁이라고 볼 수 있고 정한론이 그 단서가 된 것이다.[34]

이 정한논쟁은 1873년 6월 12일 각의에서 발단이 되었다. 조선이 일본잠상에 대해 단호한 조치를 취하자 태정대신(太政大臣)이었던 산조 사네토미(三條實美:1837~1891)는 외교상식적 차원에서의 대조선정책을 제의하였다. 이와는 달리 당시 사족세력의 대표격인 사이고 다카모리(西鄕隆盛:1827~1877)는 전권대사의 파견을 주장하면서 조선이 대사를 죽일 경우 이것을 빙자하여 토벌의 날로 삼을 것을 강조하였다.[35] 특히 사이고는 도태되는 사족을 위한 활로 개척의 일환으로 견한(遣韓)사절 파견을 들고 나왔던 것이다.[36] 이때 사이고는 한 걸음 더 나아가 전권대사에 자신을 임명해 줄 것을 간청하였다. 이 자리에 참석한 여러 참의(參議)는 거의 사이고에 동조했으나 산조는 가부를 정하지 않았다.[37] 그러던 중 7월 26일 외무경(外務卿)인 소에지마 다네오미(副島種臣:1828~1905)가 청국에서 귀국하여 견한사절 문제의 외무성 소관을 주장하였으나 결국 사이고의 주장을 받아들여 동조하였다. 이타가키 타이스케(板垣退助:1837~1919), 소에지마 등 메이지 정부의 집권자를 포섭한 그는 8월 3일 산조에게 견한대사로 파견해 줄 것을 강력히 요구하였다.[38] 산조는 외유중인 이와쿠라와의 사전협약에 따른 중대사 결정방식에 의하며 결정을 지연했으나 사이고의 굳은 결심과 다른 집권자들의 동조에 못이겨 8월 17일 각의에서 사이고를 견한사절로 보낼 것을 결정하였다. 그러나 이 결정에 대해 메이지천황은 견한사절 안건은 중대사라는 이유로 이와쿠라의 귀국 후 숙의토록 하였다.

그러던 중 구미에서 귀국한 이와쿠라, 오쿠보 도시미치(大久保利通:1830~

---

34) 時野谷藤,「明治初年の外交」,『日本歷史』15, 岩波書店, 1962, p.218.

35) 大畑篤四郎,『日本外交史』東出版, 1978, p.58.

36) 井上淸,『日本の軍國主義』Ⅱ, 現代評論社, 1975, pp.102~103.

37) 吉野作造 編,『明治文化全集』22卷, p.405.

38) 吉野作造 編, 위의 책, p.423.

1878), 기도 등은 내치충실의 급무를 이유로 즉시 정한에는 반대하여, 논쟁 끝에 견한사절의 무기연기를 결정하였다(10월 24일). 이와같이 되자 정한 파의 다섯 참의였던 사이고, 이타가키, 고토 쇼지로(後藤象二郎:1838~1897), 에토 신페이(江藤新平:1834~1874), 소에지마(副島種臣)는 사직하여 낙향하였 다.[39) 반면에 기도, 오쿠보(大久保利通), 이와쿠라 등 이른바 견한사절 파견 반 대자들은 새로운 세력을 구축하기 시작하였다.

이와 같이 메이지 정부에 커다란 위기를 안겼던 정한논쟁은 즉시 '정한'을 주장했던 자나 즉시 '정한'을 반대했던 자나 그들의 대외관의 본질은 동일했 기 때문에 이 논쟁의 진상은 권력 내부의 파벌상쟁에 불과했다. 즉 대외침략 사상인 정한론은 전근대사에서의 침략적이고 멸시관에 찬 조선론의 흐름 이 외압이 증대되는 막말기 요시다 쇼인에 의해 체계화 되었다. 그리고 메이 지정부 수립 후 일본의 정치적 불안정을 실제 '정한외교'라는 형태로 밖으로 전가함으로써 서양열강부터 압박의 보상을 정치적, 경제적, 심리적으로 얻 고자 한 배경에서 나온 것이다.[40) 이를 입증하다시피 정한논쟁으로 정부 분 열이 있은 직후 기도 등의 즉시 '정한' 반대파 정부에 의해 대만침공 및 강화 도 도발이 실행되었다.

Ⅳ. 「정한론」 비판설과 평화사상

1. 요코야마(橫山正太郎)의 비판설

가고시마(鹿兒島)현 사족 요코야마 쇼타로(橫山正太郎:1843~1870)는 대조 선외교사절이자 강력한 정한론자인 사다와도 논쟁하며 메이지 정부의 비 정(枇政)에 분개하였던 인물이다. 그는 1870년 7월 27일 시폐(時幣) 10조와

---

39) 大畑騰四郎, 앞의 책, p.58.
40) 中塚明, 「日本近代史の展開と'朝鮮史像」, 『朝鮮史研究會論文集』 11, 朝鮮史研究會, 1974.

'정한론'의 부당성을 논박한 건백서를 제출하고 자결하였다. 그 내용은 다음
과 같다.

> 정한론을 주장하는 자는 필경 황국의 위축 부진함을 개탄해서 그리 하겠지
> 만 병을 움직이는 데는 명분이 있고 의로움이 있어야 하는데 어찌 신중을 기하
> 지 않을 수가 있겠는가. 병법(兵法)에서 자신을 알고 상대를 알아야 한다고 하였
> 다. 지금 조선의 일을 놓고 우리의 형세를 살펴볼 때 매사가 명목허식 뿐이고 실
> 효 있는 일은 거의 희박하니 일신이라고 해도 말뿐이며 일신의 덕화는 어디서도
> 볼 수 없다.
>
> 만약 우리 국세가 충실하고 성대하면 별거 아닌 조선이 어찌 우리에게 비례
> 를 범할 수 있겠는가. 지금 오히려 그를 소국이라고 얕잡아 보고 함부로 명분이
> 없는 출병을 하여 만일 차질이 생긴다면 천하 만민이 어떻게 평가하겠는가. 그
> 리고 그들은 근년에 외국과 자주 접전하여 문록(文祿)의 시세(임진왜란)와는 다
> 르다. 히데요시의 위력을 가지고서도 수년동안이나 힘을 기울였어야 하는데 말
> 이다.
>
> 지금 사다 모배의 주장은 조선을 장악하자는 것인데 자신을 속이고 상대를
> 속이는 국사가 어찌 장난이 아닐 수 있겠는가. 지금의 급무는 우선 기강을 세우
> 고 정령을 하나로 통일해서 신뢰를 천하에 얻고 만민을 안심시키는 데에 있다.
> 어찌 조선을 문죄할 여지가 있겠는가.[41]

그는 경거망동하며 날뛰는 정한론자들에게 내치충실 선결의 입장에서
비판하였다. 그러나 그도 '정한론' 자체의 부당성에 대한 본질 비판론자는
아니었다. 내치가 부진하고 국세가 충실하지 못한 지금은 '정한'이 시기상조
이지만 국세가 성대해지면 '정한'도 가능하다는 여운을 남기고 있다. 즉 그
는 병법에서의 상식론과 임란 당시의 일본군의 고전을 상기시키면서 조선
을 적으로 간주하고 있다. 또한 우리 국세가 성대하면 별 것 아닌 조선이 어
떻게 우리에게 비례를 범할 수 있겠는가 라는 주장에서 그의 조선멸시를 알

---

41) 佐田白茅 編, 『征韓評論』, 橫山正太郎の說, 앞의 책, p.27.

수 있다. 그의 비판설은 내치우선 정한론자인 기도, 오쿠보 등과 일맥상통하는 논리라고 볼 수 있다.

2. 다야마(田山正中)의 비판설과 평화사상

다야마는 이 시기의 '정한론' 비판에 앞서서 정한론의 원형으로 파악한 '진구황후의 삼한정벌설'의 침략상 자체에 대하여 비판하였다.

> 진구황후의 정한을 세상 모든 사람이 위공이라 하여 우리 일본의 영광으로 알고 있다. 그러나 무엇이 위대한가, 그냥 무위의 자랑에 불과하지 않느냐. 원래 당시의 아시아대륙의 문물공예가 우리에게 잘 전파되어서 그것을 우리의 문운(文運)의 기초로 삼지 않던가. 만약 단지 무위만 가지고 명분을 무시한 채 무익하게 출병해서 목적을 달성하는 일이 위대하다면 강탈 짓도 위대하다고 해야 할 것이다.42)

'진구(神功)황후의 삼한정벌설'은 이미 일본 측 여러 학자들에 의해서도 그 허구성이 지적되었지만 그는 이 설의 역사적 사실 여부를 떠나서 그 설이 정한론자들의 주장의 근거가 되어 온 점을 비판하였다. 사실 '삼한정벌설'은 히데요시(秀吉)의 조선침략 때에도 추상되고 에도시대 조선멸시론, 정한사상에서 반드시 인용되었던 '정한론'의 뿌리이자 원형인 것이다. 이 '삼한정벌설'에 담겨진 침략상에 대하여 무위만 내세우는 강탈 짓과 같다고 지적한 것은 그 때까지의 '삼한정벌설'을 인용한 모든 침략적 사상에 대한 비판이며 또 이후에 예견되는 정한론자들의 침략주의 노선에 대한 경고이기도 하였다. 그리고 문물공예 전파의 은혜에 대한 지적은 고대 한일교류사에 대한 올바른 역사인식이며 에도시대 사상적 주류를 이룬 유학자들의 조선학문전파의 은혜에 감사하고 존경했던 의식과도 상통한다고 볼 수 있다.

---

42) 佐田白茅 編, 『征韓評論』, 田山正中の說, 앞의 책, p.27.

이어서 다야마는 '삼한정벌설'과 더불어 영웅적 침략행위로 인용되는 히데요시의 조선침략에 대하여도 비판하였다.

> 히데요시의 거병은 단순히 불이익한 행동에 그치지 않고 그 불의폭행은 오래도록 神州(신주:일본)의 정의의 이름을 더럽히고 또한 조선이 우리를 원수시하고 공히 천재할 수 없는 지경에 이르렀다.[43]

이 부분에 대하여는 정한론자 사다가 다시 다야마설 위에 각주를 달아서 재비판을 했는데, 그 내용인 즉

> ……히데요시의 조선침략을 어떻게 불의폭행이라고 할 수 있는가. 영미의 교제는 이미 우리 거행(히데요시의 조선침략)과 비슷한 행위라고 할 수 있다. 오오 아직 외국의 사정을 듣지 못하고 영웅의 심사를 모르는 자들이다.[44]

라고 하였다. 이와 같이 사다는 다야마 비판설에 반박하면서 히데요시의 조선침략을 19세기 당시 진행된 서양열강의 아시아 침략의 선구자로 간주하고 합리화, 정당화하였다. 사실 '정한론' 이후 일본의 대조선침략 행위가 '삼한정벌설'과 더불어 히데요시의 조선침략이라는 역사적 사실에 의해 고무되는 것을 부인할 수 없다.

히데요시의 조선침략에 대한 긍정적 혹은 비판적 평가는 일본인의 조선관의 왜곡도를 가름하는 척도라고 할 수 있는데 다야마의 히데요시 비판은 에도시대 이래의 히데요시비판설[45]의 계승이자 그의 조선에 대한 전통우

---

43) 佐田白茅 編, 『征韓評論』 앞의 책, pp.27~28.
44) 佐田白茅 編, 『征韓評論』 앞의 책, p.27.
45) 에도(江戶)시대 일부 조선 멸시론자를 제외하고는 막부를 비롯한 정통 주자학 계통의 지식인들은 히데요시의 조선침략을 명분없는 무용의 전쟁이라고 악평하고 있고 가이바라(貝原益軒) 등은 「太閤征韓의 役(전쟁)은 貪驕忿의 三兵을 합친 것」이라고 혹평하고 있다. 姜在彦, 「文祿慶長の役と朝鮮通信使」, 『歷史の中の日本と朝鮮』 講談社,

호적인 바른 시각을 확인할 수 있는 대목이다.

그는 메이지 초기 다시 분출한 '정한론'에 대하여 다섯 항목에 걸쳐서 체계적으로 비판하였다.

첫째 지금 메이지유신의 공신들이 각자 의견을 달리하여 장사(將士)는 모두 공을 세우려고 안 간 힘을 다하여 이제는 모두가 무사안일에 싫증을 느껴서 조선에 출병하여 잠시 그 소화를 피하려 한다. 이들은 히데요시의 전철을 밟는 자들이다. 그 불의비도를 다시 논할 필요가 없지만 한 마디 예를 들자면 한 집안에 광환자(狂患者)가 있다고 할 때 이 광환자가 가인에게 폭력을 휘두르고 기물을 파괴하는데 가인이 이를 다루는 법을 몰라서 결국 광환자를 속여 이웃집에 보내고 나서야 높은 베개에서 안심해서 자는 것과 마찬가지다. 인가에서는 이에 대해 어떻게 생각하겠는가.

둘째 조선을 우리가 소유하고 러시아를 막자는 것은 병법을 아는 자의 주장이 아니다. 한 번 거병해서 일시적으로 조선을 제압할 수 있을지 모르나 조선의 인심을 하루아침에 장악하여 우리에게 복속시키기란 참으로 어려운 일이다. 그렇지 않아도 우리 일본은 적중에 있다. 즉 사면개적 속에서 다시 새로운 강적을 막는 일이 뜻대로 되겠는가.

셋째 조선에 출병해서 우리의 사기를 분발시키는 일은 아주 비겁한 일이다. 종전에 외국강적들에게 눈앞에서 참을 수 없는 굴욕을 당하면서 속수무책이었지 않던가.... 억지로 서양인을 우대하고 또 말하기를 서양인에 대해서는 반항하지 말고 잠시 대의명분을 뒷전으로 한 채 복종하고 배워야 한다고 하지만 이런 일은 원래 인국 사이에서는 있을 수 없는 일이다. 함부로 도발하여 인호의 의를 무시한 채 쓸데없이 약소를 모욕하고 평온한 나라를 침략하는 일은 오늘날의 비방은 혹시 무마할 수 있을지 모르나 훗날의 公評은 결코 면할 수 없다.

넷째 개국외교를 한 이래 우리는 쇄국의 비합리를 깨달았기 때문에 조선이 무릇 외방(外邦)과 교제하도록 돕는 일이 우리의 책임이라고 할 수 있다. 당초 미국전함이 에도(江戶)해에 침입하여 우리에게 강제로 맹약을 맺었다. 그것은 당시의 집권자가 이들을 대하는 법도 모르고 거절하는 용기도 없어서 당황하며 분주한 끝에 비굴하게 그 청구를 받아들여 오늘날 대환을 남겼다.... 그러니 지금 우리측의 조선에 대한 강요는 조선으로 하여금 우리의 전철을 밟도록 유도하는 처사다. 조선인이라면 어찌 이 일을 우려 안하겠는가.

다섯째 목전의 강적을 피하기 위한 약소국에 대한 침략은 비굴하고 불의한 일이다. 전해 듣기에 조선의 인심은 후하고 믿음을 좋아하며 굳게 의를 지켜서 그 기질의 아름다움은 아시아 중에서도 뛰어나다고 한다. 그러기에 아직 외이(外夷)의 간유에 응하지 않고 풍자도 마치 그 덕을 항상 간직하는 미인과도 같다. 미인은 항상 사랑 받는 법이다. 그러나 왜 홀로 이 아름다운 나라가 이같이 학대 받는 상황에 놓였는가. 오오라.[46]

1981, p.179.

46) 佐田白茅 編, 『征韓評論』, 앞의 책, pp.28~29.

우선 첫 항목에서는 메이지 일본의 내분으로 대두한 불평사족들의 해소 방식47)에 대해 광환자를 이웃집에 보내는 일로 비유하며 히데요시의 조선 침략의 전철을 밟는 일이라고 비판하였다.

둘째 항목에서는 물리적인 제압이 일시적으로는 가능하나 조선의 인심을 장악하기는 어렵고 조용한 조선을 병법에 어긋나면서까지 적으로 삼는 그 부당성을 지적하였다.

셋째 항목에서 정한론자들의 서양관을 지적하였다. 즉 서양인에게는 대의명분과 자존심도 버리고 비굴하게 복종하며 배우라고 하면서 조선에 대하여는 인호의 의를 무시하고 침략주의로 임하는 이중적인 자세에 대하여 비판하였다. 이와 같은 이중적인 자세는 정한론자들 뿐 아니라 당시의 정부 관리들 그리고 서양문명화 노선을 강력히 주장한 후쿠자와 유키치(福澤論吉:1834~1901)의 조선관에도 나타나 있다.48) 또한 여기에서 다야마는 "오늘날의 비방은 억제할 수 있을지 모르지만 후세의 공평은 결코 면할 수 없다."고 하였는데 사실 오늘날 당시 '정한론'을 평할 때 그의 선견지명을 확인 할 수 있다.

넷째 항목에서 다야마는 일본의 개국을 평가하고 이웃 조선의 무릇 외국과의 교제를 협조하면서 서양인에게 당한 굴욕을 인호(隣好)의 의(義)를 무시한 채 조선에게 같은 방식으로 해소하려는 것을 비판하였다. 즉 일본의 전철을 조선이 밟는 일을 막자는 지적이다. 다야마의 조선에 대한 에도시대 이래의 인호의 의를 중시하고 평화의 전통을 살리고자 했던 우호적인 자세를 볼 수 있다.

---

47) 明治유신 이후 明治정부의 중앙집권적인 권력통일의 과정과 그 개화정책에서 소외된 과거 봉건적 지배층인 사족의 불안이 고조되는 가운데 그들의 주요한 요구는 정한의 즉시 단행과 무사적 특권의 회복으로서 궁극적으로는 사족 독재권력을 내세워서 국권 신장을 이루려는 경향이 있었다. 橋川文三 編, 『近代日本思想史の基礎知識』, 有斐閣, 1971, p.8.

48) 후쿠자와는 일찍이 조선에 대한 많은 관심을 가지고 언론에 그의 조선론을 발표했는데 그 중 대표적인 것이 「脫亞論」이라는 논설이다. 본고 p.203 참조. 福澤諭吉, 「脫亞論」 (1885. 3. 16), 『續福澤全集』 第2卷, 岩波書店, 1933, pp.40~42.

다섯째 항목에서 다야마는 문명의 이름으로 조선을 침략하는 불의를 비판하면서 "조선의 인심은 후하고 믿음을 좋아하고 굳게 의를 지키며 그 기질의 아름다움은 아세아 중에서도 뛰어나다."고 하며 "덕을 잘 간직하는 아름다운 나라를 쳐서야 되겠느냐"고 지적하였다. 이 시대 일본조야가 조선멸시관과 정한론으로 치닫는 가운데 그것과 대비되는 놀라운 조선관이며 평화사상이라고 할 수 있다. 그러나 다야마와 같은 선린우호의식에 찬 평화사상이 근대일본 이후로 계승되지 않고 메이지 '정한론'을 기점으로 멸시와 침략주의적인 조선관이 일본국민 속에 자리 잡게 된 것은 참으로 통분할 일이다.

이상과 같이 다야마는 먼저 정한론의 뿌리인 '진구황후의 삼한정벌설'과 그 실체행위인 히데요시의 조선침략을 비판하고, 사다 등의 '정한론'을 다섯 항목에 걸쳐서 강력하게 비판하였다. 내치 우선을 이유로 즉시 '정한'을 반대하고 분사한 요코야마의 논지도 침략성이 내포된 것을 볼 때 다야마의 비판설은 아주 차원이 다른 평화사상이었다. 그는 에도시대 이래의 선린우호적인 조선관에 입각하여 조선멸시론과 정한론에 대한 본질적 비판을 하였다.

다야마 마사나카의 평화사상을 통해 막말기에서 메이지 초기 '정한론'이 고조되는 가운데에 에도시대 이래의 선린우호적 조선관이 아직도 일본인 속에 남아 있었음을 알 수 있다.

그러면 근대일본의 조선관의 추이를 볼때 왜 다야마와 같은 시각이 사라지고 멸시와 침략주의적 조선관이 대다수 일본국민 속에 자리 잡게 되었는가. 그것은 지금까지 살펴본 대로 근대사 이전의 부정적 조선관의 막연한 계승이 아니고 메이지 '정한론'을 기점으로 한 일본의 조선침략정책과 그 실행 또 거기에 따른 일본인의 조선진출과정에서 의도적으로 재형성[49]된 것이다. 그리고 다시 국민교육의 보급 속에서 일반국민 차원에까지 정착했다고 볼 수 있다.

---

49) 中塚明, 앞의 책, p.201.

V. 결 론

본 논문에서 우선 '정한론'의 사상적 배경과 그 본질을 살펴보았다. 일본인의 조선관에는 '진구황후의 삼한정벌설'에 뿌리를 두는 침략적인 조선인식과 에도시대 초기부터 뚜렷하게 보였던 존중론에 찬 조선인식의 두 조류가 있었다.

근대일본의 침략사상의 기점이 된 메이지 '정한론'은 당시 갑자기 나타난 것이 아니었다. 그 역사적 계보는 에도시대로 올라가고 그 원형은 고대사서인 『일본서기』의 '진구황후의 삼한정벌' 기사에까지 거슬러 올라간다. 이 '진구황후의 삼한정벌' 기사가 역사적 사실이 아닌 허구의 내용 즉 설화임에도 불구하고 몽고내침, 대마도정벌, 임진왜란, 메이지 초기 '정한론' 등 조선과의 무력적 충돌과 긴장상태가 발생할 때마다 각 시기에 새로운 모습을 수반하며 괴물과 같이 재생해서 일본역사에서 부정적인 역할을 해 왔다. 특히 이 설화는 일본을 신국시하는 신국사상과 조선에 대한 멸시론을 유발하였다. 그래서 왜곡된 시각과 침략성을 가진 학자나 역대 집권자들에 의해 끊임없이 인용·활용되어 침략사상의 정착과 계승에 크게 기여하였다. 여기에 심각한 문제점이 있는 것이다.

근대일본은 조선과 강화도조약을 체결한 이후 한일합방에 이르기까지 변함없이 침략주의에 입각한 대조선정책을 수행하였다. 그것과 연계하여 일본국민의 황국신민화(皇國臣民化)를 위한 사상무장의 일환으로 진구황후의 삼한정벌설화를 사실(史實)로 둔갑시키고 국민학교에서 역사교육을 철저히 하였다. 특히 역사교과서에는 '진구황후의 삼한정벌' 상상도까지 실어서 침략적 역사인식을 주입시켰다.

오늘날 일본인의 조선관은 침략적인 인식의 흐름을 이은 것이지만 그것은 막연한 계승이 아닌 메이지 '정한론' 이후 주로 집권층의 의도적인 교육에 의한 형성작업의 결과였다고 볼 수 있다.

이러한 의미에서 본고는 1875년 '정한론'이 일본조야에 팽배하고 일본의 조선도발이 진행된 가운데 출판된 『정한평론』의 잡지에 게재된 8편 중 다른 설과는 차원이 다른 다야마 마사나카설에 주목하였다. 여기서 다야마는 '정한론'의 본질을 파악하고 비판하였다.

다야마의 평화사상에서는 우선 '정한론'의 뿌리가 되는 '진구황후의 삼한정벌설'에 대하여 그 역사적 사실 여부를 떠나서 그 시각자체를 "문물전파의 은혜를 모르고 무위만 자랑하는 강탈 짓과 같다."고 비판하였다. 또 그 추상행위인 도요토미 히데요시의 조선침략에 대해 "그 불의폭행이 오래도록 일본의 정의의 이름을 더럽혔다."고 비판하였다. 또 '정한론' 자체에 대해서도 "지금 논의되어 있는 조선출병계획은 히데요시의 전철을 밟는 것이며 일본이 미국 등 열강에 당한 굴욕을 이웃 조선에 해소하는 것은 '인호(隣好)의 의(義)'를 무시하는 처사다."라고 주장하였다. 또 나아가 "조선의 인심은 후하고 믿음을 좋아하고 굳게 의를 지키며 그 기질의 아름다움은 아세아 중에서도 뛰어나다."고 하며 "이런 덕이 있고 아름다운 나라를 쳐서야 되겠느냐"고 강조하였다.

당시 메이지 정부에 의해 주도된 조선을 침략시키는 '정한론'이 우세한 가운데 또한 이후의 일본의 침략 행위에 비추어 볼 때도 아주 놀라운 조선인식이다. 이것은 당시 일본민간 차원에서는 에도시대 이래의 평화적이고 선린우호적인 인식이 아직 남아 있었다는 것을 알려 주는 사례다.

일본 측 학계에서는 한일양국민의 상호인식과 관련하여 조선에 대해 우호적인 성향과 보편적인 사상을 지닌 일본인이나 사상이 일본사의 주류를 형성하기가 어려웠다는 견해도 있다. 그러나 그것은 근대사 이후의 일이지 적어도 에도시대에는 초기부터 학문의 주류는 조선유학에서 영향 받은 후지와라 세이카, 하야시 라잔, 야마자키 안사이 등이 보급시킨 유학이고 그들의 존경심에 찬 조선인식은 막부의 중앙교육기관인 쇼헤이자카 학문소나 지방 번교를 중심으로 에도시대 내내 계승되었다.

물론 '정한론'의 사상적 맹아는 에도시대 중기부터 서서히 대두하고 그 흐름이 막말기 펠리의 개항요구에 자극 받은 요시다 쇼인에 의해 체계화 되었다. 그러나 당시만 해도 그것은 에도시대 주류사상에 대한 비주류사상으로 나온 것이지 곧 당시 사상계의 전체적 경향이었다고 보기는 어렵다. 이와 같이 근대 이후의 일본인의 멸시와 침략주의적인 조선인식은 '진구황후의 삼한정벌설'과 그 추상행위인 히데요시의 조선침략, 그리고 에도시대 정한사상 등 근대사 이전의 부정적인 조선인식의 막연한 계승이 아니다.

그것은 메이지 '정한론'을 기점으로 한 일본의 조선침략정책과 그 실행 또 거기에 따른 일본인의 조선진출과정에서 의도적으로 재형성 되었고 다시 국민교육의 보급과 함께 일반국민 차원까지 정착한 것이다.

오늘날 아직도 일본에 남아있는 멸시와 침략주의적인 한국인식의 불식과 미래지향적인 한일관계 구축을 바랄 때 그 기점이 되는 메이지 '정한론'의 본질 규명과 이미 당시에 본질적 비판을 한 다야마 마사나카(田山正中)의 평화사상의 발굴 연구가 한층 더 요망되는 것이다.

제2부 청국의 속국화정책과 조선의 국권사상

Ⅰ. 서 론

19세기 서세동점(西勢東漸)의 파도 속에서 조선은 1876년 일본과 맺은 병자수호조약(강화도조약)을 통해 근대만국공법체제 속에 편입되었다. 이 조약문 제1조에서 조선이 '자주지방(自主之邦)'임을 확인하였는데 이것은 당시 조선과 청국의 주관적 판단과는 상관없이 전통 중화적 국제관념을 부정한 셈이다. 즉 이 조약은 근본적으로 모든 독립국가는 평등한 국권을 향유한다는 서구적 근대국제법에 입각하여 조일관계를 재구성함으로서 간접적으로 중국의 종주권부정을 겨누었다. 다시 말해서 전통적인 수직적 상하관계를 부정하고 국가간 평등관계를 구축하고자 한 것이다. 이와 같이 이 무렵 서양세력의 진출에 대한 동아시아의 조선, 청국, 일본 삼국의 대응과정에서 삼국간에 있었던 종래의 국제질서인 사대교린관계가 개편된 것이다.

서세동점의 충격에 대해 청국과 일본은 일국자원의 문제로서 대응했지만 조선은 청국에 대해 어떠한 외교적 조정을 하면서 대응할 수밖에 없었다. 그 결과 조선의 청국에 대한 대응은 일본을 연관시키면서 전개되었고 서양세력의 직접적인 개국요구를 피하고 청국의 영도 하에 개국하였다. 이렇듯 조선의 근대국제질서 편입이 서양제국에 의해 직접 이루어진 것이 아니라 이웃나라인 일본과 청국에 의한 개국에서 비롯되었다는 점이 큰 특색이다.

이 때문에 조선의 서양제국에 대한 개국은 종래 형식적인 종속관계로 만족했던 청국이 주변국인 러시아 및 조선과 처음으로 근대적 조약을 맺은 일본에 대한 경계심으로 변화되어 대조선 종속관계의 강화를 가속화 하였다. 근대적 독립국가로의 출발이 되어야 할 개국이 오히려 청국에 대한 종속강화라는 결과를 초래하자 대외적인 독립과 근대화를 지향하는 정치세력인 개화파가 본격적으로 등장하였다.

이와 같이 볼 때 19세기 개화사상의 형성과 전개는 서세동점의 충격에 대한 조선의 대응 형태 속에서 파악해야 한다.

조선이 일본과 강화도조약을 체결하고 서양제국과도 개국하여 근대적 만국공법질서 속에 편입되었음에도 불구하고 임오군란(1882년), 갑신정변(1884년)을 걷히면서 오히려 청국과의 종속관계가 강화되는 외교적 모순구조 속에 모색된 조선의 국권사상을 개화사상가들의 시각을 중심으로 살펴보고자 한다.

II. 개항기 청국의 조선 속국화정책

조선의 개국문제에 대하여 청국은 병인양요 이래 불·미 양국과 교섭한 바 있었으며 특히 1875년 8월 운양호사건이 일어난 직후 북경(北京)의 보정부(保定府)에서 청일간에 진행된 소위 소속방토의 논의에서는 조선의 개항문제에 대한 결단이 불가피하다는 인식을 가지고 있었다.[1]

그러나 일본이 개항문제를 주도하자 청국도 조선에 대한 적극적 자세를 취하게 되었다. 즉 조선은 속국이지만 그 정치에는 일체 간섭하지 않는다는

---

1) 權錫奉, 「李鴻章의 對朝鮮列國立約勸導策에 대하여」, 『歷史學報』 21, 1963, p.103.

종래의 형식적인 종주권 주장에서 한 걸음 더 나아가 조선의 안정보장에 대한 책임은 자국에게 있다는 방향으로 변화하였다. 다시 말해서 청국은 조선과 일본의 강화도조약 체결에 자극 받아 조선의 대외문제에 대한 간섭 내지는 권도의 필요성을 인식하기 시작하였다.[2]

이홍장(李鴻章)은 강화도조약 체결 이후 주로 일본세력의 조선진출에 관심을 집중하였다. 조·일간의 문제에 대하여 일본을 제어하려는 정책을 펴기 시작하였으나 아직은 주일청국공사 하여장(何如璋)의 보고에 입각해서 조선의 가상적국을 러시아로 보고 거기에 대한 경계심을 강화했었다. 그러나 1879년 4월 4일 일본의 유구에 대한 폐번치현이 단행되자 그의 일본에 대한 경계심은 높아가고 러시아와 더불어 일본도 가상적국으로 삼는 기본전략을 세웠다. 그리하여 그는 조선에 대한 압박을 우려하면서 1879년 조선의 영부사 이유원(李裕元:1814~1888)에게 다음과 같은 내용의 편지를 보냈다.

> 지금의 형편으로서는 독(毒)으로 치고 적을 끌어 적을 제압하는 계책을 써서 이 기회에 서양의 여러 나라와도 차례로 조약을 체결해서 일본을 견제해야 할 것입니다. 저 일본이 사기와 폭력을 믿고 고래처럼 들이키고 누에처럼 먹어 들어갈 것만 생각하고 있다는 것은 유구(琉球)를 멸망시킨 한 가지의 사실에서 단서를 드러내 놓은 것입니다. ……작년에 터어키가 러시아의 침범을 당하여 사태가 매우 위험하였을 때 영국, 오스트리아와 같은 여러 나라에서 나서서 시비하였기 때문에 러시아는 군사를 거느리고 철회하였습니다. 이전부터 터어키가 고립되어 있었고 원조를 받을 데도 없었더라면 러시아 사람들이 벌써 제 욕심을 채우고 말았을 것입니다. ……만약 귀국에서 먼저 영국·독일·프랑스·미국과 관계를 가진다면 비단 일본만을 견제할 것이 아니라 러시아 사람들이 엿보는 것까지 아울러 막아낼 수 있습니다. 러시아도 반드시 뒤따라서 강화를 하고 통상을 할 것입니다.

---

2) 앞의 책, p.104.

즉 이 편지에서 이홍장은 조선이 서양각국과 조약을 체결해서 일본을 견제하면 러시아도 막을 수 있다고 주장하였다. 이렇듯 이홍장은 폐번치현을 단행하여 중국과 양속관계에 있었던 유구(琉球)를 완전히 통합한 일본에 대해 경계심을 강화하였다. 그래서 이이제이책으로 서양세력을 끌어들여 조선을 속국으로 확보하고자 하였다. 그러나 일본을 경계하기 시작한 이홍장의 인식변화에 대하여 하여장은 여전히 조선의 환은 일본보다 러시아에 있다고 보고 이홍장과의 견해 차이를 보였다.

또 이홍장은 조선에서의 통상필요성을 다음과 같이 피력하였다.

> 조선의 힘만으로 일본을 제압하기는 역부족이지만 서양과 통상을 하면서 일본을 견제한다면 충분하고도 남음이 있습니다. 서양의 일반 관례로는 이유 없이 남의 나라를 멸망시키지 못합니다. 대체로 각 나라들이 서로 통상을 하면 각국 간에는 공법이 자연히 실행됩니다. 또 구라파의 벨기에 · 덴마크도 다 아주 작은 나라지만 자체적으로 여러 나라들과 조약을 체결하자 함부로 침략하는 자가 없습니다. 이것은 모두 강자와 약자가 서로 견제하며 존재한다는 명백한 증거입니다.[3]

그는 조선이 서양과 통상하면 자연히 공법이 실용되어 일본을 견제할 수 있고 세력균형도 이룰 수 있다고 보았다. 이렇듯 서양의 만국공법체제 속의 세력균형을 어느 정도 파악했던 이홍장은 전통적 중국외교술인 '이이제이(以夷制夷)'책을 그것과 부합시켰다. 즉 러시아와 일본의 조선침입을 미국, 영국, 불란서 등의 서양세력을 활용하여 견제하고자 하였다. 그는 일본을 포함한 모든 서양국가를 '이(夷)'로 간주하였고 전통적인 속국규정을 교묘하게 활용하였다. 즉 조선의 개국자강책을 종속관계의 틀을 유지한 채 추진시키려고 했다.[4]

---

3) 『高宗實錄』 高宗16년 7월 9일.
4) 原田環, 「朝鮮策略をめぐって」, 季刊 『三千里』 17号, 三千里社, 1977, p.205.

이에 대해 조선의 영부사 이유원은 이홍장에게 서간을 보내 조선정부의 공식견해를 전달하였다.

> 서양의 공법에 이미 이유 없이 남의 나라를 빼앗거나 멸망시키지 못하도록 되어 있기 때문에 러시아와 같은 강국도 귀국에서 군대를 철수하였으니 혹시 우리나라에서 죄 없이 남의 침략을 당하는 경우에도 여러 나라에서 공동으로 규탄하여 나서게 되겠습니까. 한가지 어리둥절하여 의심이 가면서 석연치 않은 점이 있습니다. 일본 사람들이 유구왕을 폐하고 그 강토를 삼킨 것은 바로 못된 송나라 강왕의 행동이었습니다. 구라파의 다른 나라들 중에서는 응당 제환공처럼 군사를 일으켜 형나라를 옮겨놓고 나라를 보호하거나 혹은 일본을 의리로 타이르기를 정장공이 허나라의 임금을 그대로 구개한 것처럼 하는 나라가 있음 직한데 귀를 기울이고 들어보아도 들리는 말이 없는 것은 무슨 까닭입니까. 터어키를 멸망의 위기에서 건져준 것으로 보아서는 공법이 믿을 만한데 멸망한 나라를 일으켜 세우는 데는 공법을 적용할 수 없는 것입니까. 벨기에와 덴마크는 사마귀만한 작은 나라로써 여러 나라들 사이에 끼어 있지만 강자와 약자가 서로 견제함으로써 지탱하는데 유구왕은 수백년의 오랜 나라로서도 그대로 지탱하지 못하였으니 이것은 지역이 따로 떨어져 있고 여러 나라들과 격리되어서 公法이 미치지 못하기 때문에 그런 것입니까.[5]

조선정부는 일본의 유구처분과 관련한 공법불신과 더불어 청국이 이 사건을 개국설득의 수단으로 이용한데 대해 그 모순점을 정확하게 지적하여 반발하였다.[6] 이홍장의 조선정부에 대한 권고는 이와 같이 거절되었다. 아직 임오군란전인 이 시기는 조선에 대한 청국의 영향력이 약했음을 알 수 있다. 그러나 이 권고에 대한 이유원의 거절사유에는 타당성도 있었지만 당시 시대흐름을 파악 못했던 조선관료들의 문제점도 있었다. 즉 그가 만국공법

5) 高宗實錄』, 高宗16년 7월 9일.
6) 北原スマ子,「朝鮮の對西洋開國決定とロシア認識」,『朝鮮史研究會論文集』33. 朝鮮史研究會, 1995, 10. p.50.

을 의심하며 열국입약을 거부하면서 이에 대응하는 어떤 정책 제시나 태도를 밝히지 못하였다는 점이다.[7] 이 점은 당시 일반보수관료들의 한계성이라고 볼 수 있고. 이후 적극적인 개국외교론을 펼친 김옥균, 유길준 등 개화사상가들과의 큰 차이점이라고 할 수 있다.

대서양개국에 대한 인식이 달라지는 것은 1880년 제2차 수신사로 일본을 다녀온 김홍집이 조선에 『조선책략(朝鮮策略)』을 유입시키면서부터다. 『조선책략』은 청국 주일공사 하여장이 참찬관 황준헌(黃遵憲)에게 정리시킨 것으로 주된 내용은 다음과 같다.

> 조선이라는 땅덩어리는 실로 아시아의 요충을 차지하고 있어 형세가 반드시 다투게 마련이며 조선이 위태로우면 中東의 형세도 날로 위급해질 것이다. 따라서 러시아가 강토를 공략하려 할진대 반드시 조선으로부터 시작할 것이다. 아! 러시아가 늑대처럼 정벌에 힘써 경영해 온 지 삼백여 년 그 첫 대상은 유럽이었고 다음에는 중아시아였고 오늘날에 와서는 다시 아시아로 옮겨져 마침 조선이 그 피해를 입게 된 것이다. 그렇다면 오늘날 조선의 책략은 러시아를 막는 일보다 더 급한 것이 없을 것이다. 러시아를 막는 책략은 어떠한가? 중국과 친하고 일본과 맺고 미국과 이어짐으로써 자강을 도모할 따름이다.[8]

즉 조선이 앞으로 친중, 결일, 연미하여 러시아를 경계하면서 개국자강정책을 추진해야 한다는 내용이다. 여기에 반영된 하여장의 견해는 그가 일본에서 얻은 지식이 많이 활용된 것을 추측할 수가 있다.[9] 여기서 '친중국' 이

---

7) 權錫奉, 「李鴻章의 對朝鮮列國立約勸導策에 대하여」, 앞의 책 , p.119.

8) 『日本外交文書』 第13卷, (明治13年) (1880년) p.90, 『朝鮮策略』 黃遵憲 原著, 趙一文 譯註, 建國大學校出版部, 1997, 6.

9) 그가 저술시킨 『朝鮮策略』의 국제정세 분석에는 寺島宗則의 영향을 볼 수 있다. 그는 하여장에게 러시아 위협설을 설명함과 동시에 일본이 조선과 수호조약을 맺은 것은 일본의 「自保의 計」라고 하여 하루속히 조선에 인원을 파견할 것을 권하였다. 『淸季中日韓關係史料』 第2卷, 庚辰 4月13日 〔1881,·5·21〕, 出使大臣·何如璋 函。臺北:中央研究院近代史研究所 編, 1972, 景人文化社, 1982.

라는 내용은 중국과의 종속관계의 내실을 더 다져야 한다고 해석할 수 있겠고 '결일본'이라는 내용은 러시아의 위협에 대처하기 위해 일본과의 수호조규를 준수하고 강화해야 한다는 것으로 해석할 수 있다. 하여장은 일본의 재정상태 악화로 일본의 침략은 불가능하다고 판단하였지만 이홍장은 일본의 경제 사정악화 때문에 오히려 영토확장욕을 유발할 수 있다고 아주 대조적인 평가를 하였다.[10] 또한 '미국과 이어져야 한다'는 의미는 미국과 연계해서 통상조약을 체결한다는 뜻인데 이것도 이홍장과 견해를 달리 했다. 즉 앞서 언급한데로 이홍장은 모든 서양세력을 '夷'로 보았지만 『조선책략』에서는 러시아를 견제하기 위해서 통교해야 할 나라로 미·영·불·이를 열거하였다. 그 중에 특히 미국을 민주·공화·예의의 나라로 다른 나라와 구분하며 높이 평가하였다.

이렇듯 이홍장과 하여장은 조선의 당면과제로 개국과 자강의 필요성에 대해서는 견해가 일치하였으나 그 방법론에서 차이를 보였다. 즉 이홍장은 중국의 전통적인 외교술인 '이이제이(以夷制夷)' 책으로 대처한데 비해 하여장은 근대외교술인 '세력균형책'으로 대처하였다. 다시 말해서 이 시기 이홍장의 대조선정책은 종래의 전통적인 종속관계의 틀 속에 조선을 속국으로 유지하면서 개국자강책을 추진시키려고 하였다. 그러나 하여장은 조선의 대서양개국을 선도하되 종래의 형식적 종속관계를 근대국제법 속의 실질적 속국관계로 재형성하려 하였다. 이같은 그의 견해는 그가 『조선책략』보다 앞서 펴낸 「주지조선외교론(主持朝鮮外交論)」에서 보다 명확히 나타나 있다. 여기서 그는 서양이 아시아의 조공국을 속국으로는 보지 않다고 파악하였다. 그래서 서양에서는 속국이나 반독립국이 조약을 체결할 때 흔히 통할국(상국)이 주관하는 것이 통례이기 때문에 조선의 조약 체결시 청국이 관여함으로써 조선이 청국의 속국임을 명백히 할 필요가 있다고 판단하였다.[11]

---

10) 原田環, 「朝鮮策略をめぐって」, 앞의 책, p.204.
11) 앞의 책, p.204.

즉 하여장이 이홍장 이상으로 조선에 대한 종속관계 강화를 노린 것을 알 수 있다.

이홍장과 하여장의 이런 방법론상의 차이에도 불구하고 조선의 쇄국정책이 조선을 위태롭게 한다는 공통인식은 가지고 있었다. 그래서 청국의 생명선인 조선을 살리기 위해 개국책을 추진하되 오히려 속국적 지배관계의 강화를 노린 것이다. 이 책은 이후의 조선외교정책 전환의 큰 계기를 가져다 준다. 김홍집은 1880년 10월 2일 『조선책략』을 고종(1852~1919)에게 헌정하면서 귀국보고를 하였다.

> 최근 러시아는 도문강(圖們江) 하구에 16척의 군함을 정박시키고 그 함대에 각각 삼천의 병사를 승선시켜 이를 해군경이 지휘하고 있다. 그 의도하는 바는 조선의 동남해에서 청국의 산동성 해안으로 이동하여 북경에 입경하리라 추측된다. 이 긴급사태를 청일 공히 우려하고 있다. 최근 양국 신문에는 유사시 조선도 일본도 피해를 받는다고 되어 있다. 서양제국도 러시아를 경계하고 합종연합을 배척하려 한다. 수호통상의 의도는 오직 여기에 있다.[12]

김홍집은 일본에서 얻은 정보를 정확하게 전달하였고 이 나라의 상황이 『급절지우(急切之憂)』[13]라고 하며 그 대책으로서 자강책의 추진을 권유하였다. 고종은 10월 11일 수신사의 복명보고를 받고서 시원임대신(時原任大臣)을 소견하여 『조선책략』과 대외정책에 대한 의견을 구하였다. 이 자리에서의 영의정 이최응(李最應)과의 문답에서 그들의 대외 인식을 파악할 수 있다.

---

12) 宋炳基, 「駐日淸國公使 何如璋의 '主持朝鮮外交議에 대하여」, 『東洋學』 11輯, 檀國大學校 附設 東洋學硏究所, 1981, p.21.

13) 「俄羅斯 近日於圖們江海口 置軍艦十六艘 每艘有兵三千余名 海軍卿領之 其意將欲由 我國東南海 轉向中國山東省海岸 直入北京云 是以淸使及日本人 僉以爲時日急切之憂 扼腕 噓唏 近日上海公報与日本新聞紙 莫不以此講취 以爲若果有事 則我國与日本 并受其害 西洋各國 皆畏俄如虎狼 欲与宇內 合從以擯之 修好通商意 專在是云」, 『修信使記錄』 卷2, p.152.

고종이 지시하기를 "일본사람의 문답 중에 러시아에 대해 우려하는 것이 없지 않다"고 하니 이최응이 말하기를 "러시아가 근래에 매우 강대해졌기 때문에 청국에서도 제어하지 못합니다."라고 하였다. 고종이 지시하시기를 "중국도 그러한데 우리나라야 더 말할 나위가 있는가"라고 하니 이최응이 말하기를 "년전에 미야모토 쇼이치(宮本小一)가 연회 때에 가까이 앉아서 러시아 문제를 언급하였는데 그것은 진정이었습니다. 그런데도 우리나라 사람들은 의심하고 있습니다. 이번 수신사 편에 청나라 사람이 보낸 책을 보면 그 실정을 증명할 수 있습니다."[14]

즉 조선은 청국과 일본에서 얻은 러시아 위협론을 현실적인 것으로 받아들여 개국정책을 일약 추진하였다. 이같이 개국개화로의 정책전환이 빨리 진전된 것은 이미 대서양개국이 불가피하다고 판단한 정부 중진들이 반대파를 설득하는 근거로서 종주국인 청국이 권고한『조선책략』이 유효한 수단이 될 수 있다고 보았기 때문이다.[15] 이리하여 조선은 1882년 4월 드디어 미국과 조미수호통상조약을 체결하여 일본 외의 서구사회에 처음 문을 열었다. 조선은 이제 만국공법체제 속에 확실히 편입되었지만 그것은 청국과의 종속관계 청산 속에서 이루어진 것이 아니었다. 현실적으로 1882년의 임오군란과 1884년의 갑신정변의 실패는 오히려 조선에 대한 청국의 종주권을 강화시키는 결과를 초래했다. 이홍장은 원래 조선의 개국자강을 청국과의 종속관계의 틀을 유지한 채 추진하려 했던바 조선이 공법체제 진입 후에는 그가 기대한 이상의 효과를 보이며 종속관계의 강화 속에서 자강정책이 실행된 것이다.

---

14) 『修信使記錄』卷2, pp.151~158.
15) 「敎曰 日本人問答中 俄羅斯國事 不無爲慮矣 最應曰 俄羅斯國 近頗强盛中原亦不能制之矣 敎曰 中國猶如此 況我國乎 最應曰 年前宮本小一燕饗時促坐語及俄羅斯 此是眞情也 而我國人果疑之 今以信使行中 淸人所送册子觀之 可驗其實情矣」, 『高宗實錄』17년 9월 8일.

Ⅲ. 주한외교고문의 조선국권론

1. 데니의 「청한론淸韓論」

유길준의 국권론에도 영향을 미친 데니(O. N. Denny-德尼)의 조선국권론에 대해 살피고자 한다. 1877년 청국 천진(天津) 주재 미국영사에 임명된 데니는 이 때 청국의 정치외교를 전담했던 북양대신 이홍장과 친분을 맺었다. 천진은 당시 대조선정책 수립의 최고책임자인 이홍장의 정치적 기반이었던 곳인 만큼 데니와 이홍장 간의 밀접한 인간관계는 데니의 외교활동에 큰 힘이 되었고 장차 그의 정치, 외교적 향방을 결정짓는데 결정적 요인이 되었다.

1886년 3월 28일에 데니는 선임자 묄뢴도르프(Molendorf, P.G.von-穆麟德)의 후임으로 외교고문으로 임명되었다. 그는 이후로 1890년까지 서울의 정치외교의 중심인물로 활약하였다. 부임 초기 그는 '조선을 청국의 번속'으로 하려는 이홍장의 대조선정책을 실행해야 할 입장에 있었다. 그러나 조선이 청·일·로 삼국간의 각축장이 되고 자국의 존립마저 유지할 수 없는 상황을 목격하고는 심경의 변화를 일으켜 조선의 정치적 독립과 경제개발에 헌신하기로 하고 정책을 전환하였다. 특히 원세개(袁世凱:1860~1916)의 조선정부에 대한 정치적 횡포와 침략적 간섭행위에 자극 받아 이홍장과의 유대관계에도 불구하고 조선의 외교 및 국내문제에 대한 청국의 지배권을 반대하기 시작하였다.16) 이러한 데니의 반청정신과 조선독립을 지향한 그의 조선국권론을 「청한론(淸韓論)」17)에서 피력하였다.

청국과 조선의 조공관계에 대한 그의 생각은 다음과 같다.

> 한 나라가 다른 나라에 대하여 조공관계의 의무를 가지고 있다고 해서 그 나라의 주권 및 독립권은 조금도 이에 영향을 받지 아니할 뿐만 아니라 받을 수도

---

16) 原田スミ子, 앞의 논문, p.60.

17) 원문, China And Korea by O. N. DENNY, kelly and Walsh, Limited Printers, Shanghai, 1888, 「淸韓論」 金源模 譯, 『東洋學』 제10輯, 檀國大學校 附設 東洋學硏究所, 1980.

없다. 이러한 이유로 조선은 매년 청국에게 조공을 바치고 있지만 결코 조선의
주권과 독립성은 아무런 침해를 받지 아니한다. 가령 버마 영유 대가로 영국정
부가 청국에게 조공을 바쳤다고 해서 대영제국의 국권과 독립권이 조금도 손상
을 입지 아니하는 것과 같고 또한 일찍이 유럽의 대해양제국이 회교제국에게
공물을 바쳤다고 해서 유럽제국의 국권과 독립성이 아무런 손상을 받지 아니하
는 것과 같다.[18]

그는 조선이 청국의 조공국임을 인정하면서 주권독립국이라는 서양국
제법학자의 제설을 인용하면서 그 타당성을 주장하였다. 또한 17세기부터
의 청국과 조선 양국의 역사적 관계에 대해서도 언급하였다.

> 한 · 청 양국간에는 조공관계가 확립되어 있었지만 번속관계는 수립되지 아
> 니했다. 「1636년의 조약」(城下의 盟)에서 조선은 청국에게 번속국 지위를 인정
> 했다고 주장하는 자가 있다. 그러나 이 조약은 어디까지나 조공관계의 조약이
> 기 때문에 이러한 제창은 잘못된 주장이다. 뿐만 아니라 이 조약은 중국과 체결
> 한 조약이 아니기 때문에 아무런 의미가 없다(그것은 만주 여진족인 청과 맺은
> 조약이기 때문이다).[19]

참으로 조선과 중국의 깊은 역사인식에서 나오는 견해라고 할 수 있다. 특
히 그는 날로 내정간섭을 강화하는 원세개에 대해 「조선의 정치적 독립과
결제발전의 암적 존재이기 때문에 그를 제거해야 한다.」[20]고까지 극언하였다.
또한 그는 원세개의 밀수업 관련문제에도 언급하면서 가령 청국병선이
조선개항장을 무상출입 하는데 청국에서 선적해 온 상품이나 조선으로부
터 운반할 물품에 대해서 일체 통관절차를 거치지 않고 면세혜택을 받고 있
다고 지적하였다.

---

18) 同上.
19) 앞의 책, p.270.
20) 앞의 책, p.276.

데니는 이 같은 조치가 조선해관의 관세칭수와 세수에 막대한 손실을 입힌다고 염려하였다. 그리고 원세개가 한로밀약설을 트집 잡아 국왕폐립음모를 꾸몄는데 이런 음모 또한 주권침해행위이므로 그를 소환 아니면 당연히 추방해야 한다고 주장하였다.[21]

2. 묄렌도르프의 「청한론」에 대한 반론

묄렌도르프(1847-1901)는 이와 같은 데니의 「청한론」에 대한 반박문을 천명하였다.[22] 그는 이 반박문을 통해 조선이 역사적으로나 현실적으로 청국에 조공을 받쳐 온 속국임을 강조하며 청국측에 영합하려 했는데 그 주요 내용은 다음과 같다.

첫째 조선과 청국의 역사적 관계에 대해서 「1637년의 '성하(城下)의 맹(盟)'으로 맺은 조약에서 조선이 번속관계를 인정했기 때문에 조선의 독립국지위는 옳지 않다는 인식 하에 조청 양국간에 통상조약(조청수륙상민무역장정(朝淸水陸商民貿易章程):1882년 3월 조인)이 체결되었다. 그 전문에 조청 양국간의 번속관계를 언급하였고 조선이 서양열국과 맺은 여러 조약에 따라 조선과 통상관계를 수립한다고 규정했었다.」[23]고 조청 양국간 속국관계의 역사적 사실인식에 대한 데니의 견해를 반박하며 앞서 맺은 통상조약 서문에 조청간 속국조항을 기술한 것은 당연한 일이라고 지적하였다.

그리고 제일 논점이 된 속국 규정에 대하여 묄렌도르프는 언어상의 의미를 음미, 조사해 볼 필요가 있다고 반박하였다.

> 조선어에 있어서 종속지위(dependent position)에 해당하는 낱말은 속국(su-Kuoh)이다. 서양인들은 이 말을 「속국, 제후국」(Vassal State) 또는 조공국

---

21) 同上.
22) 同上.
23) 원문 P.G von Moellendorff. A Reply to Mr. O. N. Denny's pamphlet cntitled: "China and Korea".
    묄렌도르프 저 金源模 譯, 「데니의 淸韓論에 대한 反駁文」, 『東洋學』 第10輯, 1980.

(tributary state)이란 말로 무분별하게 번역하고 있다. 속이란 마치 한 사람의 지배를 받고 있는 종속부하(subordinates)처럼 신민(subjects)에 속하는 의미를 내포하고 있다. …따라서 이 말(屬)을 적절하게 번역한다면 속국(dependent state)이라 표현해야 한다. 따라서 이 말은 종주국과 번속국과의 관계를 잘 나타내는 말이며, 조공이란 말은 번속국이 종주국에게 이행해야 할 책무를 의미하며, 중국어에는 이를 「진공국」이라 일컫고 있다. 이렇게 설명하면 데니씨가 주장하는 설이 무너지고 있음을 발견할 수 있다.24)

즉 그는 언어상의 의미를 풀이하면서 종속(dependence)이란 국제법상 명확한 독립주권국으로 인정을 못 받았기 때문에 국가라고 말할 수 없다고 주장하였다. 그 이유로써 「종속국은 제 권리를 향유할 수 없고 종속국으로서의 조건에 맞는 책무만 지고 있을 뿐이다.」라는 미국 법률가 할레크(H.W. Halleck)25)의 말을 인용하고 또한 「다른 나라로부터 보호를 받고 있는 국가는 어떤 점에서는 주권국가일지 모르지만 완전한 주권국일 수는 없다.」라는 당시 미국의 저명한 국제법학자인 울시(T. D Woolsey)26)의 말을 인용하여 조선은 주권독립국이 아니며 청국의 속국임을 강조하였다.

> 조선국왕은 청국의 종주권을 항상 인정해 왔고, 그러기에 즉위할 적마다, 청국황제에게 승인을 청원해서 윤허를 받고 등극한다고 조선국왕은 말하고 있다. 리총독에게 보내는 급송공문서에서 조선국왕은 자기나라를 가리켜 「속국」(su-kuoh)이라 일컬었으며, 데니씨는 이러한 호칭과는 무관한 일이라고 하였으나, 용서할 수 없는 주장으로 보고 있다. 조선국왕은 모든 공문서와 모든 조약문서에 중국황제의 연호와 함께 중국책력을 사용하고 있으며 정기적으로 조공

---

24) 「데니의 '淸韓論'에 대한 반박문」, 『東洋學』第10輯, p.296.

25) Henry Wagner Halleck, (1815-1872), 미국군인이며 법률가이다. 법률연구 「國際法 및 戰爭法論」, 「國際法」 등을 저술하였다. 「淸韓論」, 『東洋學』第10輯 p.296.

26) Thodore Dwight Woolsey, (1801-1889), 미국국제법학자, 그는 최초로 미국 정치를 체계적으로 연구하였으며, 그의 대표저서인 『國際法研究序說』(1860)은 권위 있는 것으로 정평이 나있다. 「淸韓論」, 『東洋學』第10輯, p.297.

을 비치고 있고, 데니씨의 주장에도 불구하고(조공을 바친다고 해서 반드시 속
국은 아니라는 주장) 조선국왕은 청의 번신이다. 따라서 「진공국」(tributary
state)을 가장 적절하게 번역하면, 속국이라는 것을 모든 조약국들에게 통고하
고 있다. 조선국왕은 조청상민수륙무역장정 전문에서 분명히 번속을 인정한 것
이다. 그러나 무역장정 전문이 현재와 같은 내용으로 조약체결 시에 작성된 것
인지에 대해서 의심하는 법률학자는 데니씨 한 사람 뿐이었다.[27]

이렇듯 그는 조선이 청국의 속국임을 역사적으로 분석하였다. 그가 이 같
은 주장을 한 것은 조선의 외교고문직이 다시 탑이나 청국에 영합하려한데
서 비롯되었다고 볼 수 있다.[28]

IV. 개화사상가의 국권론

1. 김윤식의 국권론

김윤식은 1876년 강화도조약이 체결된 해에 황해도 암행어사가 되어 본
격적으로 실무관료의 길을 간 개항기 과거관료의 제1세대였다. 그는 이후
청국에 두 번 파견되어 청국을 통해 서양신지식을 吸收하였다. 그의 개화사
상형성이 청국경유의 지식으로 이루어진 것은 그의 스승인 박규수의 영향
이 컸었다. 따라서 그의 국권확립을 위한 외교정책은 청국과의 관계를 기축
으로 해서 전개되었다.[29]

---

27) 「데니의 淸韓論에 대한 반박문」, 『東洋學』 第10輯, p.299.
28) 묄렌도르프는 1885년 5월에 조선에 들어와서 데니의 후임으로 앉을 공작을 벌였으나
   이미 조선에서는 그를 채용할 의사가 없었고, 데니를 그대로 유임시켜서 그는 실의를
   안고 돌아갔다. 그러나 목은 그후에 상해에서 중국해관에 근무할 때나 영파에 가
   있을 적에나 끝까지 조선에서 복무하던 3년 미만의 생활을 잊지 못하고 복귀할 꿈을
   버리지 않았다(고병익 「독일인 穆麟德의 임용」, 『동아시아의 전통과 근대화』, 삼지원,
   1984, pp.207-208).
29) 原田環, 「19世紀의 朝鮮における 對外的危機意識」, 앞의 책, p.103.

박규수의 문하에는 김윤식, 김옥균, 박영효, 유길준 등이 있었으나 이중 김윤식이 제일 박규수의 영향을 받았으며 대외전략의 기본발상이 그와의 공통점이 많았다. 박규수의 대외전략은 청국과의 사대관계를 견지하면서 서양충격에 대응하려는 것이었다. 즉 조선은 청국의 '소속방토'[30]이기 때문에 일본이 군사적인 협박을 하는 일은 있어도 직접적인 개입행동은 없을 것으로 파악하였다. 이러한 박규수의 외교전략을 김윤식은 그대로 계승했다.

1881년 김윤식은 청국에 영선사로 파견되어 조미수호통상조약의 기초작업에 관여했지만 그때 그의 자세는 청국과의 사대관계를 이용한 미국과의 개국이었다. 이홍장이 조선을 보전하기 위해 동조약 초안 속에 조선은 오래 전부터 청국의 속방이라는 내용[31]의 속국규정의 일조를 삽입할 것을 주장했을 때 김윤식은 오히려 각국에 대한 자주를 지킬 수 있다는 긍정적인 대답을 하였다. 즉 그 이유는 「당시 천하가 다 아는 바데로 여전히 조선이 청국의 속방임을 인정한다 하더라도 자주권까지 빼앗기지는 않을 것이며 오히려 각국이 청국을 봐서 조선을 얕잡아 보지 못할 것이다. 그래서 청국과는 사대의 의리를 저버리지 않고 각국과의 교제에서 해 없이 평등의 권리를 잃지 않는 양득을 기할 수 있다.」[32]고 보았기 때문이다. 종주국 청국과의 관계를 배경으로 조선의 독립을 유지하려는 나름 데로 냉철한 현실적 판단이었다고 볼 수 있다. 그러나 동시에 이홍장의 조선과의 종속관계 유지 및 강화 속에서 대서양개국을 유도하려는 의도와도 궤를 같이 하였다. 이렇듯 그는 청국과의 관계를 외교의 기축으로 세웠다. 그러나 청국이 조선을 종전과 같은 형식적 관계에 머물지 않고 군사적, 재정적, 외교적으로 그 자주권을 파

---

30) 「嗣後大淸國大日本國培敦和誼, 與天壤無窮, 卽兩國所屬邦土, 亦以禮相待, 不可 稍有 侵越, 俾獲永久安全」, 『陰晴史』高宗19年 壬午 6月19日條. 國史編纂委員會, 1958.

31) 「朝鮮久爲中國屬邦, 而外交內政事宜, 均得自主, 他國未便過問, 方覺不触不覺」, 『陰晴 史』, 高宗18年 辛巳 12月 28日條.

32) 「我國之爲中國屬邦, 天下之所共知也.…天下人, 見中國之擔任我國, 則各國 輕我之心, 亦從而小阻, 以均得自主繼之. 是則与 各國相交無害, 用平等之權矣. 不触失權之忌, 不 背事大之義, 可謂兩得.」, 『陰晴史』, 高宗 18년 辛巳 12월 27일.

기하는 근대제국주의적 속국화 추진에 대한 대처에서 한계성을 드러냈다. 이같은 그의 상황인식은 임오군란 후, 청국이 재정면의 속국화를 목적으로 체결한 '조청상민수륙무역장정(朝淸商民水陸貿易章程)' 에 반영되었다. 이 장정체제는 12년 후 조선이 그 파기를 요구할 때까지 지속된 강제적 종속체제였다.

한편 그의 국권론은 그가 견지한 유교주의의 반영이라고도 볼 수 있는데 천진에서 대미개국 교섭시 청국의 양무파 관료인 허속문(許涑文)과의 회담 내용에 나타나 있다.

여기서 오늘날 세계에서 만국공법이 제대로 지켜지지 않고 있다는 허속문의 지적에 대해 김윤식은 근래 강대국과 약소국의 현실 속에서 공법이 부재한 것을 충분히 숙지하면서도 조선만은 만국공법을 지켜야 한다고 주장하였다. 즉 소국인 조선은 어떤 나라도 지키려하지 않는 만국공법을 오히려 지킴으로써 외국에 대한 신의를 확보할 수 있으며 자수(自守)할 수 있다고 하였다.[33] 다시 말해서 그는 조선은 국제사회에서 보다 유교적 도덕을 견지해야만 조선의 국권을 지킬 수 있다고 판단하였다. 이와 같이 그는 유교주의로써 소국이 취해야 할 현실적 대응을 모색한 것이다. 그는 갑신정변 이후에도 변함없이 국가의 자주독립을 위해 신의가 얼마나 중요한가를 강조하였다.[34] 이같은 자세를 국제사회의 패도에 대한 왕도론적 입장에서의 대응이라는 평가도 있다.[35] 국제사회에 신의를 주장한 점은 유교적 도덕주의를 견지한 유길준과도 유사했으나 개화파인사 중에서는 김윤식이 가장 신의를 중요시했다고 볼 수 있다.

---

33) 「答(金允植) 近來事 惟視强弱 不在公法 然小邦自守之道 惟在謹守公法 無失 信於他邦 可也 兩敝邦人 視公法如邪學 不欲掛眼 主人 (許涑文) 日 萬國公法 亦非諸國會議定法 乃參量時勢 如亦 (六) 『陰晴史』, 國史編纂委員會, 1958, p.79.

34) 「夫信者國之寶, 苟能守信 雖無城廓・甲兵可以自保, 如其無信, 雖有四海之富, 金湯之固, 不足恃也」, 『雲養集』 券之7, 「十六私議」, 『亞細亞文化社』, 1980.

35) 趙景達, 「朝鮮における大國主義と小國主義の相剋」, 『朝鮮史硏究會論文集』 22, 1985, p.74.

2. 김옥균의 국권론

김윤식의 국권론에 비해 김옥균은 아주 대조적인 견해를 펼쳤다. 1883년
이후 약 3년간 한국 최초의 근대식 신문인『한성순보(漢城旬報)』와『한성주
보(漢城周報)』의 편집을 도운 바 있는 일본인 이노우에 가쿠고로(井上角五
郎:1860~1938)의 회고록 중에,「김옥균은 조선에 돌아가자『흥아책(興亞策)』
이라는 일서를 저술하여 국왕전하에게 바쳤던 바, 전하는 매우 기뻐하셨다.
요컨대 삼국제휴를 동양유지의 대책으로 기술한 것이었으며……」36)라고
하여 김옥균은 일본에서 귀국한 뒤『흥아책』이란 책을 써서 국왕에게 바쳤
다고 되어 있다. 이노우에가 말하는『흥아책』이란『기화근사(箕和近事)』로
추측된다.37) 흥아책이란 아시아를 일으키는 방책 즉 서양의 침략 혹은 위협
하에 놓여 있는 아시아를 일깨워 대항할 수 있는 힘을 기르자는 것인데 이
내용 속에 김옥균의 강한 국권의식이 담겨져 있다. 또『기화근사』라는 책이
있었다는 확인만 되었지 이 저서는 현재 전해지지 않는다. 그러나『한성순보』
의「논기화형세(論箕和形勢)」라는 논설의 제목으로 봐서 일부내용을 여기에
실었으리라 추측된다.38) 즉 그는 여기서「지정학상으로 보아 일본은 사면
이 바다로 둘러 싸여 있고 우리나라도 삼면이 바다로 둘러 싸여서 서로 이웃
간에 무역이 성할 수 있는 아주 좋은 여건을 갖추었다. 따라서 일본이 동양의
영국이라면, 우리나라는 이탈리아와 면적이나 인구의 수도 같아, 이탈리아
와 비슷한 역할을 해야 한다.」39)고 주장하였다. 또 서재필(徐載弼:1863~1951)
의 회상에서는 김옥균은 조선이 동양의 프랑스가 되어야 한다는 주장을 펼
쳤다고 한다.40) 이같이 그가 조선의 서양열강화 즉 강대국을 모색했음을 알

36)「古友金玉均의 回想」,『古均』創刊號, 古均會, 1935.3. p.8.
37) 李光隣,『開化黨硏究』, 一潮閣, 1973, p.187.
38) 同上.
39)「西人有論 東洋諸國 以我國及日本 爲形勢之地 蓋日本四面環海之地 可以禦 都國可以
盛貿易 我國三面阻海…與日本相近 比之西洋 日本如英國 我國如伊國…而我國土地人
口 與伊國均」,『漢城旬報』, 第26號, 1884년 閏 5월 11일.

수 있다. 따라서 당시 청국과의 종속관계를 부정적으로 보았으며 그 종속관계를 청산해서 서양제국과 신흥국 일본을 모델로 한 자주독립국을 이루려 하였다. 이점 김윤식이 조선국익과 국권을 위해 종래의 청국과의 정치적 문화적 틀을 이용한 점과는 아주 대조적이다. 즉 김옥균은 조선국익과 국권을 위해서는 종래의 종속적 틀도 완전히 철폐해야 한다고 보았다. 그 구체적 행동이 청국과의 종속관계의 절폐와 서양적인 근대독립국가를 이루기 위해 그가 주동하며 일으킨 갑신정변이었다.

3. 유길준의 국권론

유길준은 조선이 자주독립국임을 입증하기 위해 근대국제질서에 입각한 국제관계론과 국권론을 펼쳤다. 그 내용은 순 한문으로 쓴『국권(國權)』에 실려 있다. 유길준이 이 글을 쓴 이유를 임오군란을 마무리하면서 국민에게 내린 전교와 그 중 일부내용을 보완하여 쓴 「방국(邦國)의 권리(權利)」에서 설명하였다.[41] 여기서 유길준은 만국공법질서의 적극적 수용을 천명하였다.[42]

당시 조선은 미국, 영국 등 서구열강과 조약을 체결하였지만, 청국은 일본과 서구제국에 대한 수세를 만회하려는 듯 임오군란 진압 차 출동한 군대를 계속 조선에 주둔시키면서 종래의 형식적 종속관계를 넘어선 직접적인 지배정책을 펼쳤다. 그리하여 이때부터 조청관계는 '내정·외교는 자주'라는

---

40)「徐載弼手記」, 卞榮魯譯,「回顧甲申政變」, (閔泰瑗,『甲申政變과 金玉均』, 國際文化協會 所收 1947. 9).

41)『國權』은 당시 정부당국이나 지식인을 상대로 한 글이었기 때문에 순 漢文으로 서술했고『西遊見聞』은 일반대중의 계몽을 목표로 한 저술이기 때문에 國漢文 혼용으로 바꾼 것이라 생각된다. 김봉진은 언어표현상의 차이로『國權』보다「邦國의 權利」에 근대적 언어(일본어 譯語)가 많이 사용되고 있는데 이러한 변화는 그의 사상의 발전과 관련이 있는 것으로 보고 있다(金鳳烈「兪吉濬 開化思想의 硏究」, 경희대학교 박사학위논문, 1987, pp.218-219).

42)『高宗實錄』, 1882년 9월 16일.

전통이 파괴되고 근대국제법적 주종관계인 제국주의적 관계로 변질되었다.[43] 청국으로부터의 독립을 제일 목표로 내건 개화파의 갑신정변이 실패하자 청국은 막강한 군사력을 배경으로 내정간섭을 더욱 강화하였다. 서구 열강과의 주권평등의 근대국제관계와 청국과의 종속관계가 이중적으로 작동하자 1888년경 묄렌도르프와 데니를 중심으로 조선의 국제법적 지위에 대한 논쟁이 발생하였고 이때 유길준은 『국권』(「방국의 권리」)에서 조선의 처지를 양절(兩截)체제로 규정하고 조선의 자주독립적 지위를 변호하였다.

그의 국권론을 『서유견문』의 「방국의 권리」에서 살펴보겠다.

> 나라의 권리는 두 가지로 나누어 볼 수 있다. 하나는 국내적인 주권이다. 나라 안에서 시행되는 모든 정치 및 법령은 그 정부의 입헌적인 기능을 스스로 지키는 것이다. 다른 하나는 국외적인 주권이다. 독립과 평등의 원리에 따라 외국과 교섭하는 일이다. 이를 미루어 본다면 한 나라의 주권이라고 하는 것은 그 나라의 형세가 강한지 약한지, 그 나라의 시작이 잘되었는지 못되었는지, 땅이 큰지 적은지, 국민이 많은지 적은지를 따질 것 없이, 국내외 관계의 참다운 형상에 의하여 단정할 수 있다. 천하 어느 나라든지 다른 나라가 마찬가지로 가지고 있는 권리를 침범하지 않을 때에는 독립과 자주에 기초하여 그 주권의 권리를 행사하는 법이다. 여러 나라의 권리는 비슷한 관계에 있는 직분들의 같은 점들을 추려서, 행실이나 습관에 따라 제도로 한정한 것이다.[44]

즉 유길준은 주권을 내용하는 주권과 외행하는 주권의 양면으로 나누었다. 내용하는 주권은 입헌하의 국내 정치법령에 의한 통치권을 말하고, 외행하는 주권은 대외적 자주권을 의미한다. 여기서 그는 일국의 주권은 그 형세의 강약, 토지의 대소, 국민의 다과에 관계없이 세계는 무릇 평등함을 강조하고 그 권리를 대략 각국을 보존하는 산업, 입법 등의 권리와 대외적 교섭과

---

43) 1882년 10월에 체결된 '朝淸商民水陸貿易章程'에서 그 변질이 구체적으로 반영되었다.
44) 『西遊見聞』, 「邦國의 權利」, 『全書』I 一潮閣, p.105.

통상강화, 중립의 권리 등 7가지를 열거하였다.[45] 이 중에서 그는 「현 체제를 유지하고 자기 나라를 스스로 보호하는 권리는 결국(자기 나라를) 자기들 스스로가 지킨다는 뜻이니, 온 나라 인민들이 하나같이 책임져야 할 일이다. (이 권리가) 모든 권리 가운데서도 가장 중요하기 때문에, 마음을 같이하고 힘을 합하여 정부의 방향과 능력을 지켜 받드는 것이 옳다.」[46]라고 하여 자보(自保)권을 가장 중요한 것으로 여겼다. 그는 국권을 어떤 나라가 제멋대로 누릴 수 있는 일반적인 권리가 아니라 여러 나라가 상호관계 속에서 균등하게 누려야 하는 상호적인 권리라고 설명하고 도덕적인 의무를 수반하는 권리로 파악하였다. 예컨대 국권의 하나인 '독립하는 권리'를 말하기를 「독립하는 권리는 나라의 지위 및 명상과 실제적인 관계가 있고, 한편으로는 세계 여러 나라와 더불어 균등한 예우와 정중한 대우를 서로 주고받기 때문에, 자기 나라를 중요하게 여기는 마음과 굽히지 않는 기개를 지녀서, 다른 나라로부터 부끄러움과 업신여김을 받지 않도록 해야 한다.」[47] 라고 하며 일국의 주권론에 서양의 천부인권론을 결부시켜서 설명하였다.

> 나라끼리 교제하는 것도 또한 공법으로 규제하여, 천지에 공평 무사한 이치로 한결같이 행해 나간다. 그렇기 때문에 커다란 나라도 한 나라라고, 작은 나라도

---

45) 첫째, 현 체제를 유지하고 스스로 보호하는 권리. 이에 따라 저절로 생기는 조목들은 다음과 같다. 1)폈다 굽혔다 하는 권리. 평화스럽게 해 주는 조정과 옳고 그름을 판별해 주는 일, 서로 풍요롭게 해 주는 일과 화래를 뭔하는 일, 그리고 전결하는 일이 있다. 또 (군주와의) 면담이 있으며, 국회를 거쳐서 행하는 일도 있다. 2)보웅하는 권리. 3)응답하거나 거부하는 권리. 4)서로 다투는 물건을 잡아 두는 권리. 5)개입하는 권리. 6)선전포고하거나 좌평을 결정하는 권리. 자기 나라를 보호하는 권리를 공평하게 하는 방향으로 바꾼 것이다. 둘째, 독립하는 권리. 서로 균등되고 공경하며 소중히 여기는 권리를 포함한다. 셋째, 산업(토지)에 관한 권리. 넷째, 입법하는 권리. 다섯째, 교섭하고 사신을 파견하며 통상하는 권리. 여섯째, 강화하거나 조약을 맺는 권리. 일곱째, 중립하는 권리. 『西遊見聞』, 「邦國의 權利」, 『全書』I, 1971, pp.106-107.

46) 위의 책, p.107.

47) 위의 책, p.107.

한 나라인 것이다. 나라 위에 나라가 없고, 나라 아래에도 또한 나라가 없다. 한
나라가 나라되는 권리는 피차 동등하고, 지위도 털끝만한 차이가 없다.[48]

즉 그는 소국도 대국과 같은 일국이기 때문에 자연법적 인권 평등론을 나
라에도 확대시켜서 자연법적 국권 평등론을 펼친 것이다. 따라서 인권의 보
호가 국법에 의해서 보장받듯이 국권도 공법으로 보장받아야 한다는 주장
이다. 또 약소국이 강대국에 침탈당했을 때 공법이 불허하는 원칙도 강조하
였다.

이러한 주장에 따른다면, 권리란 자연적이고도 올바른 이치며, 형세는 인위
적인 힘이다. 약소국은 원래 강대국에게 방자하게 굴만한 힘도 없을 뿐만 아니
라, 자기 나라가 지니고 있는 권리를 지키기에도 겨를이 없다. 그러니 강대국이
자기 나라의 넉넉한 형세를 휘둘러서 약소국의 정당한 권리를 침범하는 것은
올바르지 못한 폭거이며 무도한 악습이기 때문에, 공법에서 허용치 않는 것이
다.[49]

유길준은 조선이 강대국에 둘러싸여 있고 청국과도 조공관계에 있는 현
실에서 강대국으로부터의 자국의 생존과 독립을 대외관계의 새 질서 속에
서 이루기 위해 만국공법이 지향하는 원론적 이상을 피력하였다.

국법은 한 나라 안에서 시행되어 여러 사람들이 서로 주고받는 권리를 지켜
주며, 공법은 온 천하에 시행되어 여러 나라가 서로 주고받는 권리를 유지시켜
준다. 참다운 공법의 이치는 크고 작은 구분과 강하고 약한 분별로 (나라 사이에)
차이를 두지 않는 데 있다.[50]

48) 위의 책, p.108.
49) 앞의 책, p.111.
50) 앞의 책, p.113.

즉 국내의 각자의 권리 수호에서 국법의 역할과 국제사회에서의 각국 권리의 공법의 역할이 같으며, 대소강약에 관계없이 그 적용 또한 평등하다고 주장하였다.

이처럼 그가 원론적인 근대공법의 이론을 강조하였다고 해서 현실국제정치의 성격을 모르는 것은 아니다. 그것은 그가 저술한『세계대세론(世界大勢論)』(1883년)에서 '일국 국권의 기본은 병력에 재한다'고 단언한 바 있고[51] 그가 만년에 쓰거나 번역한 책들에서는 공법의 무력함이 더욱 드러나고 있다.[52] 또한「근세달관의 사(士 : 福澤諭吉)가 말하기를 공법의 천언(千言)이 대포일문만 못하다 함이 또한 이를 개탄함이라」[53]라고 하여 약육강식이 지배하는 국제현실 하의 만국공법의 무력함에 실망하기도 하였다. 그가『국권』과「방국의 권리」집필시기의 공법강조는 청국의 대조선 중주권 강화에 대한 반론을 제기하는 목적으로 서술하였다. 다시 말해서 정치현실에 대한 도덕적 반응으로 서술했기 때문에 국가의 자주 · 독립 · 평등원리 등 근대공법의 자연법적 요소를 의도적으로 강조한 것이다.[54]

1882년 조미수호통상조약체결로 조선은 새로운 국제질서에 들어갔지만 임오군란과 갑신정변 후 청국은 형식적 사대관계 대신 힘에 의한 사대관계를 구축하고자 하였다. 이때부터 조선의 내정과 외교는 자주의 전통이 깨지고 종속관계의 새 국면을 맞이하였는데 이러한 상황을 유길준은 양절(兩截)체제라고 하며 비판하였다.

---

51)『世界大勢論』,『全書』Ⅲ, p.93.

52)『英法路土諸國哥利米亞戰爭史』(1908)의「서」에서 그는 천하에 사기와 폭력이 횡행하고 대포와 함대가 국가간의 관계를 후원하며 각국은 자국의 이해관계에 따라서 어제의 동지가 오늘의 적이 되어 언제 우리를 분열시키려고 나설지 예측할 수 없는 그런 무폭시대로서 공법을 거론할만한 시대가 아니라고 하였다.『全書』Ⅲ, pp.132~133.

53)『全書』Ⅲ, pp.483~484.

54) 정용화,「유길준의 兩截체제론」,『國際政治論叢』제37호, 한국국제정치학회, 1998, p.308.

이는 중공국의 체제가 수공국 및 그 밖의 여러 나라에 대하여 앞과 뒤가 잘린 셈이 된다. 여러 나라가 수공국과 중공국의 앞뒤 잘린 체제를 한 가지로 보는 것은 어찌 된 까닭인가? 형세가 강한지 약한지는 돌아보지 않고, 권리가 있는지 없는지만 따졌기 때문이다. 강대국이 망녕되게 높아지면 공법의 비방을 스스로 받게 되고, 약소국이 모욕을 받으면 공법의 보호를 받게 된다.[55]

즉 일본 및 서양각국과 평등한 수호조약을 체결한 후에도 청국과 종래의 화이적 사대질서가 유지되고 있는 조선의 독특한 이중적 국제질서의 현실을 양절체제로 묘사하였다. 특히 강대국이 형세의 강약에 따라 약소국을 마음대로 다루는 일이 없어야 하며 이럴 경우 마땅히 공법의 체제를 받게 됨을 청국을 겨냥하며 주장하였다. 서양제국의 입장에서는 상대국이 수공국이든 중공국이든 상관없이 평등하게 교제한다는 것을 강조하였다. 김윤식은 이 상황에 대해 전술한 바 중국과는 사대의 의리를 처버리지 않고 서양과는 평등관계를 유지할 수 있는 양득효과라고 해석하였다. 그러나 유길준은 공법질서의 원칙에 입각해서 청국에 대한 국가자주권의 보전을 이루려 하였다. 따라서 그는 원래 서양제국에서 인식하는 속국과 중공국과는 다른 개념임을 명시하는 것이 중요하다고 강조하였다.

V. 결 론

서세동점의 국제정세 하에 동아시아 삼국인 조선, 청국, 일본의 대응과정에서 종래의 전통중화적 국제관계가 변질되었다. 대신 근대적 국제관계에 입각한 조일, 조청관계가 재구성되는 상황에서 청국의 대조선속국화정책과 주한외교고문의 조선독립주권에 대한 시각, 그리고 개화사상가들의 국권론에 대해 살펴보았다.

---

55) 西遊見聞』,「邦國의 權利」,『全書』I , p.117.

청국의 조선에 대한 시각과 정책은 당시 대조선외교업무 전반을 관장했던 이홍장과 조선의 대서양개국을 목적으로 황준헌으로 하여금 조선책략을 펴내게 한 주일공사 하여장에게 잘 나타나 있다. 이홍장과 하여장은 조선을 개국자강으로 유도하려는 것과 청국에 대한 종속성 강화라는 공통점을 가지고 있었다. 그러나 국제정세 파악과 방법론에서는 다소 차이를 보였다.

이홍장은 서양제국간에 통용된 만국공법에 의한 세력균형체제를 어느 정도 파악하였으나 그것을 중국의 전통외교술인 이이제이(以夷制夷)책과 연결시켜서 적용하고자 하였다. 즉 그는 일본의 유구 완전통합으로 일본에 대한 경계심을 높이는 가운데 조선을 서양제국에 개국시켜서 서양이 일본을 견제하도록 시도했다. 이에 비해 하여장은 서양국가 중 러시아를 가장 침략성이 강한 나라로 보고 조선책략에서 피력한 바 친중, 결일, 연미를 주장하며 러시아 견제책을 펼쳤다. 이홍장은 일본을 포함한 모든 서양국가를 '夷'로 간주하고 전통적인 속국규정을 교묘하게 활용하며 종래의 종속관계의 틀 속에서 조선의 개국자강책을 추진하고자 했다. 그러나 하여장은 서양근대외교술인 세력균형책을 그대로 시도하였고 대조선관계에서는 오히려 서양의 속국개념을 도입하며 종래의 종속관계보다 강화된 근대제국주의적 속국화를 노렸다.

유길준의 국권론에도 영향을 미친 외교고문 데니는 당시 구미의 저명한 국제법학자들의 여러 설을 인용하여 조선이 청국에 대한 조공국임을 인정하였다. 그러나 서양에서 통용되는 속국과는 다른 엄연한 주권독립국임을 영·중, 혹은 회교국과 서양국가간의 역사적 조공사례를 제시하며 설명하였다. 그러나 묄렌도르프는 이 데니의 견해에 반박문을 제시하였다. 즉 조선이 역사적으로나 현실적으로 청국에 조공을 바친 속국임을 강조하며 청국측에 영합하였다.

청국의 조선속국화가 강화되는 상황 속에서 조선의 개화사상가들은 조선의 대외국권확립을 위한 대응책을 펼쳤다.

청국측에 가까운 온건개화파인 김윤식은 청국과의 종속관계에 대하여 조선이 청국의 속방임을 인정하더라도 자주권까지는 빼앗기지 않기 때문에 사대의 의리를 저버리지 않고 서양과의 교제에서 해 없이 평등의 권리를 잃지 않는 양득을 기할 수 있다고 주장하였다. 즉 종주국 청국과의 관계를 배경으로 조선의 독립을 유지하려는 이홍장과 맥을 같이 한 대응책을 펼쳤다.

또한 만국공법에 대하여는 소국인 조선이 그 원칙을 잘 지킴으로써 외국에 대한 신의를 얻을 수가 있고 국권도 지킬 수 있다고 주장하였다. 그의 유교주의에 입각한 현실적 대응모습을 볼 수 있다.

급진개화파인 김옥균은 그의 저서에서 일본이 동양의 영국이라면 조선은 동양의 이탈리아 혹은 프랑스가 되어야 한다고 주장하였다. 즉 조선이 서양열강을 목표로 한 강대국을 모색한 것을 알 수 있다. 따라서 당시 청국과의 종속관계를 완전히 청산하여 동양의 신흥국 일본을 모델로 한 자주독립국을 이루려 하였다.

변법적 점진개화파인 유길준의 주장은 유교주의에서는 김윤식과 또 변법적 서양근대국가 건설이라는 면에서는 김옥균과 가까웠다. 그는 저서 『국권』 및 『방국의 권리』를 통하여 그의 국권론을 펼쳤다. 그는 조선이 개국하여 일본 및 서양제국과도 평등원칙에 입각한 근대적 국제관계를 성립했는데 청국이 조선에 대해 종래의 사대관계와는 다른 서양적 속국형태로의 종속관계의 강화는 시대흐름에 역행하는 처사라고 비판하였다. 다시 말해서 청국과는 상하관계, 일본 및 서양과는 평등관계라는 조선의 모순된 이중적 외교관계를 양절체제로 묘사하였다. 그래서 그는 서양의 속국개념과 전통적 외교관계에서의 조공국의 차이를 데니의 청한론을 인용하면서 자세히 설명하였다.

즉 속국은 외국과의 조약체결 등 외교에서의 자주독립성을 하나도 인정 못 받으나 증공국은 주권독립국으로서 행사할 수 있음을 근대만국공법의 자주, 독립, 평등원리 등 자연법적 요소를 부각시키면서 강조하였다. 아울러 그는 조선의 자주독립을 위해 동양의 유교도덕과 서양의 공법원칙을 최대한 내세움으로써 청국과 서양제국 등 모든 국가에게 신의에 입각한 도덕적 국제관계를 천명하고자 했다.

제3부 한일근대사상의 비교
-유길준과 후쿠자와 유키치를 중심으로-

Ⅰ. 서 론

19세기 서세동점의 파도 속에서 국가의 자립과 근대화를 위해 몸소 힘썼던 유길준과 후쿠자와 유키치(福澤諭吉:1835~1901)를 국제정세가 더욱 다변화된 21세기를 맞아 다시 새롭게 조명하여 오늘날의 거울로 삼는 데에 큰 의의가 있다고 생각한다.

유길준과 후쿠자와 유키치의 검토에 앞서 우선 전근대시기에 있어서의 조선과 일본의 대외관과 사상적 배경 차이를 살펴보고자 한다. 조선조에서는 건국이래 주자학을 정통으로 하는 일원적 사상체계가 중심을 이루어 왔으며, 대외적으로는 「화(華)」와 「이(夷)」를 준별하는 명분론적 세계관이 자리잡고 있었다. 조선사회의 중심적 지주로서 정착한 주자학의 극단주의는 다른 사상과 학술을 인정하지 않았으며 유학 속의 다른 유파도 인정하지 않았다. 특히 근대 이전의 조선과 일본은 오랫동안의 대서양 쇄국시대가 있었다. 근대시기 직전인 조선조와 에도막부 시대를 살펴볼 때 유교가 양국 공히 정통사상으로 자리 잡았지만 그 사상적 특성과 양국민의 수용성에 큰 차이가 있었음을 알 수 있다. 조선에서는 주자학을 절대시하여 정학과 이단의 구분을 명확히 한데 비해 일본은 유학이 고학, 주자학, 양명학등으로 전개되었고 유학자 자신이 신도와 불교, 난학도 아울러 습득하는 양상이었다. 이와 같이 전근대의 조선의 사상적 특성이 절대적이었던데 비해 일본의 그것은 다양하며 포괄적이었다. 또한 전근대시기 정치체제가 조선은 오랫동안 문신 우위였고 일본은 지배자가 무사계급이었기 때문에 양 민족은 체질면에서 조선은 숭문적이며 평화적인데 비해 일본은 숭무적이며 호전적인 특성을 가진 것을 볼 수 있다. 이러한 특성은 양국 근대사상가에게도 그대로 반영되어, 구체적으로 부국강병을 중심한 근대화를 목표로 하되, 조선이 부국에 역점을 둔데 비해 일본은 강병에 역점을 둔 차이에서도 알 수 있다.

이와 같이 전 근대시대에 유사한 유교문화권의 역사과정을 거쳤지만 양국에 존재한 사상적, 체질적 특성의 차이가 19세기 서구 열강 압력의 위기의식 속에서 새로운 근대국가를 지향한 사상형성에서 유사점도 있었지만 차이점도 보이는 요인이 되었다고 생각된다.

이렇듯 유교문화권의 유사성 속에서 그 유교가 갖는 사상적, 체질적인 특성의 차이와 또한 서양문물에 대한 면역성의 차이 등이 19세기 후반 한일 양국의 새로운 근대국가를 향한 사상형성에 크게 반영되었다고 본다. 즉 조선의 근대사상가의 경우 근대사상형성에서 전통사상과 전통적대외관계의 계승을 놓고 일본의 근대사상가와는 비교가 안 될 무거운 과제와 전제조건이 있었다.

특히 임오군란 이후 조선은 중국의 속국화 정책 하에서 생존과 독립을 모색하는 어려운 상황에 처하였다. 이러한 당시 국제질서 하에서 조선이 자주독립국가로 생존할 수 있는 방안을 어떤 식으로 구상하였는가를 살펴봄으로써 오늘날 한반도를 둘러싼 일본 및 주변강국과의 관계정립에도 적지 않는 도움이 된다고 사료된다. 그리고 개화기 지식인이 서양을 모델로 한 근대국가건설에서 무조건적인 서양화가 아닌 전통견지 혹은 전통과의 조화 속에서 모색했는데 이 때의 정치사상과 대외사상 그리고 경제사상의 내용이 무엇이었는지 또 같은 근대화를 추진한 일본과의 차이점은 무엇이었는지 알아보고자 한다.

여기서는 이런 점을 규명하기 위해 한국과 일본의 근대사상가의 대표자로서 유길준과 후쿠자와를 선정하여 비교 연구하고자 한다. 그 이유는 다음과 같다.

첫째, 유길준과 후쿠자와는 양국 전근대 봉건체제 속에서 출생하여 유소년기에 양자 공히 유학 즉 전통사상교육의 영향을 먼저 받으며 성장했다는 점이다.

둘째, 19세기 후반 양국이 서양의 개국 압력의 국가적 위기를 맞이하였을 때 유길준과 후쿠자와는 각자 국내에서 먼저 사상적 전환을 이루는 계기를 마련하였다는 공통점이 있다. 유길준은 청국을 통한 서양문물의 소개와 유학사상과 개화사상의 가교역할을 했던 박규수(朴珪壽:1807~1876)의 사랑방에서 학문적, 사상적 전환의 계기를 마련하였다. 또한 후쿠자와는 막부말기 서양문물의 유일한 통로였던 나가사키(長崎)에서 서양학문에 처음 접하고 문명가로서의 기틀을 마련하는 사상형성과정의 흡사성이다.

셋째, 방문시기와 자격에는 다소 차이가 있지만 당시 조선에서 드물게 유길준은 일본·미국·유럽 등에 유학과 외유를 하였고, 후쿠자와도 막부말기 일본에서 드물게 미국과 서구, 기타지역을 모두 3차에 걸쳐 외유하였다. 그리고 서양문물을 직접 체험하고 견문한 내용을 학문적으로 사상적으로 체계화하여 유길준은『서유견문』을 후쿠자와는『서양사정』,『학문(學問)의 권장』,『문명론지개략(文明論之槪略)』등의 서적을 발간해서 국민계몽에 전력하였다는 점이다.

넷째, 두 인물의 대사회적 영향력의 크기에는 차이가 있지만 유길준은 한때 개화관료로서 후쿠자와는 시종 일관 재야에서 그들의 사상을 근대적 국가정책입안에 반영시켰다는 점이다.

다섯째, 위에서 논한 바와 같은 공통점이 양자에게 있었음에도 불구하고 당시 조선은 유길준이 소망했던 근대화에 성공하지 못했고 일본은 후쿠자와의 뜻대로 근대화에 성공했다는 큰 차이점이다.

이 외에도 후쿠자와와 유길준이 사제지간의 특수한 관계였다는 점도 관심을 끄는 대목이다. 일본의 개국이 빨랐기 때문에 후쿠자와가 유길준보다 서양문물과의 접촉과 외유, 문명사상체계화 등에서 앞선 입장이었다. 당초 조선개화에도 관심을 둔 후쿠자와가 스스로 세운 게이오 기즈쿠(慶應義塾)대학에 최초로 초빙된 유학생들 속에 유길준이 있었다. 그래서 유길준은 후쿠자와의 서생 즉 개인지도를 받는 학생의 입장에서 인간적으로도 가까웠고 사상적으로도 받은 바 영향이 컸다.

이상과 같은 비교 선정사유를 염두에 두고 한일양국 개화기의 인물인 유길준과 후쿠자와를 비교 검토하고자 한다. 특히 유길준이 서양문명사상 도입에서 후쿠자와로부터 영향 받은 것이 무엇이며 독자적인 부분은 무엇이었는지 그들의 문명개화사상을 비롯하여 정치사상, 대외사상 경제사상을 중심으로 살펴보고자 한다.

문명개화사상에서는 서양문명을 보는 기본시각의 공통점이 무엇이며 차이점은 무엇이었는지 밝히고 이와 관련해서 전통유교사상에 대한 양자의 가치인식은 어떠했는지 또한 그들의 정치사상과 경제사상 대외사상을 통해 근대국가를 지향한 방향성과 사상구조를 알아보고자 한다.

정치사상에서 양자가 서양인권사상과 만국공법 등을 수용하여 펼쳤던 민권론, 국권론에서 유길준이 후쿠자와로부터 영향 받은 것과 독자적 해석을 한 것은 무엇이었는지 알아보고자 한다. 또한 정체론에서 그들이 공히 지향한 서양입헌정체를 각기 어떤 식으로 인식하여 자국 근대국가정체로 도입하고자 했는지 그들이 구상한 입헌군주정체의 실상을 밝히고자 한다.

대외사상을 통해 양국이 놓인 대외관계의 역사적 차이와 거기에 따른 양자의 대외인식의 출발부터의 차이, 그리고 양자의 대외사상의 시대적 추이를 살펴보고자 한다.

경제사상에서 특히 서양의 자본주의 논리 도입 속에서 전통사상과 관련해서 나타난 양자의 차이에 대하여 조명하고자 한다. 마지막으로 조선과 일본의 근대화과정에서의 유길준과 후쿠자와의 영향을 알아본다. 특히 조선은 근대화에 실패했고 일본은 그 방향성이 문제시 되지만 일단 근대화 자체에는 성공하였다. 그들의 근대사상을 현대적 시각으로 볼 때 어떤 평가가 가능할지 살펴보고자 한다.

유길준과 후쿠자와의 전반적인 비교연구 논문은 아직 없고 일본에서 교육사상에 국한하여 쓴 노재화의 논문과 유길준과 후쿠자와, 그리고 중국지식인 정관응 세 사람의 국제질서관을 비교한 김봉진의 논문이 있다. 여기서 노재화는 후쿠자와와 유길준은 '실학'에 대한 개념차이가 있다고 보았다. 즉 후쿠자와는 실학의 중심 개념을 물리학에 두고 교육이념을 확립한데 비해 유길준은 윤리학을 중심개념으로 본 실학으로 교육이념을 확립하였다는 것을 지적하였다.[1]

김봉진은 유길준과 후쿠자와를 비교하면서 둘 다 현실주의자였지만 후쿠자와가 서양 '근대'의 부정적 측면까지 도입한 면에서 더욱 현실주의자였다고 지적하였다. 즉 후쿠자와가 서양 '근대'의 부정적 측면을 비판하지 않고 그대로 답습하여 침략적 제국주의적인 국제질서관을 확립한데 비해 유길준은 서양 '근대'의 긍정적 측면과 부정적 측면의 양면을 인지하고 부정적 측면은 비판하고 긍정적 측면인 '만국평등관념'과 '세계일가주의'에 입각하여 국제질서관을 확립했다고 하였다.[2]

유길준은 당시 개화파 거물인 김옥균, 박영효, 서광범(徐光範:1859~?) 등과는 달리 개화사상을 폭넓고 깊이 있게 체계화했다는 점에서 그들과 큰 대조를 이루고 있다. 다른 개화파 인물들이 남긴 글들이 단편적이고 극한적인데

---

1) 魯在化, 「福澤諭吉と兪吉濬の開化教育に關する比較考察」, 『一橋研究』第12卷, 第4號, 1988.
2) 金鳳珍, 「東アジア知識人の國際秩序觀」 −鄭觀應・福澤諭吉・兪吉濬の比較考察−, 東京大學, 博士學位論文, 1991.

비해 유길준의 저서는 방대하고 체계적이어서 그에 대한 연구도 다양하게
이루어져 왔다.[3] 그것은 각 분야의 개화 즉 근대화를 지향한 그의 깊은 사상
체계가 근대적 학문의 기초로서의 무게를 싣고 있기 때문이라고 생각된다.

유길준의 사상과 활동에 대한 종래의 연구동향을 살펴보면 국내에서 우
선 김영호의 논문이 있다. 그는 유길준의 개화사상은 한갓 서양화를 주장한
단순한 사상이 아니라 구체적인 역사관에 입각한 하나의 독특한 근대화 이
론으로서, 오늘날 근대화이론의 고전적 모델로서 체계화된 것이라고 평가
하였다.[4]

강만길은 그의 논문에서 유길준이 주장한 '중립론(中立論)'은 당시 상황에
서 약소국이 강대국 사이에서 보장받을 수 있는 완충국이 되는 바람직한 정

---

3) 金永鎬, 「兪吉濬의 開化思想」, 『創作과 批評』 11, 1968년 가을호.
　　姜萬吉, 「兪吉濬의 논문 ·中立論」, 『創作과 批評』 30, 1973년 겨울호.
　　金仁順, 「朝鮮에 있어서 1894년의 內政改革研究-兪吉濬의 開化思想을 중심으로-」,
　　　　『國際關係論』, 1968.
　　金炳夏, 「兪吉濬의 經濟思想」, 『東洋學』 4輯, 1974.
　　田鳳德, 「西遊見聞과 兪吉濬의 法思想」, 『學術院論文集』 15輯, 1976.
　　李光麟, 「美國留學時節의 兪吉濬」, 改訂版 『韓國開化史研究』, 一潮閣, 1974,
　　「兪吉濬의 開化思想-西遊見聞을 중심으로-」, 『韓國開化思想研究』, 一潮閣, 1979,
　　「日本亡命 時節에 兪吉濬」, 『新東亞』, 1980년 10월.
　　柳永益, 『甲午更張研究』, 一潮閣, 1990, 「西遊見聞과 兪吉濬의 保守的 漸進改革論」, 『韓
　　　　國近現代史論』, 一潮閣, 1992.
　　兪東濬, 『兪吉濬傳』, 一潮閣, 1987.
　　朴起緖, 「兪吉濬과 福澤諭吉의 政治思想 比較 研究」, 弘益大學校 大學院 博士學位論文,
　　　　1988.
　　金鳳烈, 「兪吉濬 開化思想의 研究」, 慶熙大學校 大學院 博士學位論文, 1989.
　　尹炳喜, 「大韓帝國末期 兪吉濬의 思想과 活動」, 西江大學校 大學院 博士學位論文,
　　　　1992, 『兪吉濬研究』, 1998, 國學資料院.
　　李源榮, 「開化思想의 構造的 分析」, 梨花女子大學校 大學院 博士學位論文, 1994.
　　鄭容和, 「兪吉濬의 정치사상 연구」, 서울大學校 大學院 博士學位論文, 1998, 「안과 밖의
　　　　정치학: 19세기 후반 개화개혁론에서 국권·민권·군권의 관계」, 『한국정치
　　　　학회보』 34집 2호, 2000.
4) 김영호, 위의 논문.

책중의 하나였는데, 당시 집권층의 묵살로 실현되지 못했다고 하였다[5]. 또 이외에 『서유견문(西遊見聞)』을 토대로 한 연구로서 김인순은 유길준의 정치사상을 부르주아 계몽사상이라고 하였고,[6] 김병하는 그의 경제사상을 자본주의, 자유주의 경제체제지향이지만, 그 지도이념은 유교사상에 입각한 신·의·지의 덕목 중시였다고 하였다.[7]

전봉덕은 그의 논문에서 유길준의 법률사상은 근대적 법치주의 사상이라고 할 수 있으나 그의 성향은 보수적, 민족주의적 개혁주의자였다고 하였다.[8]

그의 개화사상을 집대성한 『서유견문』의 집필경위와 출판과정, 후쿠자와의 『서양사정』과의 비교에서 그의 사상의 독자성에 초점을 맞춘 이광린의 연구가 있다. 그는 유길준의 개화사상은 서양의 이념과 제도를 중요시하였지만, 개화의 방식은 전통문화를 계승, 발전시키는 점진적인 개혁을 주장했다고 하였다.[9] 또한 유영익도 그의 논문에서 유길준을 보수적 현실주의자라 하였고,[10] 이원영은 유길준사상을 계몽사상 및 계몽운동의 기점으로 파악하였다.[11]

윤병희는 그의 논문에서 유길준이 이 무렵 대일관의 변화와 더불어 조선의 정치 체제를 영국의 입헌군주제를 모델로 할 것을 강조하고, 그 실현을 위해 국왕에 대한 충성심과 애국심을 기르는 국민교육의 필요성 때문에 흥사단 활동을 전개하였음을 강조하였다[12]. 또한 최근에 펴낸 저서에서는 유길준이 일본망명생활을 마치고 귀국 후에도 그의 이상인 입헌군주제 실현

---

5) 강만길, 앞의 논문.
6) 김인순, 앞의 논문.
7) 김병하, 앞의 논문.
8) 전봉덕, 앞의 논문.
9) 이광린, 앞의 논문.
10) 유영익, 앞의 논문.
11) 이원영, 앞의 논문.
12) 윤병희, 앞의 논문.

을 위한 전제로서 지방자치제 발달을 도모하는 한성부민회(漢城府民會) 활동
에 진력했다고 이 시기 그의 실천활동을 높이 평가하였다.[13]

그리고 정치학적 연구로서 정용화는 유길준의 정치사상의 특색을 전통
과 단절된 근대가 아니라 전통과 연속되는 근대 즉 전통과 근대의 복합화의
추구였다고 분석하였다.[14]

이상과 같이 우리나라에서는 연구자에 따라서 다소 견해차이는 있고 친
일성 논쟁과 관련한 비판적 견해도 있지만 전반적 추세는 근대사상가로서
의 유길준에 대해 긍정적 평가를 내리고 있다.

일본에서는 유길준사상에 대해 심도 깊은 분석을 한 츠키아시 다츠히코
(月脚達彦)의 논문을 들 수 있다. 그는 유길준의 개화사상은 '신의'에 입각한
세계인식을 바탕으로 서양과 일본의 근대화하고는 다른 한국 근대화의 전
개 가능성을 추구할 수 있으나, 그 특징이 아울러 한국 근대사에 고유의 문제
제기를 했다고 지적하였다. 그리고『서유견문』과『서양사정』을 비교한 또
하나의 논문을 통해 유길준의 인간론, 정치론에 접근하였다. 여기서 그는 유
길준의「입헌군주제론」은 단순한 정체론으로 끝히지 않고, '정덕(正德)'에서
동양유교와 서양은 동등하다는 사고방식에 입각하여 보편주의적 문명론을
내세웠는데 그 사상형성의 의미를 설명하였다.[15]

한편 후쿠자와에 대한 연구는 국내외적으로 더 다양하다. 우리나라의 연
구논문으로는 후쿠자와가 한말 개화파의 사상형성에 영향을 준 부분을 분
석한 구선희의 논문이 있고,[16] 또 그의 조선관을 시대적 추이에 따라 연구한
최덕수의 논문이 있다.[17] 그는 여기서 일본에서의 후쿠자와의 조선관 연구

---

13) 윤병희, 앞의 책.

14) 정용화, 앞의 논문.

15) 月脚達彦,「開化思想の形成と展開－兪吉濬の對外觀を中心に－」,『朝鮮史硏究會論文
集』28, 1991.「朝鮮開化思想の構造 －兪吉濬の『西遊見聞』の文明論的立憲君主制論
－」,『朝鮮學報』154, 1995.

16) 具仙姬,「福澤諭吉과 1880年代 韓國開化運動」,『史叢』32, 1987.

가 주로 탈아론 시기까지 한정되어 있는 것을 지적하고 그 연구시기를 탈아
론 이후 청일전쟁까지 연장시켜서『시사신보(時事新報)』논설을 중심으로 치
밀하게 검토하였다. 또 후쿠자와의 교육사상을 연구한 김재윤은 후쿠자와
의 교육사상의 핵심을 일신독립, 일국독립 사상이라고 결론지었다.[18]

일본에서 사상적으로 큰 영향을 준 인물인 만큼 후쿠자와에 관한 연구는
보다 많이 이루어져 왔다. 전전의 연구로는 그의 제자였던 이시카와 간메이
(石川幹明)가 후쿠자와의 자서전인『후쿠오자전(福翁自傳)』을 토대로 저술한
것과[19] '자주' '자유' '독립'의 정신을 높이 평가하였던 와니 고로(羽仁五郎)의
저술[20]이 대표적인 것이라 할 수 있다. 전후에는 후쿠자와의 사상면을 주로
연구한 마루야마 마사오(丸山眞男), 도오야마 시게키(遠山茂樹), 이마나가 세
이지(今永淸二) 등의 저서를 들 수 있다.

마루야마는 후쿠자와의 문명사상을 중심으로 한 연구를 통하여 후쿠자
와를 "일본의 볼테르"라고 하면서 메이지시기 일본의 정신적, 계몽적 지도
자로서 긍정적인 평가를 내렸다.[21]

도오야마는 메이지시기 변화를 거듭한 일본의 정치상황과 후쿠자와사
상과의 관련을 검토하면서 후쿠자와는 사상가로서의 생애의 대부분이 그
의 사상본분에서의 패퇴과정이었다고 지적하였다.[22]

이마나가는 후쿠자와의 사상적 계보 특히 일본종래의 전통사상인 국학
과 유학의 관련을 언급했고 또 후쿠자와의 반유교주의에 대해서도 자세히
분석하였다.[23]

---

17) 崔德壽,「淸日·露日 戰爭期 日本의 朝鮮觀 硏究」,高麗大學校 大學院 博士學位論文, 1987.
18) 金在潤,「福澤諭吉의 敎育思想硏究」建國大學校 大學院 博士學位論文.
19) 石川幹明,『福澤諭吉傳』, 全4卷, 岩波書店, 1932.
20) 羽仁五郎,『白石諭吉』, 岩波書店, 1937.
21) 丸山眞男,「福澤における實學の轉回」,『東洋文化硏究』第三集, 1947.
22) 遠山茂樹,『福澤諭吉』-思想と政治との關係-, 東京大學出版會, 1970.
23) 今永淸二,『福澤諭吉の思想形成』, 勁草書房, 1984.

　　후쿠자와의 대외론 특히 조선관에 대한 논문으로는 하시카와 분조(橋川文
三),[24] 가노 마사나오(鹿野政直),[25] 사카노 준지(坂野潤治), 아오키 코이치(靑木
功一), 요시노 마코토(吉野誠) 등의 논문이 있다.

　　사카노는 후쿠자와의 아시아관의 검토에서는 중국관과 조선관의 구별
이 있어야 하고 각자 장기적 및 단기적 관점에서의 분석이 필요하다고 하였
다. 또한 조선개조에 관해서는 일본화, 즉 일본의 조선침략으로 규정하고 이
것이 아시아 침략론의 출발이었다고 지적하였다.[26]

　　아오키는 조선의 문명화에 힘을 주려하는 이상주의와 외압 속에서 독립
을 지켜려 하는 현실주의와의 갈등을 기축으로 하여 후쿠자와의 조선론을
면밀히 검토하였다.[27]

　　요시노는 후쿠자와의 조선론은 대아시아연대론, 혹은 탈아론 발표시에
도 일관해서 침략을 정당화하는 가장 적합한 이론으로서 문명화론을 전개
했다고 지적하였다.[28]

---

24) 橋川文三, 『順逆の思想』 -脫亞論以後-, 勁草書房, 1984.
25) 鹿野政直, 『日本近代思想の形成』, 勁草書房, 1976.
26) 坂野潤治, 「東洋盟主論と脫亞入歐論」(佐藤誠三郎. R. デイングマン 編, 『近代日本の
　　對外態度』), 東京大學出版會, 1974.
27) 靑木功一, 「福澤諭吉の朝鮮觀」 -その初期より '脫亞論'に至るまで-, 『朝鮮歷史論集』
　　下卷, 1979. 「'脫亞論'の原流」 -時事新報創刊年に至る福澤諭吉のアジア觀と歐美觀
　　-, 『慶應義塾大學新聞硏究所年報』 No. 10 1978. 「'時事新報' 論說における朝鮮問題
　　(1)」 -壬午軍亂以後- No. 14, 1980. 「福澤諭吉の朝鮮論」, 『橫浜市立大學論叢』第32卷
　　第1號 1981.
28) 吉野誠, 「福澤諭吉の朝鮮論」, 『朝鮮史硏究會論文集』 26, 1989.

제1장 유길준의 근대사상

Ⅰ. 유길준의 생애와 개화사상형성

1. 개화사상과 실학사상의 관계

19세기 중엽의 조선은 외부에서 서양열강의 파동이 밀어닥치고 내부적으로는 정치적, 경제적, 사상적 위기상황이 깊어진 시기였다. 이러한 시기에 새로운 시대를 준비하는 근대사상으로 등장한 것이 개화사상이었다.

이 개화사상은 1876년 2월 강화도조약을 맺은 후에 일본과의 접촉을 통해서 갑자기 형성된 것이 아니고, 그 이전인 17세기 후반부터 19세기 초기에 걸쳐서 당시 사상계에 큰 개혁바람을 일으킨 실학사상의 흐름을 계승하여 개항을 계기로 보다 질적으로 전환된 모습으로 형성된 것이다. 그러면 유길준 자신이 많은 영향을 받은 실학사상과 개화사상의 연관에 대하여 먼저 살펴보고자 한다.

17세기 중엽에서 19세기 초기에 걸쳐서 형성된 실학사상은 당시 주자학이 조선조 창건 당시의 활력을 잃어 현실과 동떨어지고 허학화되며 학파와 당파가 얽혀서 사회적 폐단만 나타내자 '백성일용(百姓日用)의 실(實)'을 구하고 '경세택민(經世澤民)'의 진리를 탐구하는 자세로서 그 시대에 사상적, 학문적, 새바람을 일으켰다. 또한 그 사상이 갖는 근대지향적 성격이 개화사상으로 연결된 점에서 역사적 큰 의미가 있다고 볼 수 있다.

개화사상 중 특히 '정덕'과 '이용후생(利用厚生)'의 측면을 강조한 북학파 실학사상과 개화사상의 교량 역할을 한 인물이 박지원(朴趾源:1737~1805)의 손자인 박규수(朴珪壽:1807~1876)였다. 그는 1861년 열하부사로서 또한 1872년에는 동지정사로서 청국을 방문해서 당시 정부 내에서는 가장 세계의 대세에 통한 진보적인 정치가였고 대표적 실학자였다. 그는 강화도사건이 일어났을 때 이미 자주적 개국론을 펼쳤지만 세계 대세에 밝지 못한 당시 수구파 정부 내에서 그 뜻을 펼치지 못하고 오히려 우의정이 된지 일년도 못되어 사임하였다. 그 후 그는 서울 제동의 사저에 김옥균 등의 청년을 모아서 『연암문집(燕岩文集)』(박지원 저)을 강의하고 중국사신들의 견문과 그것이 갖는 신사상을 고취하였다. 이들이 여기서 체득한 내용은 다음과 같다.

당시 조선 주자학의 지배적인 사고방식은 여진족 지배왕조인 청국을 '이(夷)'로 간주했기 때문에 강희(康熙), 건륭(乾隆)시대의 문물제도와 또 이 시기 서구에서 전파된 과학문명도 거부하는 것이 일반적 풍조였다. 그러나 북학론은 이에 반해서 아무리 이적(夷狄)의 것이라고 하여도 그 법과 제도가 좋으면 배워야 한다는 외국문화에 대한 폭넓은 수용태도를 강조하였다. 또 개화사상이 형성되는 1870년대 무렵에 개국을 둘러싸고 일어난 '위정척사'론은 서양 및 서양화되는 일본도 모두 '이(夷)'의 범주에 넣어 '척사'의 대상으로 삼고 그 제도문물도 모두 '금수지도'로 간주하였다. 즉 '위정척사'론은 반침략과 반개화가 표리일체가 되어 있었다. 그래서 개화사상은 자연히 북학론의 화이사상의 명분론 극복을 계승하였다.

이와 같이 박규수를 통해 계승된 실학사상 북학론의 근대 지향성이 개화사상의 원형을 이루었고 여기에 중인신분의 한의사 유홍기(劉鴻基:大致,:?~1884) 역관 오경석(吳慶錫:1831~1879)이 북경(北京), 천진(天津)에서 가져온 『해국도지(海國圖志)』 등의 여러 서적과 청국의 신 학풍을 소개함으로써 그들의 개화사상에 더욱 큰 영향을 주었다.

2. 개화사상가로의 출발

유길준(1856~1914)은 조선조 철종 7년(1856) 10월 24일 서울의 양반골(북촌:北村) 계동(桂洞)에서 조선중기 이래 노론계의 명문인 기계유씨(杞溪兪氏) 후손인 사대부 유진수(兪鎭壽:1826~1898)와 어머니 한산이씨(韓山李氏:1824~1900)의 차남으로 태어났다. 그의 집안은 덕망 높은 학자 집안으로 알려졌으나, 그의 성장시에는 경제적으로 좀 어려운 형편이었다. 어린 시절 유길준은 그가 태어난 서울 북촌의 어느 양반 자제와 마찬가지로 철저한 과문 위주의 한학 교육을 받았다. 그의 과거공부는 19세 때까지 지속되었는데, 처음에는 가정에서 조부 유치홍(兪致弘)으로부터 한학을 배우다가 11세 때 (1866) 병인양요가 일어나자 피난간 광주(廣州)에서 서당을 다니며『소학(小學)』과『자치통감(資治通鑑)』등을 독파하였다. 그후 서울에 올라와 벼슬을 한 외조부 이경직(李敬稙)으로부터 사서오경을 익혔다.[1] 이렇게 10여년에 걸친 유소년기의 전통유학교육을 통해 유길준은 사상가로서의 기초를 다지게 되었다.

18세(1873)가 되던 무렵에 유길준은 앞서 말한 박규수를 만나 그의 권고로 과거공부를 지양하고 근대적 학문에 도전하게 되었다. 여기에 대해 김윤식(1855~1922)이 쓴 「구당시초서(矩堂詩鈔序)」에 의하면 유길준은 박규수로부터 시재를 인정받으면서 지도를 받게 되었고 또 청국의 위원(魏源:1794~1856)이 저술한『해국도지(海國圖志)』를 얻어 읽게 되어 해외에 대한 견문을 넓힐 수 있었다고 되어 있다. 이와 같이 유길준은 개화론자 박규수의 지도를 받게 되고 전술한 바 박규수의 사랑방에 드나들었던 김옥균, 박영효(1861~1939), 홍영식(1855~1884) 등의 개화청년과의 만남을 통해 주자학

---

1) 「矩堂居士略史」,『兪吉濬全書』 V, 一潮閣, 1971, p.366, 以下『全書』로 표기.

에서 개화사상으로 눈을 돌리는 계기를 갖게 되었다.[2]

한편 1877년 2월 박규수가 병사하자 김옥균·박영효 등이 유홍기(대치)의 지도를 받았던 반면 유길준은 김윤식·어윤중 등과 어울렸던 것으로 여겨진다. 물론 김옥균의 부인이 그의 고모뻘 되었고 박규수의 제자들인 이른바 개화파 인물들도 당시로는 소수에 불과했기 때문에 서로 이질감보다 동지의식이 강했으며 더욱이 개화파의 분화도 임오군란을 계기로 이뤄졌던만큼 이들 사이에 커다란 갈등이나 대립이 존재하지는 않았던 것으로 본다. 그럼에도 유길준이 유홍기의 지도를 받지 않았던 이유는 김옥균·박영효 등과의 개인적 친소관계에도 불구하고 사상 혹은 세계관의 차이에서 비롯되었을 가능성이 적지 않다. 갑오경장기에 극명하게 나타나듯이 그가 박영효보다 김윤식·어윤중 등과 손잡고 개혁을 추진했던 것도 이와 결코 무관하지 않다고 생각된다.

3. 일본·미국 유학과 사상적 영향

유길준은 1881년 봄 그의 나이 26세 때 조선이 메이지 일본의 문명개화상을 파악하기 위해 파견한 조사, 수원 60명으로 구성된 신사유람단의 어윤중(魚允中:1848~1896)의 수원으로 발탁되어 일본에 파견되었다. 그는 동행한 유정수(柳正秀)와 함께 그해 6월 8일 도쿄(東京) 소재의 후쿠자와가 창설한 게이오 기즈쿠에 입학함으로써 한국 역사상 처음으로 일본유학생이 되었다. 여기서 1년 반 가량 공부하는 동안 유길준은 서양의 역사, 지리, 정치, 경제 법률 등의 많은 강의를 듣는 한편 아울러 그 당시 일본국민에 대한 계몽서적으로 영향력이 있었던 후쿠자와의『서양사정』『문명론지개략』등을 탐독하였다. 또한 유길준은 학교에 들어가자 얼마 동안은 후쿠자와집에 기숙하면서 그로부터 직접적인 지도를 받았다. 이와 같은 일본유학과 후쿠자와와의

---

2) 金永鎬,「兪吉濬의 開化思想」, 앞의 책, p.477.

만남은 유길준의 사상형성에 큰 영향을 주었다.3)

　1882년 여름 유길준은 일종의 견문기 저술에 착수하였는데 때마침 조미수호조약이 체결되었다는 사실을 전해 듣고 국민들에게 널리 읽힐 의도로 미국 등 서양 각국의 제도와 문물을 소개하는 책을 집필하는 일에 박차를 가하였다. 그렇지만 1882년 7월 임오군란의 발발을 계기로 유길준은 이 책을 탈고하지 못한 채 민영익(閔泳翊:1860~1914)의 권고로 수신사 박영효 일행과 함께 서둘러 귀국길에 올랐다. 그후 통리기무아문의 주사로 발탁된 그는 신문발간 사업을 추진하면서『언사서(言事疏)』,『세계대세론(世界大勢論)』,『경쟁론(競爭論)』등의 글을 써서 국제정세를 논하고 개화를 적극적으로 주장하였다. 그러나 박영효의 좌천으로 말미암아 신문발간 작업이 중단됨에 따라 실망한 나머지 그 역시 관직을 내놓았다.

　1883년 가을 조선이 1882년에 수교한 미국으로 파견하는 최초의 대미외교사절단인 보빙사(정사) 민영익의 수원으로 발탁되어 미국으로 건너갔다. 일행은 보스턴, 뉴욕, 워싱턴 등지의 정부공공기관 및 군사, 경제, 교육시설, 우편국, 신문사, 병원, 공장, 시범농장, 박람회 등을 시찰한 다음 귀로에 올랐다. 이때 유길준은 민영익의 지시에 따라 미국에 국비 유학생으로 남게 되었다.

　미국에 잔류하여 유학하게 된 유길준은 일본 유학시에 면식이 있었고 당시 매사추세스(Massachusetts) 주 셀럼(salem)시 소재 피바디(Peabady) 박물관의 관장이었던 모오스(James R. Morse)를 찾아가 그 뒤 10개월간 그의 개인지도를 받았다. 이윽고 모오스의 알선으로 셀럼시에서 얼마 떨어지지 않은 담마고 등학교(dummeh Academy)에 입학하였다. 그러나 조선에서 갑신정변이 일어났다는 소식을 듣고 편히 공부할 수 없게 되어 1885년 봄 학기를 마치고 귀국하였다. 귀로에 그는 영국의 런던을 방문하고 이집트의 새이드항, 싱가폴, 홍콩, 일본을 경유하여 12월 16일 제물포에 도착하였다.4)

---

3) 이광린, 『유길준』 東亞日報社 1992, pp.16~25.

미국 유학기간 동안에 그는 모오스로 부터 사회진화론을 비롯한 근대적 학문을 익히면서 사상적으로 커다란 영향을 받았을 뿐 아니라 안목을 넓히고 자질개발을 풍부히 할 수 있었다. 또한 재학시 투표를 통해서 의견을 결정하는 과정을 보며 미국식 민주주의를 체험했으며 미국의 법도와 예절을 알게 되었고 학교제도 · 농업 · 공업 · 상업 · 군비 · 학문 · 법률 · 조세 등의 법규를 살펴서 미국정치의 대강을 이해하게 되었다.

4. 유폐생활과 개화사상의 정립

그는 귀국해서 서울에 들어서자 바로 체포되었다. 갑신정변에 직접 참여하지는 않았지만 김옥균 등 정변의 주동인물과 가까운 처지였기 때문이다. 그리하여 포도대장 한규설(?~1930)의 사저에 유폐되었다가 1887년 가을부터 1892년 봄까지 민영익의 별장인 취운정으로 옮겨져 비교적 자유로운 생활을 영위하였다. 이는 갑신정변 후 청국이 적극적으로 조정 내정에 간섭하고 개화파를 탄압했던 상황에서 그의 식견과 재능을 아낀 고종이 그를 활용하기 위해 내린 특단의 조치였다. 실제로 이 기간에 그는 '영약삼단(另約三端)' 위반 혐의로 강제 소환당한 초대 주미전권공사 방정양(朴定陽:1841~1904)의 입장을 청국에 변호하는 「답청사조회(答淸使照會)」 등 3통의 외교문서와 정부의 재정 확충을 도모하는 『지제의(地制議)』, 『세제의(稅制議)』 등의 재정개혁안, 그리고 일본어선의 어업행위에 대처하고 수산업을 발전시키려는 『어채론(漁採論)』을 집필하였으며 미국인과 불리한 조건으로 추진중이었던 차관 · 이권교섭을 중지시키는데 결정적인 역할을 담당하였다.[5]

한편 유길준은 취운정으로 거처를 옮기면서 심적인 안정과 시간적 여유를 얻게 되자 미국에서 견문한 것을 재정리 · 집필하기 시작하였다.[6] 이렇

---

4) 李光麟, 「美國留學時節의 兪吉濬」, 改訂版 『韓國開化史研究』, 一潮閣, 1974, pp.273~289.
5) 柳永益, 「甲午更張 이전의 兪吉濬」, 앞의 책, pp.100~107.

듯 미국유학시절부터 수집한 각종 외국서적을 번역 또는 참고하여 1887년 가을에서 1889년 늦봄에 걸쳐 20편으로 구성된 『서유견문』을 집필하였다.[7] 잘 알려졌듯이, 『서유견문』은 국한문혼용체를 사용하여 청국과의 종속관계를 간접적으로 부정하고 조선의 자주·자립을 은근히 강조하는 동시에 상하귀천·남녀노소를 불문하고 국민 모두에게 세계 정세를 쉽게, 그리고 널리 이해시키고자 하였다.[8]

무엇보다 유길준은 참고서적을 단순히 베낀 것이 아니라 외국과 우리의 것을 서로 비교하면서 이에 대한 자신의 견해를 피력하는데 역점을 두었기 때문에 『서유견문』은 그의 사상이 집대성된 대표적인 역작으로 평가받고 있다.[9] 『서유견문』은 후쿠자와의 『서양사정』보다 약 22년 뒤인 1889년에 후카자와가 경영했던 도쿄(東京) 긴자(銀座)의 '교준사(交詢社)'에서 근대적 인쇄로서 간행되었다.

제1편과 제2편에 세계의 자연, 지리, 인종, 물산 등을 다루었고, 제3편에서 제12편까지 정부의 형태와 직분, 인민의 권리와 의무 등 대체로 서양의 정치제도론을 다루고, 제13편에서 제18편까지는 서양의 학술·군제·종교의 발달 및 사회제도와 기계문명 등 서양문명의 참모습을 기술하였다. 그리고 제19편에서 제20편까지는 문명화된 주요 도시를 소개하였다. 특히 제3편에서 제18편까지 정부의 제도와 서양문명론에 많은 지면을 할애한 점이 특색이다.

그의 문명개화사상의 가장 독자적인 부분이 제14편 「개화의 등급」에 잘 나타나 있다.

> 개화란 인간 세상의 천만 가지 사물이 지극히 선하고도 아름다운 경지에 이

---

6) 『西遊見聞』序, 『全書』 I, p.3.
7) 李光麟, 『兪吉濬의 開化思想』, 앞의 책, pp.62~63, 69~73.
8) 『西遊見聞』備考, 『全書』 I, p.8.
9) 柳永益, 「西遊見聞과 兪吉濬의 保守的 漸進改革論」, 앞의 책, p.133.

르는 것을 말한다.⋯⋯오륜(五倫)의 행실을 독실하게 지켜서 사람 된 도리를 안다면 이는 행실이 개화된 것이며, 국민들이 학문을 연구하여 만물의 이치를 밝힌다면 이는 학문이 개화된 것이다. 나라의 정치를 바르고도 크게 하여 국민들에게 태평한 즐거움이 있으면 이는 정치가 개화된 것이며, 법률을 공평히 하여 국민들에게 억울한 일이 없으면 법률이 개화된 것이다. 기계 다루는 제도를 편리하게 하여 국민들이 사용하기 편리하면 기계가 기화된 것이며, 물품을 정밀하게 만들어 국민들의 후생에 이바지하고 거칠거나 조잡함이 없으면 물품이 개화된 것이니, 이 여러 가지의 개화를 합한 뒤에야 개화를 다 갖추었다고 말할 수 있다.10)

즉 개화란 인간의 사회현상이 지극히 좋고 지극히 아름다운 경지에까지 발전하는 것이라 하였다. 다시 말하면 인간사회는 도덕적으로, 학문적으로, 법률적으로, 정치적으로, 기술적으로 완성되는 것을 개화라 파악하였는데 여기서 행실의 개화를 최우선시하였다. 또한 말하기를 「행실의 개화는 천하만국을 통하여 그 동일한 규모가 천만년의 장구함을 걸쳐도 불변하다⋯」11) 라 하여 이 행실개화만큼은 다른 개화와는 달리 시대와 나라를 초월한 영구불변한 진리라고 강조하였다. 이로써 그의 서양문명 앞에도 흔들리지 않았던 전통적 가치관을 알 수 있다. 그리고 모든 분야의 완성으로 향하는 단계를 개화, 반개화, 미개화의 삼등으로 나누었다. 그런데 오늘날까지 완성된 단계에 이른 나라는 없다고 하여 「개화하는 자는 천만 가지 사물을 연구하고 경영하여, 날마다 새롭고 또 날마다 새로워지기를 기약한다.」12)라 하여 끊임없이 새로워지도록 노력해야 한다고 주장했다.

또 서양 제국을 문명이라고 말하여도 지금 현재에 있어서 그런 것이지 세부적으로는 부족한 면이 아주 많다고 지적하며 반 개화된 나라에도 개화된 자가 있고 개화된 나라에도 반개화, 혹은 야만적이 사람이 있을 수 있기 때문

---

10) 『西遊見聞』, 「開化의 等級」, 『全書』 I, pp.395~396.

11) 『西遊見聞』, 「開化等級」, 『全書』 I, p.398.

12) 위의 책, p.396.

에 중요한 것은 한 나라 안에서 개화된 자가 미개화, 혹은 반개화된 자를 각성시켜 개화로 인도하는 것이라고 하였다.

또한 유길준은 외국의 새 문화를 무조건 받아들이는 것만을 개화로 보지 않았다.

> 개화는 실상의 개화와 허명의 개화로 분별된다. 실상의 개화는 사물의 이치와 근본을 깊이 연구하고 고증하여 그나라의 처지와 시세에 합당케 하는 경우다. 허병의 개화는 사물에 대한 지식이 부족하면서도 남이 잘된 모습을 보면 부러워서 그러든지 두려워서 그러든디, 앞뒤를 헤아릴 지식도 없이 덮어놓고 시해하자고 주장하여, 돈은 적지 않게 쓰면서도 실용성은 궁 미치지 못하는 경우다.[13)

즉 개화의 유형을 실상개화와 허명개화로 나누고 새 문화를 받아들이면서 자기 나라의 현실과 실정에 맞게 하는 것이 실상개화 즉 참된 개화고 맹목적으로 받아들이는 것은 허명개화, 즉 헛된 개화라고 설명하였다. 요컨대 개화는 외국문화를 자기 나라의 실정에 맞게 섭취하고 소화할 뿐만 아니라 자기 나라의 좋은 문화도 계승 발전시키는데 있다고 하였다. 이와 관련해서 그는 조선의 훌륭한 과학기술적 전통에 대해서도 언급하였다.

> 옛사람이 만들던 방법에서 벗어나 요즘 사람이 신규로 창안해 낼 수는 없다. 우리나라의 고려청자는 천하에 유명한 것이고, 이충무공의 거북선도 철갑선 가운데는 천하에서 가장 먼저 만든 것이다. 교서관(校書館)의 금속활자도 세계에서 가장 먼저 만들어 낸 것이다. 만약 우리나라 사람들이 깊이 연구하고 또 연구하여 편리한 방법을 경영하였더라면, 이 시대에 이르러 천만 가지 사물에 관한 세계 만국의 명예가 우리나라로 돌아왔을 것이다. 그러나 후배들이 앞 사람들의 옛 제도를 윤색치 못하였다.[14)

---

13) 앞의 책, pp.400~401.
14) 앞의 책, pp.401~402.

이같이 그는 좋은 전통이 후대에 계승되지 않았음을 한탄하였다. 다시 말해서 개화란 결코 전통을 파괴함으로써 이루어지는 것이 아니라는 것이다.

> 아아, 개화하는 일은 남의 장기를 취하는 것에만 있는 것이 아니라, 자신의 훌륭하고 아름다운 것을 보전하는 데에도 있다. 남의 장기를 취하려는 생각도 결국은 자신의 훌륭하고 아름다운 것을 돕기 위한 것이기 때문에, 남의 재주를 취하더라도 실용적으로 이용하기만 하면 자기의 재주가 되는 것이다.15)

즉 개화를 이룩하려면 우리 전통의 좋은 면을 바탕으로 삼아 자주적으로 해야만 한다는 것이다. 따라서 개화는「자기의 시세와 처지를 잘 헤아려서 경중과 이해를 판단한 다음에 앞뒤를 가려서 차례로 시행」16)할 것을 강조하였다.

이와 같은 맥락에서 그는 시세와 처지를 고려하지 않은 채 외국 것만을 숭상하고 자기나라의 것을 업신여긴 개화당을 '개화의 죄인'으로, 외국인과 외국의 것을 무조건 배척하고 자기 자신만을 최고라고 여기는 수구당을 '개화의 원수'로, 아무런 주견 없이 개화의 겉모습만 따르는 자들을 '개화의 병신'으로 각각 규정하였다. 동시에 그는 개화의 죄인과 원수를 싸잡아 비판하되 개화를 반대·배척하는 수구파들보다 현실을 무시한 채 성급하게 개화를 추진했던 갑신정변의 주도세력도 강하게 비판하였다. 따라서「必然히 得中한 자가 유하여 과한 자를 조제하며 불급한 자를 근면하여 타의 장기를 취하고 자기의 미사를 수하여 처지와 시세를 응한 연후에 민국을 보전하여 개화의 대공을 이뤄야 한다」17)고 현실주의적인 점진적 개혁론을 피력하였다.

---

15) 同上.
16) 同上.
17) 앞의 책, p.402.

5. 개화사상의 실천과 일본망명 및 귀국

동학농민전쟁과 청일전쟁을 배경으로 갑오경장이 단행되자 유길준은 정계에 복귀하여 개혁에 참여하였다. 갑오경장은 1894년 7월 23일 일본군의 경복궁 점령을 계기로 성립된 김홍집 내각이 당면과제인 대외적 자주독립과 대내적 근대화를 실현하기 위해 추진하였던 제도개혁운동이었다. 그러나 갑오경장의 추진과정에서 일본의 영향력이 적지 않게 작용하였기 때문에 그 성격을 둘러싸고 아직도 자율과 타율의 논쟁이 벌어지고 있다. 특히 유길준은 갑오경장 전기간에 걸쳐 외아문 참의 겸 군국기무처 회의원과 내부협판 및 대신으로 경장의 이론을 제공함과 동시에 그 전면에서 개혁을 주도했던 인물이기 때문에 이 부분 규정짓는데 관건이 된다. 더군다나 이후의 그의 친일적 행각과도 연관지어서 해석하기도 한다. 다만 이 갑오개혁에서 나온 여러 정책이 일본의 지시에 의한 것보다는 이미 개화파들이 이전부터 구상했던 내용을 구현한 것이고 특히 유길준의 경우는 그의 독자적 개화사상의 실천이라는 점에서 보다 자주성에 무게를 실어야 한다고 생각한다.

갑오경장 개시 이래 유길준은 김홍집 · 김윤식 · 어윤중 · 김학우 등 시무개화파와 군국기무처 의원에 발탁되었으며 의정부 8아문체제에서도 도헌으로서 각종 개혁안을 입안 · 시행하는데 주력하였다. 특히 군국기무처가 3개월간 지속되는 동안 의안 제1호, 제2호를 비롯한 210건의 제도개혁안 및 정책건의안을 의결하였다.[18] 의안 제1 · 2호에서 군국기무처가 최초에 행한 개혁은 민족주의적인 입장에서 청국과의 번속관계를 평등관계로 바꾸고 서양 각국과 자주 · 평등의 원칙에 입각한 대등 외교관계를 맺는데 있었다.

유길준 등 추진세력은 조선의 '독립국'임을 상징하는 대내외적 조치들을 실행하였다. 고종의 종묘서고를 통해 조선이 독립국가임을 최초로 선포하

---

18) 제1호는「從今以後 國內外公私文牒 書開國紀年事」이고 제2호는 「与淸國改正約條 復派送特命全權大使于列國事」이다.

고(1894년 12월 2일 음력), 독자적인 개국연호인 '건양(建陽)'을 사용하는 한편 법령 등에서 종래 중국황제만 쓰던 칙(勅)·짐(朕)·주(奏)를 사용하며 국왕의 칭호를 '주상전하'에서 '대군주폐하'로 바꾸기로 의결하였다.[19] 또한 '독립경일'(6월 6일)과 '개국기원절'(9월 4일)을 제정 경축하고 국기 및 깃발의 사용을 장려하는 조치를 취하였으며 「왕실제사의례」를 개혁하여 국왕을 일본의 천황이나 중국의 황제와 같이 초월적 권위를 갖도록 시도하였다. 군주의 품격을 중국·일본과 같이 높임으로써 자주독립국으로서의 위상을 천명하려 하였다. 그렇지만 군주의 권한은 축소시켰다. 즉 궁내부를 설치하여 왕실을 공적 정치과정에서 배제하고 국왕의 전통적인 인사·재정·군사권을 크게 축소 제한시키는 한편, 내각제도를 채택하여 총리대신이 실질적인 권력의 중심역할을 담당케 하여 입헌군주제의 토대를 마련하였으며 「향회규칙(鄕會規則)」과 「향약판무규정(鄕約辦務規定)」을 발포하여 지방행정 단위에서 지방민의 선거인 '권선(圈選)'과 '공동회의'[20] 등 민주주의적 지방자치제를 입헌군주제의 전 단계로서 실시하려 하였다. 그러나 이 시기의 그들의 민(民)에 대한 의식에는 아직 한계가 있었다고 볼 수 있다. 즉 군국기무처는 동학농민군에 대해 처음에는 유민(莠民:몹쓸 백성)으로 규정하고 회유와 탄압의 양면정책을 결의하더니 그 뒤 그들의 기세가 더욱 높아져 경기도까지 위협하기에 이르자 '비도(匪徒)'로 규정하고 단호한 탄압 일변도의 진압책을 건의하였다. 그들이 동학농민세력을 비난하고 민의 역량을 적극 활용하지 못한 것은 일본의 힘을 빌려서까지 어렵게 개혁을 추진하는 마당에 내란은 허용될 수 없다는 판단 때문이었을 것이다. 또한 민을 그들의 관념처럼 정치세력의 주체로서 선뜻 인정하지 못한 데는 그들의 지주로서의 이해관계도 작용했을 것으로 판단된다.[21] 그들은 혁명보다 체제 내의 점진적 변화

---

19) 『한말근대법령자료집』 I, pp.155~156.
20) 위의 책, pp.600~601.
21) 당시 개량적 개화파나 변법적 개화파를 불문하고 농민층의 불만은 이해하면서도 토지 재분배를 거부하고 기존 지주–전호제적 생산관계는 유지해야 한다는 생각을 가지고

인 '경장'을 추구했기 때문에 혁명적 변화의 욕구를 수용할 수 없었던 것이다.

또한 새 내각제도와 그에 따른 국왕 권한의 제약은 한편으로 왕실이 일본의 위력에 굴복한 것을 전제로 한 것이었지만 유길준 등이 이전부터 주장해온 정체개혁 구상과도 부합하는 것이었다. 유길준을 중심으로 한 갑오경장 추진세력은 민씨 외척세력을 정치에서 유리시키고 고종의 친정을 장려함으로써 고종을 개혁정치의 상징으로만 이용하면서 자기들이 장악하고 있는 내각에 권력을 집중시키는데 주력하였다.[22]

그러나 평양전투의 승리 후 일본이 조선을 보호국화하기 위해 파견한 공사 이노우에 가오루(井上馨:1835~1915)가 박영효를 중심으로 한 친일내각의 구성을 추진하고 또 삼국간섭 이후 고종과 정동파가 배일 친미·친러정책을 강화함에 따라 유길준은 정치적 영향력이 점차 약화되어 10월 초 의주부 관찰사로 좌천당하였다. 이러한 상황 속에서 일본이 세력을 회복하기 위해 10월 8일 명성황후 시해사건을 자행하자 그는 내부대신으로 임명되어 실권을 재장악하였으나 1897년 2월 11일 아관파천으로 일본에 망명하기에 이르렀다.

이와 같이 갑오경장 기간에 유길준은 조선에 대한 일본의 영향력 혹은 정책에 따라 부침하였다. 이로 말미암아 그를 비롯한 시무개화파가 추진한 개혁안 중에는 일본의 침략의도에 부합되는 것도 있었다. 이점 친일성에 대한 비판을 면할 길이 없다. 그럼에도 경장 초기 일본이 청일전쟁에 주력하는 동안 유길준 등 시무개화파는 군국기무처를 중심으로 자율적인 개혁활동을 펼쳤으며, 일본의 무리한 요구에 대해서는 강경하게 반대하는 입장을 취하기도 하였다.[23]

무엇보다 갑오경장을 추진하는 과정에서 일본의 원조에 의존할 수밖에

있었다(金容燮, 「甲申·甲午改革期 開化派의 農業論」, 『동방학지』 15. 1974).

22) 柳永益, 『甲午更張硏究』, 一潮閣, 1990, p.206.

23) 한철호 「시무개화파의 개혁구상과 정치활동」, 『한국근대 개화사상과 개화운동』, 신서원, 1998.

없었던 상황에 대해서는 유길준 스스로도 매우 부끄러워하면서 깊이 반성하고 있었다. 1894년 10월 일본 방문시 일본외상 무츠 무네미츠(陸奧宗光:1844-1897)를 만난 자리에서 그는 다음과 같이 자신의 심정을 토로하였다.

> 지금 조선의 개혁은 행하지 않을 수가 없지만 조선인 된 자에게는 삼치가 있다. 삼치란 스스로 개혁을 행하지 못해 귀국의 권박을 받았으므로 본국 인민에 대해 부끄러운 것이 그 셋이다. 지금 이 삼치를 무릅쓰고 세상에 나설 면목이 없으나, 오직 개혁을 잘 이룸으로써 자기의 독립을 보존하고 남에게 굴욕을 당하지 않으면서 개진의 실효를 거두어 보국안민하게 되면 오히려 허물을 벗어날 수 있다. 만일 다시 구폐를 그대로 행한다면 장차 또 한번의 권박을 초래해 국가가 앞으로 어떤 지경에 이룰지 알 수 없다. 우리들이 장차 이 점에 힘써 국인의 마음이 따르면 개혁의 일을 행할 수 있고, 만일 이에 통하지 못해 다만 권면을 행할 뿐이라고 아마도 성공할 날이 먼저 일어날 듯하다.[24]

즉 유길준은 조선이 불가피하게 일대 개혁을 단행하게 되었지만 이를 자력으로 행하지 못하고 일본의 권유와 협박에 따라 한 것을 조선국민, 세계만국, 후세역사 앞에 수치라고 고백하였다. 그러나 그는 이러한 수치를 감수하고라도 개혁을 성사시켜 국가의 독립과 보국안민을 달성하면 자신의 행위를 용서받을 수 있을 것으로 전망하였다. 그는 이른바 '삼치론'을 1895년 8월 17일 제출한 추밀원 「비밀회의에 청구하는 청의서」에서도 되풀이 하였다.[25]

이상과 같은 사실들로 미루어 유길준은 갑오경장 기간 중 일본의 후원 아래 경장을 추진한 자신의 모습에 대해 깊이 반성함과 동시에 치욕을 씻고 개혁을 성공적으로 추진하기 위해 전력을 기울였음을 알 수 있다. 물론 이러한

---

24) 「外務大臣陸奧宗光問答」, 『全書』 IV, pp.376~377.
25) 柳永益, 『甲午更張研究』, pp.198~200.

대일 의존적 태도는 유길준을 비롯한 개혁주도세력이 국민적 지지기반이 없었고 군사력·경제력을 갖지 못한 데에서 비롯된 치명적인 약점이자 한계였음을 부인할 수 없다. 특히 안과 밖의 교차점인 국왕을 개혁의 소용돌이에서의 구심점이자 방패막이로 적절히 활용하지 못하고 소외시켰고 청의 패퇴와 삼국간섭 후에 발생한 열강의 각축을 효과적으로 이용하여 일본 외에 정치적 선택의 폭을 넓힐 수 있는 기회조차도 내부역량의 한계로 스스로 제한했다.26)

그들이 일본에 의존한 것이 궁극적으로는 조선의 자주독립과 부국강병을 목표로 한 개혁추진이었던 점은 평가 할 수 있다. 그러나 다름 아닌 침략세력인 일본의 힘에 의존했던 점은 비판받아야 마땅하다. 다만 이후에 그가 일본 망명 중 정미7조약에 대해 강경하게 항의하고 또한 일본이 한일합방 직후 유길준에게 부여하려고 한 남작 작위를 거부한 것 등은 그때까지의 그의 친일적 언동에 비추어 볼 때 평가받을 부분이라고 사료된다.

유길준은 1896년 2월 아관파천으로 일본에 망명하였다가 헤이그밀사 파견사건으로 고종이 퇴임함에 따라 1907년 8월 16일 귀국하였다. 망명 기간 동안 그는 갑오경장의 실패로 절망에 빠지기도 하였지만 쿠데타를 계획하기도 하고 각종 외국서적을 번역하거나 저술에 열중하였다.

우선 그는 조선을 둘러싼 러일 양국의 각축으로 전쟁이 일어날 경우 조선은 망한다고 예견하고 내정을 개혁하여 전쟁을 미연에 방지하는 것이 보국의 최우선책이라고 판단하였다.27) 그리하여 그는 국가의 기반을 굳건히 하기 위해서 고종황제의 지위와 세습제를 유지하되 이용익(李容翊:1854~1907)과 강석호(姜錫鎬) 등을 제거하고 일본의 망명자와 국내의 동지들로 정부를 새롭게 구성한다는 계획을 세웠다. 이에 따라 그는 1901년부터 인천의 부호 서상집(徐相潗)을 국내거점으로 쿠데타를 일으켜 새로운 정부를 수립하려는

---

26) 정용화, 「안과 밖의 정치학」, 『한국정치학회보』 34집 2호, 2000년 여름, p.19.
27) 「保國之策」, 『全書』 IV, p.260.

작업을 추진하였다. 그러나 이러한 그의 쿠데타 시도는 국내연락 총책인 서상집의 배반으로 실패로 돌아갔다. 이 사건이 한・일 양국간의 분쟁으로 비화되자 유길준은 오가사와라제도의 하하지마(母島)와 하치조지마(八丈島)에 4년간 유배당하는 고초를 겪었다.[28)

이 기간에 유길준은 국민들에게 외국의 사정을 알리고자 『프러시아국프레드릭대왕칠년전사(普魯士國厚禮斗益大王七年戰史)』, 『영법로토제국(英法露土諸國)』, 『아메리카전사(亞米利哥戰史)』, 『이태리독립전사(伊太利獨立戰史)』, 『정치학(政治學)』 등을 번역하고 『대한문전(大韓文典)』을 집필하는데 힘썼다. 이 중 『정치학』은 비록 그의 저서가 아닌 번역책이지만 입헌군주제에 관한 자신의 입장을 간접적으로 내 비추었다는 점에서 주목할만하다.

일본이 헤이그밀사 파견으로 고종을 퇴위시키고 순종을 즉위시킨 다음 조선의 내정을 일일이 간섭하기 위해 정미7조약을 강제로 체결하자 유길준은 강력하게 반대하였다. 나아가 그는 일본의 총리 사이온지 킨모치(西園寺公望:1849~1940)에게 만약 이 조약의 체결을 무효화시킨다면 우리 국민이 영원히 은혜를 잊지 않을 것이라는 내용의 건백서를 제출하기도 하였다.[29) 그가 귀국 후 일체의 관직을 거절한 채 흥사단을 설립하여 국민전체의 자질을 향상시키기 위한 국민교육운동을 전개하자 국민들의 호응이 호전되었고 일부 보수적인 유학자들도 그에 대한 인식을 바꾸는 계기가 되었다.[30) 한일합방이 있은 지 40일 가까이 되었을 때 일본 당국은 합방에 공로가 있는 조선인 78명을 귀족으로 앉히면서 작위를 내렸다. 일본 당국은 유길준을 회유하고자 남작을 내렸으나 그는 단연코 사절하였다. 이것은 그의 애국적 양심의 발로였다고 사료된다.

---

28) 尹炳喜, 「일본망명시절의 兪吉濬의 쿠데타음모사건」, 『兪吉濬研究』, p.258.
29) 『報知新聞』, 1907년 7월 25일, 日本 東京.
30) 이광린, 『유길준』, 東亞日報社, 1992, pp.154~162.

6. 유길준의 종교관

유길준은 『서유견문』의 「종교내력(宗敎來歷)」에서 서양 천주교 역사를 개관하여 마지막 부분에서 다음과 같이 서술하였다.

> 천주학을 믿는 자들은 교황을 하나님같이 믿고 의지하여 자기 나라 정부보다도 더 두려워하고, 자기 부모보다도 더 사랑한다. 또 천주교를 숭상하는 나라는 다른 나라의 토지와 국민을 그 종교의 형세에 의거하여 침략하고 빼앗으려는 음모를 꾸미기도 한다.[31]

즉 천주교는 교황을 자기가 소속된 나라나 정부보다 존경하고 그를 사랑하는 마음도 자기 부모 이상이며 또 포교를 위해서는 남의 나라도 침탈한다고 그의 유교의식과 애국심에서 비판하였다. 그러나 개신교에는 이와 같은 문제는 없다고 긍정적으로 판단하였다.[32]

그는 서양인의 중심종교이자 서양문명의 정신적 기둥인 천주교 및 기독교의 역할에 대해 충분히 인식하였으나 천주교는 그 교리와 선교형태가 전통유교 가치관과 대치되는 것으로 보았다. 그러나 기독교는 구미사회의 안정적 발전에 기여했다고 판단하여 한 때는 기독교의 국내보급을 적극 고려할 정도였다.[33] 이미 그것은 서양 외유 때에 교회의 실상과 서양사회에 대한 영향력을 많이 확인했기 때문이다. 그러나 상당기간 그는 기독교에 귀의하지 않았다. 그것은 『서유견문』에서도 확인되는 바 서양문명 앞에서도 흔들리지 않았던 그의 강한 전통 유교의식 때문이었다고 사료된다.

그리고 또 하나의 사유는 그가 일본이나 미국에서 선교사를 통해 기독교

---

31) 「其敎를 服하는 자는 교황을 上天같이 信義하야 畏懼하기를 자기의 정부에 過하고 애모하기를 자기의 부모에 가하며 又 其敎를 숭상하는 국은 他邦의 토지와 인민을 其宗敎의 형세로 침탈하는 음계를 행하나니,『西遊見聞』,「宗敎來歷」,『全書』I, p.346.

32) 위의 책, 346.

33) 柳永益,「開化派人士들의 改新敎 受容樣態」,『韓國近現代史論』, 一潮閣, 1992, p.84.

교리에 접근한 것이 아니고 후쿠자와 모오스 같은 비 기독교계 스승들의 영향 하에서 교리를 파악했기 때문이다. 그러나 을사보호조약 후 유길준이 1906년 일본 망명생활에서 풀려나 동경에 머물고 있었을 때 한국 YMCA 총무로 일하던 김정식(金貞植)과의 접촉을 통해 기독교에 크게 감화되는 기회를 갖는다.[34]

유길준은 김정식의 요청으로 「사경회취지서(査經會趣旨書)」[35]를 작성하였는데 여기서 그는 「화평한 성령의 기쁨과 영구한 복을 얻은 이 길은 구세주에 위탁해야만 처음으로 얻을 수 있는 것이며 구세주를 깊게 믿고 성경책의 뜻을 잘 받들어야 한다」고 하였다.[36] 그가 기독교 신앙을 가졌음을 추측할 수 있다. 다만 그는 기독교를 수용하되 기존의 유교가치관을 버린 것이 아니며 오히려 그것과의 조화를 꾀하려 했던 것이다. 이 글 속에서 그는 유교와 기독교를 대비하였다.

즉 원래 행실개화를 개화사상의 근본으로 삼아 유교 속의 도덕성에 심취했던 그가 기독교의 도덕성에 유교와의 공통점을 발견하였다. 그래서 공자는 정치도덕의 성인이고 예수는 종교도덕의 신이라고 표현하였다.[37]

그리고 유교는 현세(現世)의 인사(人事)도덕으로서 종교가 아니고 기독교는 신과 인간을 연결 짓는 만세(萬世)도덕이며 전후시대를 모두 통일하는 종

34) 이광린, 『유길준』, 東亞日報社, 1992.

35) 이 「査經會趣旨書」에 대해 모리야마 코오지(森山浩二)는 유길준 자신의 신앙고백문이라고 단정하기는 어렵지만 당대 일류의 개명지식인이 쓴 글로서 기독교와 전통사상에 대한 인식이 전형적으로 서술되어 있다고 하였다(森山浩二, 「朝鮮近代に於ける基督教受容に對する一考察」, 『朝鮮史研究會論文集』 19, 1982).

36) 「(전략) 形에 無흠에 視ᄒᆞᄂᆞᆫ 듯 聲이 無흠에 聽ᄒᆞᄂᆞᆫ 듯 和平純淨흔 성령의 상통흠으로 其生이 甚樂ᄒᆞ며 其死가 亦安ᄒᆞ야 永久融흔 慶福을 享受ᄒᆞ리니 其道ᄂᆞᆫ 惟我救主에 依託ᄒᆞ야 始得ᄒᆞ리오 且其依託ᄒᆞᄂᆞᆫ 道ᄂᆞᆫ 我救主를 深信흠과 處奉흠에 在흔 즉 성경의 遺旨를 尋繹ᄒᆞ야 …」, 「査經會趣旨書」, 『全書』 II, p.395.

37) 「孔子의 敎를 擧ᄒᆞ야 我救主의 宗旨와 對觀ᄒᆞ건데 道德의 意義가 往往 相符ᄒᆞᄂᆞᆫ 節에 有흔 則 兩敎가 相近ᄒᆞ다 謂홀디나 然ᄒᆞ나 孔子ᄂᆞᆫ 政治道德의 聖이요 我救主ᄂᆞᆫ 宗敎道德의 神이라」 위의 책, pp.396~397.

교38)이기 때문에 유교와 기독교는 조화가 가능하다고 본 것이다. 그래서 유길준이 그간 견지해온 가치관인 유교와 새로운 진리로 인식한 기독교의 양립과 통합을 모색한 것이다.

또한 그는 유교 숭배자와 기독교 신봉자간의 서로에 대한 몰이해 때문에 일어난 갈등을 지적하면서39) 세상 인사도덕으로는 유교를 지키고 종교상으로는 기독교를 신봉해야 한다고 주장하였다.40) 즉 유교가치관을 견지한 채 기독교를 수용한 것이다.

지금까지 인용한 「사경회취지서」속의 유길준의 글은 그의 기독교에 대한 유일한 글이다. 유길준과 기독교에 관한 다른 자료가 없기 때문에 적어도 이 글 내용으로 볼 때는 그가 기독교 신앙을 가진 것으로 사료된다.

II. 유길준의 정치사상

1. 민권론

19세기 후반의 조선이 직면한 정치적 위기의 본질은 국내외적으로 유교 정치이념을 바탕으로 한 전통적인 정치질서가 서구의 근대정치질서의 도전으로 더 이상 유지되기 어려워졌다는 점에 있다. 사대의 예를 기조로 한 중화질서가 무너지고 주권평등 이념을 기조로 한 근대국제질서로의 이행이 불가피해지자 중국에 의존하는 대신 자주·자립하지 않으면 안되었다. 그러기 위해서 스스로를 외부의 위협으로부터 지킬 수 있는 힘의 보유가 불

---

38) 「孔子教는 現時人事의 도덕이니 人事教이라 종교안이며 我救主의 教는 神人을 通하는 萬世도덕이니 及生民以未前萬廿後 만세대일통종교이라」앞의 책, pp.397~398.
39) 「孔子를 숭배하는 徒는 야소교를 질시하고 야소교를 尊奉하는 者는 孔子教를 非議하야 彼此不知하면서 타교라고 호상배격하야…」앞의 책, p.399.
40) 「我同胞는 人事教로는 孔子教를 論讀하야도 종교상에는 天神에 下歸依하야 구주야소를 신앙하디어라」앞의 책, P.399.

가피하여 정책의 목표는 자연스럽게 '부국강병'으로 모아졌다.

부강한 나라가 되기 위해서는 어떻게 해야 하는가가 유길준의 핵심적인 과제였다. 그는 우선 이웃 일본에 주목하였다. 즉

> 일본이 서양의 여러 나라들과 조약을 맺은 뒤부터 관계가 친밀해짐에 따라 시대적인 변화를 살피고 그들의 장점을 취하며 여러 제도를 답습함으로써 30년 동안에 이처럼 부강을 이루게 된 것이다.[41]

라고 하여 일본의 개국 이후 30년 동안의 시대적인 변화를 파악하고 서양의 제도나 법규의 장점을 모방하여 부강해진 것으로 인식하였다. 그리고 궁극적으로 서양이 부강해진 이유는 바로 정치체제에 있다고 보았다.

> 유럽과 아메리카 두 주에 있는 여러 나라가 아시아주 여러 나라에 비하여 백배나 부강하다는 사실이다. 누구든 자기 나라가 부강해지기를 바라지 않겠는가마는, 정부의 제도와 규범이 달라서 이 같은 차이가 생기는 것이다. 만약 사람의 재주와 지식에 등급이 있기 때문이라고 말한다면, 이는 결단코 그렇지 않다. 아시아주의 황색인을 유럽이나 아메리카주의 백색인과 비교할 때에, 그 자질에 모자람이 없다는 것은 분명하다.[42]

즉 서양제국이 아시아 나라들보다 백배나 부강한 이유는 인종적인 천성의 차이나 재주와 지식의 차이에 있는 것이 아니라 정부의 제도나 규범이 다르기 때문이라고 보았다. 서양제국의 정치체제의 요점은 바로 다름 아닌 국민 개개인의 권리가 잘 지켜지고 이를 바탕으로 국가의 권리가 보존되는 것임을 깨달았다. 즉 그는 외교와 내치를 연계해서 파악하였다.

---

41) 『西遊見聞』序『全書』I, p.3.
42) 『西遊見聞』, 「政府의 種類」, 『全書』I, P.168.

외교하는 권리는 국내를 다스리는 제도를 바탕으로 하여, 그 나라를 보전하
려고 하는 방법과 형세를 마련한다. 인민들의 지식이 높아지고 나라의 법령이
공평하게 시행되어 사람마다 자기의 권리가 제대로 지켜진 뒤에, 모든 인민의
의기를 모아 한 나라의 권리를 지켜 나가는 것이다. 인민이 권리가 중요하다는
것을 모르면, 다른 나라로부터 침략을 당해도 분노하지 않는다.[43]

즉 개인의 권리가 국가의 권리의 기본이며 개인의 권리가 강해져야 국가
의 권리도 지킬 수 있다고 보았다. 이러한 생각은 당시 후쿠자와의 「일신이
독립한 연후에 일국이 독립함」[44]이라는 명제와 같은 맥락으로 볼 수 있다.

유길준은 이미 실학사상에서 평등사상의 영향을 받았던 바 봉건적 신분
제 와해를 위한 서양인권론의 도입을 갈구했었다. 그러나 절대적 개념인 서
양천부인권론의 무조건적인 도입이 아니라 그가 지켜온 도덕중시의 유교
적 가치와 인간론과의 조화 속에서 도입하려 했다.

그의 민권론을 논하기에 앞서서 '권리'라는 개념을 먼저 정리해 보고자 한
다. 우선 전통 유교에는 소위 서양적 '권위'의 개념이 없었는지 살펴보겠다.
원래 유교윤리는 개인의 자유보다는 개인이 속한 공동체 안에서 공동선의
실현을 위해 헌신할 수 있도록 덕의 함양에 궁극적인 목표를 두는 '공동체주
의적 윤리'이기 때문에 개인의 이익이나 권리 주장은 생각할 수 없었다는 견
해가 있다.[45] 또 유교는 개인이 사회 안에서 자기가 분담한 역할을 충실히
수행함으로써 사회적 조화를 이루는데 초점을 맞추고 있는 '역할 중심의 윤
리'이며 또한 개인이 유기적 인간관계 안에서 각자가 차지하는 위치를 깨달
아 그에 알맞게 행동하도록 권장하는 '관계중심의 윤리'이기 때문에 독립된
개체로서 개인·자유·권리 등의 개념이 끼어 들 여지가 없었다는 주장도

---

43) 『西遊見聞』, 「邦國의 權利」, 『全書』 I, pp.118~119.

44) 『學問のすゝめ』, 『福澤全集』 제3권, p.18.

45) Ames, Roger T. 1988, "Rites as Rights: The Confucian Alternative." leroy S. Rouner(ed), Human
Rights and the World's Religions. Notre Dame, Indiana; University of Notre Dame Press.
pp.203~206.

있다.[46]

그러면 과연 유교에는 '권리' 개념이 없었는가 할 때 전통유교사상에는 서양적 권리의 유형이 있었으나 근대 서구의 권리관과 비교할 때 자유권에 차이가 있었다고 본다. 전통사회에서는 사회적 역할의 구분이 신분의 차등으로 연결되고 그것이 바로 권리의 차등으로 연결되는 점에서 단지 소수의 계층만이 자유를 누릴 수 있는 권리, 즉 특권을 가졌다고 볼 수 있다. 그래서 유교문화권에서 서구 '인권' 개념을 수용할 때 핵심적인 문제는 권리의 핵심이 되는 '자유권'과 '평등권'을 어떻게 이해하고 받아들이느냐에 있다고 본다.

유길준은 그의 저서『서유견문』,「인민의 권리」서술 첫 부분에서 다음과 같이 논하였다.

> 국민의 권리라고 하는 것은 자유와 통의를 말한다. 이제 자유와 통의에 대하여 설명해 보자. 자유는 무슨 일이든지 자기 마음이 좋아하는 대로 따라서 하되, 생각이 굽히거나 얽매이지 않는 것을 말한다. 그러나 결코 자기 마음대로 방탕하라는 취지는 아니고, 법에 어긋나게 방자한 행동을 하라는 것도 아니다. 또 다른 사람의 형편은 돌보지 않고 자기 이익이나 욕심만 충족시키자는 생각도 아니다.[47]

즉 국민의 기본 권리는 자유와 통의(정직·정리·권리·도리)가 핵심개념이라고 하였다. 그러나 유길준은 이 통의라는 용어를 다음과 같이 규정하였다.

> 통의를 한마디로 설명하자면, 당연한 정리(正理)라고 할 수 있다. 이제 몇 가지 예를 들어 보자. 가령 관직은 맡은 사람이 그 임무나 직책을 수행하기에 알맞은 직권을 가지는 것은 당연한 정리다. 집을 소유한 자가 주인으로서 명의와 실

46) Rosemont, Henry. 1988. "Why Take Rights Seriously? A Confucian Critique." 앞의 책, pp.173~177.
46) 『西遊見聞』,「人民의 權利」,『全書』I , p.129.

권을 갖추어 자기의 소유물이라고 말하는 것도 또한 당연한 정리다. 돈을 남에
게 빌려 준 사람이 약속한 대로 이자를 요구하는 것이라든가 논이나 밭은 남에
게 빌려 준 사람이 그 수확을 나누어 달라고 요구하는 것도 또한 당연한 정리다.
천만 가지 사물이 당연한 이치를 따라 본래부터 가지고 있던 상경(常經)을 잃지
않고, 거기에 맞는 직분을 지켜 나아가는 것이 통의의 권리다.[48]

즉 통의란 '당연한 정리(正理)'로서 그 속에 이미 천리와 함께 상경에 어긋
나지 않아야 할 '직분' 즉 도덕적 의무를 내포한다. 따라서 인간이 타고난 자
유와 권리를 누리기 위해서는 각 개인이 공동으로 준수해야 할 사회적 도덕
적 규범이 존재함을 지적하고 그러한 보편적 규범을 통의라는 개념으로 표
현하였다. 통의 즉 권리를 전통적인 이치의 측면에서 이해하며 설명한 것은
동양의 전통에서 자연스러운 것이라고 할 수 있다. 그래서 '권리'라는 용어
와 함께 '통의'라는 용어를 동시에 쓰고 있다.[49]
　또한 그는 통의에 대하여 후쿠자와의 『서양사정』 2편[50])의 내용을 그대로
인용 번역하며 다음과 같이 설명하였다.

　　또 통의를 자세히 논하자면 유계(有係)와 무계(無係)의 구별이 있다. 무계의
　통의는 한 사람에게만 소속되어 다른 사람과는 관계가 없는 것이며, 유계의 통
　의는 세속에 살면서 세상 사람들과 사귀어 서로 관계되는 것이다. 이와 같은 까
　닭으로 무계한 통의는 사람이 타고난 것이다. 하늘 아래 사는 사람이라면 누구
　든지 막론하고, 세속 안에서 어울리며 교제하는 자나 세속 밖에 처하여 혼자 살
　며 의지할 곳이 없는 자라도 다 도달할 수 있는 올바른 이치인 것이다. 그러나
　유계한 통의는 그 뜻이 약간 다르다. 인위적으로 만든 법률도 다그쳐서 사람으

---

48) 앞의 책, p.129.
49) 朴泳孝는 上疏文에서 「天降生民億兆皆同一 而稟有所不可動之通義 其通義者 人之自
　保生命 求自由 希幸福也」라고 하여 권리의 뜻으로 '通義'라는 말을 사용하였다(「朝鮮
　國內政に關する朴泳孝建白書」, 日本外務省 編, 『日本外交文書』 第21卷, 文書番號
　106, 1888, p.309).
49) 『西洋事情』 2編 卷之1 「人間の通義」, 『福澤全集』 第1卷, pp.2~3.

로 하여금 반드시 지키게 할 수는 없지만, 법률의 근본 취지가 사람들의 행동거지를 바로잡으려고 하는 것이므로, 비록 한 사람의 직분에는 관계가 없더라도 세속에서 사귀는 직분으로는 간섭할 수가 있다.[51]

즉 통의를 무계와 유계로 나누어 무계의 통의는 천부인권론적 본연의 인권으로서 하등의 간섭을 받지 않는 독립적인 것이라고 하였다. 그러나 유계의 통의는 후천적인 사회적 인간관계에서 형성되는 것이므로 일신에 직분에는 관계가 없어도 교제의 직분에는 법의 간섭과 보호를 받아야 한다고 주장하였다.[52]

그러나 이와 같은 천연의 기본권리를 사회현실에 구현하기 위해서는 앞서 후천적인 유계의 통의와의 정의가 잘 정립되어야 한다고 보았다. 요컨대 유계의 통의는 인간관계의 원활함을 위해 조절되어야 하는 영역을 가르킨다고 생각하였다. 그리고 그는 사람이 서로의 관계를 유지시킬때 법률이나 인륜으로서 또는 통의로서 한계나 영역을 마련한다고 하였다. 즉 통의란 세속적으로 '유계한 통의'로 발현되는 것이며 따라서 이는 법률의 제한을 받는다고 분명히 하였다. 권리를 법률과 정리의 한계 속에 둔 것은 개인의 권리를 주장하여 서로 다투는 사회를 우려해서 사전 조절을 기대하였기 때문이라고 사료된다.

그러므로 유길준의 '통의'에 대해 권리를 혼용해서 권리의 개념이 명석치 못하다는 견해도 있으나[53] 그것보다 천부인권도 인륜에 맞게 조정되어야 한다는 독자적 의미가 함축된 것으로 보아야 할 것이다. 인간이 타고난 자유와 권리를 누리기 위해서는 각 개인이 공동으로 준수해야 할 사회적 도덕규

---

50) 『西遊見聞』,「人民의 權利」,『全書』I, p.130.

51) 전봉덕은 오늘날의 법률용어로 바꾸어 보면 '無係의 通義'는 절대적 권리이고 '有係의 通義'는 상대적 권리임을 알 수 있다고 하였다(田鳳德,「西遊見聞과 俞吉濬의 法思想」, 앞의 책, p.216).

53) 앞의 책, p.215.

범이 존재함을 지적하고 그런 보편적 규범을 통의라는 개념으로 표현하였다.[54)]

'자유(自由)와 통의(通義)' 개념 도입은 미국의 천부인권론과 그것을 인용한 후쿠자와의 영향이 컸었다고 볼 수 있다. 이것과 유사한 내용이 『서양사정』 2편 1권에 나온다. 여기에서 자유라는 것은 어떠한 일이든 그 마음이 끌리는 대로 행하되 결코 인간의 방탕과 비법종과는 다르다고 되어 있다. 한편 '자유'와 '통의'는 후쿠자와가 『서양사정』에서 'Liberty', 'Right'를 번역하여 붙였던 말이고 이상의 설명도 후쿠자와의 설명을 답습하였다.[55)]

유길준은 자유를 「사람의 자유는 자유 못하는 가운데 있다」[56)]라고 하였고 또 「사람이 선한 일에는 자유가 있어도 악한 일에는 자유가 없다.」[57)]고도 하였다. 결국 자유는 무슨 일이든지 자신이 하고자 하는 자유를 타인의 구속을 받지 않고 하는 것이되 불법적이고 임의 방탕한 행위와는 구별되는 것으로 국가의 법률과 정직한 도리에 어긋나지 말아야 한다고 강조하였다.[58)] 유교의 핵심이 인의라고 할 때 인이 남을 위한 배려라면 의는 도덕규범에 맞도록 나를 감시하고 단속하는 덕목이다. 의는 하고 싶지 않은 것을 하고 하고 싶은 것을 하지 않아야 하는 고통스런 자기절제이다. 그러므로 '자유의 보존함이 실은 통의의 공용'이라는 말은 자유에 따르는 엄격한 자기절제와 책임을 강조하는 것이다.

자유라는 용어를 이렇게 신중하게 사용하는 이유는 동양의 '자유' 개념과 연관하여 이해할 수 있다. 동양에서 '자유'라는 말은 서양의 'freedom'이나 'liberty'처럼 개인과 국가·사회와의 관계를 함축하는 개념이 아니라 개인의 인격과 정신상태에 관련된 막연한 의미로 사용되다가 점차 임의라는 대

---

54) 정용화, 「유길준의 '인민의 권리론'」, 『韓國政治學會報』 33집 4호, 1999, p.69.

54) 『西洋事情』 2編 卷之1 例言, 『全集』 第1卷, p.3.

56) 『勞動夜學讀本』, 『全書』 II, p.324.

57) 위의 책, p.325.

58) 『西遊見聞』, 「人民의 權利」, 『全書』 I, pp.129~130.

체로 부정적인 뜻으로 정착되었다.[59] 그래서 서양의 'liberty'와 'freedom'을 '자유'로 번역하자 '방종'이나 '무법'의 뉘앙스를 피할 수 없게 되었다. 때문에 동양에서는 개인의 책임감을 강조하는 '자주'라는 개념이 지식인들에 의해 보다 많이 채용되었다. 특히 메이지(明治)시기 일본의 자연권 사상에 중심적인 것은 개인의 완벽한 자주라는 개념이었다. 유길준도 자주적 개인의 확립을 주장하였다. 그는 자유와 통의의 종류를 다음 일곱 가지로 열거하였다.

1) 신명의 자유와 통의 : 이는 신명(身命)에 관한 권리를 말한다. 신명의 자유란 정직한 방법으로 행동거지를 조심하여, 자기의 분수를 넘지 않을 때에는 아무런 구애도 받지 않고 속박도 받지 않으므로 자주적인 즐거움을 누리는 것을 말한다. 선명의 통의란 자기의 생명과 지체를 정직한 방법으로 보전하여, 남의 방해를 막아 내거나 불법적인 침범을 피하여 건강하고도 안락한 상태를 유지하는 것을 말한다.

2) 재산의 자유와 통의 : 이는 재산에 관한 권리를 말한다. 재산의 자유란 각자가 소유하고 있는 재산을 이용하거나 처분하는 데 있어서 정직한 방법으로 할 때에는 금지하는 자가 없으며 조종하는 자도 없어서, 스스로 편리한 방법을 따르도록 맡기는 것을 말한다. 재산의 통의란 자기가 소유한 재산을 잘 간수하여 무리하게 탈취당하지 않고 자기 혼자서 처리할 수 있는 실세를 보전하는 것을 말한다.

3) 영업의 자유와 통의 : 이는 영업에 관한 권리를 말한다. 영업의 자유란 어떠한 사물을 가지고 생업을 영위하든지 정직한 방법으로 할 때에는 어느 누구에 의해서도 방해받거나 금지되지 않는 것을 말한다. 영업의 통의란 경영하는 생업에 필요한 사무는 명확한 한계를 지켜서, 억울한 폐해와 사기를 당하지 않도록 잘 지켜나가는 것을 말한다.

4) 집회의 자유와 통의 : 이는 집회에 관한 권리를 말한다. 집회의 자유란 여러 사람이 합의하여 어떠한 집회를 갖든지 정직한 방법으로 개회할 때에

---

59) 松尾章一, 『自由民權思想の硏究』, 日本經濟評論社, 1990, p.14.

는 금지하거나 막는 사람도 없고 방해하는 사람도 없어서, 서로 사귀는 즐거움을 누릴 수 있는 것을 말한다. 집회의 통의란 그 집회의 규제와 사무가 어떠한 기초 위에서 이루어졌든지 간에 정직한 방법을 잃지 않는다면, 남으로부터 방해를 받지 않고 집회를 유지한다는 약속을 굳게 지켜, 그 집회의 특성을 잘 보존해 나가는 것을 말한다.

5) 종교의 자유와 통의 : 이는 종교에 관한 권리를 말한다. 종교의 자유란 각자가 가르치는 바와 귀의하는 바, 마음에 기뻐하는 것만을 따르고 금지당하거나 구애받지 않으며, 풍요로운 낙원으로 돌아가 몸을 내맡기는 것을 말한다. 종교의 통의란 귀의하는 무리를 받아들이고 유지하는 규칙을 만들면서, 국가 법률의 큰 벼리를 어기지 않았을 때에는 필요한 여러 가지 사무를 자주적으로 장악하여 처리하며, 다른 사람의 조종을 받지 않는 것을 말한다.

6) 언론의 자유 : 윗사람과 아랫사람이 서로 어울려 이야기 할 때에, 말하는 것이 사실만 따르고 거짓이 없으면 자주적으로 말할 권리가 있다는 뜻이다.

7) 명예의 통의 : 이는 무례한 비방과 사실에 없는 헐뜯음을 막아서 명예를 지키는 권리를 뜻한다.

지금까지 이야기한 여러 조목들은 권리의 큰 줄거리를 설명한 것이다. 사람의 권리는 비길 데 없이 귀중한 보배다. 그러나 저마다 자기 한 몸과는 관계없다고 생각하여 타고난 천성대로 마구 행동한다면 새나 짐승의 자유와 같게 된다. 그러므로 유계한 통의의 짐작으로 그 지나치게 사용하는 폐단을 제한하였지만, 그러다가는 야만인의 자유에 가까워지기 때문에, 법률적으로 규제를 마련하여 현대인의 자유를 윤색한 것이다. 그러니 처세하는 권리를 간직하려는 자들은 법률을 삼가 받들어 대중들이 서로 잘사는 공도를 지켜야 한다.[60)]

이상과 같이 유길준은 자신의 행위의 결과에 대해 책임을 저야 한다는 통렬한 개인적 자각을 전제로 한 자유를 말하였다. 요컨대 그가 추구하는 자유

---

60) 『西遊見聞』, 「人民의 權利」, 『全書』 I, pp.136,~138.

는 부당한 외부의 간섭으로부터 벗어나고자 하는 '정치적 자유' 또는 '소극적 자유'를 넘어서 자기 내면의 도덕관이 객관적 도덕규범과 일치하여 하등의 거리낌 없는 상태 즉 '도덕적 자유' 또는 '소극적 자유'에 더 비중을 둔 것이다. 다시 말해서 외적인 강제의 제거 즉 소극적 자유 혹은 부정적 자유에 머물지 않고 우리가 추구해야 하는 긍정적 가치와 결합되어 있다는 사실이다.[61] 이 서구의 자유 관념을 불간섭 획득의 소극적 차원에 머무르지 않고 인격적 도덕적 완성이라는 보다 적극적 혹은 긍정적 자유의 차원에서 수용하고자 했던 점에 주목할 필요가 있다. 즉 유길준이 수용한 자유 개념의 특징은 자유에 대한 법률과 도덕적 규율의 필요성과 책임을 강조한 점이다.

유길준은 사람이 사람 되는 권리는 분별이 없으며 이것은 세상에서 가장 크고 바른 원리라고 하면서 인간의 평등성에 대해 다음과 같이 천명하였다.

> 사람이 세상에 살면서 사람답게 사는 권리는 현명함과 우둔함, 귀함과 천함, 가난함과 부유함, 강함과 약함에 따라 구별되지 않는다. 사람답게 사는 권리는 세상에서 가장 공평하고도 올바른 리(理)다. …사람이 세상에 태어난 뒤에 차지하는 지위는 인위적인 구별이고, 타고난 권리는 하늘이 내려 준 공도다. 사람이 사람답게 사는 이치는 천자로부터 서민에 이르기까지 털끝만큼의 차이도 없다. ……사람이 하늘과 땅 사이에 태어나 저마다 사람이 되는 이치를 본다면, 사람 위에도 사람이 없고, 사람 아래에도 사람이 없다. 천자도 사람이고, 서민도 또한 사람인 것이다. 천자라고 하거나 서민이라고 하는 것은 다 인간 세상의 법률이나 (인륜이라고 하는) 커다란 벼리를 가지고 지위를 구별한 것이다. 이에 비추어 차례를 만들었으므로 지위의 등분이 생기고, 저마다 차지한 정도에 따라 칭호도 붙게 되었으니, 높고 귀하며 낮고 천한 계급이 처음 나뉘어지게 된 것이다. 지위에 따라 당연한 통의가 있게 되니, 그에 따르는 권리가 어찌 없겠는가. 그러기에 지위를 따르는 권리가 각기 크고 작은 차이에 따라 알맞게 배분되는 것이다.[62]

---

61) 정용화, 앞의 논문, pp.71~72.
61) 『西遊見聞』, 「人民의 權利」, 『全書』 I, pp.134~135.

즉 일반사회에서 인간권리가 사회적 지위에 따라 정해져 있다는데 그것은 하나를 알고 둘은 모르는 생각이라고 하였다. 다시 말해서 사람이 태어난 후에 얻은 지위는 사람이 만든 구별이고, 타고난 권리는 하늘이 주신 공도라고 하여 사람 위에 사람 없고 사람 밑에 사람 없는 천자로부터 필부에 이르기까지 모두 평등하게 얻은 동일한 권리라고 주장하였다.

그리고 이 무계의 통의에 대해 다음과 같이 설명하였다.

> 인생의 무계한 통의를 설명하자면 그 조목이 비록 많지만, 그 강령을 먼저 들어 명의를 정하자면 인생이 타고난 자유라고 할 수가 있다. 자유란 우리 마음이 하고 싶어 하는 대로 행동하는 것을 말한다. 그러한 행동을 하는 데 있어서 천지의 올바른 이치에 따라 취사선택하는 것 말고는 그 밖에 어떠한 사고가 있더라도 조금도 속박 받지 않으며, 또한 굽힘이 없어야 한다.[63]

즉 천부된 자유는 자신들의 마음이 하고 싶은 대로 행하되, 하늘과 땅의 바른 이치를 따라 취사선택하는 이외에는 어떠한 경우도 속박 받지 않는다고 하였다. 여기서 그가 말하는 하늘과 땅의 바른 이치라는 것은 하늘 밑의 인간사회를 영위해 가는 과정에서 천지를 꿰뚫는 바른 이치를 뜻하였다. 따라서 천지의 이치에 합당한 행동을 할 때에는 어떤 경우라도 억압받지 않아야 한다는 것이다. 유길준은 이와 같이 천부인권의 구체적인 사회실현에 있어서는 후천적인 사회 인간교제에서의 권리가 아울러 전제되어야 한다고 강조하였다.

> 사람이 이미 이 세상에 살면서 인간적인 교제를 할 때에는 이러한 교제를 통하여 받는 혜택과 이익이 또한 클 것이다. 이러한 혜택과 이익을 갖기 위해서는 타고난 일신상의 자유를 조금쯤 양보하거나 포기하지 않으면 안 된다. 일신상의 자유 가운데 일부를 양보하거나 포기하고 인간 세상의 규범에 순종하여 그

---

63) 위의 책, p.131.

혜택과 이익을 얻는 것은 피차 물물교환을 하는 것과도 같다. 크고 작은 것과 가볍고 무거운 것을 분별할 줄 아는 사람이라면 자기 한 몸의 사사로운 욕망을 따르기 위하여 위력을 함부로 쓸 필요가 없을 것이다. 만약 한 사람이 자기 마음대로 행한다면 다른 사람도 또한 자기의 힘을 마음대로 써서 사사로운 욕심에 따라 서로 다투고 경쟁하게 될 테니, 모든 사람들이 믿고 따르던 법률이 땅바닥에 떨어질 것이다. 그러므로 처세하는 자유라는 것은 사람마다 이 세상을 살아 나가면서 저마다 인간 구성원 가운데 한 사람이라는 신분을 가지고 누려 나아가야 한다.[64]

즉 구체적인 사회생활을 영위할 때 천부인권의 자유를 일부 양보하거나 포기하지 않을 수 없다고 보고 천부인권과 인간교제의 도리는 조화되어야 한다고 주장하였다.

유길준은 천부인권과 인간교제의 조화를 이루기 위해서 법의 필요성을 언급하였는데 이 부분 역시 후쿠자와의 『서양사정(西洋事情)』[65])의 내용을 그대로 인용해서 그 이유를 다음과 같이 설명하였다.

세계 만국의 실정을 살펴보더라도, 법률을 정하지 않고 국민의 자유를 보전하며 한 나라의 독립을 이룬 예가 어디 있었던가. 그러므로 정부에서 법을 세우는 커다란 뜻은 국민들로 하여금 각각 자기 한 몸을 잘 지켜서 처세하는 자유를 이루게 하고, 나아가 천하에 보편적이고도 동등한 큰 이익을 도모하는 데에 있다.[66]

즉 독립국가를 이루기 위해서도 법 없이는 안 되며 한 개인의 처세하는 자유를 달성하여 천하의 큰 이득을 얻기 위해서도 법이 필요하다고 하였다. 그는 전술한 바 『서유견문』, 「인민의 권리」 서두에서부터 자유는 천부의 기본

---

64) 앞의 책, pp.131~132.
65) 『西洋事情』 2編 卷之1 「人間の通義」, 『福澤全集』 제1권, p.6.
66) 『西遊見聞』, 「人民의 權利」, 『全書』Ⅰ, pp.132~133.

적 인권이지만 방탕과는 다르며 법적인 통제를 무시하는 것과도 다르다고 다음과 같이 전제했었다.

자유와 통의는 인생에서 **빼앗**을 수도 없으며 흔들거나 굽힐 수도 없는 권리다. 그러나 법률을 각별히 준수하고 정직한 도리로 자기 몸을 삼간 뒤에, 하늘이 내려 준 권리를 보유하여 인간 세상의 즐거움을 누려야 하는 법이다.[67]

즉 자유와 권리는 천수된 것이라 하여도 법을 존중하고 지킬 때만 향유할 수 있다고 생각하였다. 그러면 그는 인간의 권리와 법과의 관계를 어떤 식으로 보았는가.

법률의 근본적인 의도는 사람의 권리를 소중히 여기고 잘 보호하려는 것이다. 법률이라는 기능이 없었다면 권리도 존재하기가 반드시 어려웠을 것이다. 이렇게 생각해 본다면, 권리가 비록 천하 사람들이 저마다 가지고 있는 가장 귀한 보배라고는 하지만, 사실은 법률에 의지하여 그러한 현상을 보전하는 것이니, 사람의 권리는 법률이 만들어 준 것이라고 하더라도 잘못된 말이 아니다. 법률은 장수고, 권리는 병졸이다. 졸병이 장수의 명령과 절제를 따르지 않는다면 병졸의 본분을 지키지 못했다고 할 수 있다. 그러나 장수가 만약 가혹한 기율과 포학한 규례로 병졸의 본분을 억압한다면, 그도 또한 훌륭한 장수라고 말할 수 없을 것이다. 이러한 이치를 자세히 따져본다면, 법률과 권리의 서로 가지런한 관계를 찾아볼 수 있을 것이다. 법률이 권리를 보호하는 까닭은 또한 박탈하거나 정지시키는 힘이 있기 때문이기도 하다. 천하 어느 나라에 거주하든지, 그 나라의 법률을 받들어 지키지 않고 자기 한 몸의 권리를 보존할 수 있는 자는 없다.[68]

유길준은 천부인권의 구체적 사회 실현에는 법의 보호와 간섭이 불가피

---

67) 앞의 책, pp.132~133.
68) 앞의 책, pp.138~139.

하다고 보았고 그 관계는 법이 스승이며 권리는 졸도라고 하여 법이 인권보다 상위개념임을 강조하였다. 이와 같이 인권을 법률의 유보 하에 두는 법부인권론은 논리적으로 천부인권론의 포기를 의미한다는 근대 법 논리에 의한 비판도 있다.[69] 그러나 한편으로 유길준은 법의 가혹한 기율과 포악한 규제로 인한 권리의 억제도 경계했었다. 즉 그는 법만능주의가 아닌 법과 인간권리가 상호조화를 이루는 근대적 법질서체제를 표방하였다.[70] 그러나 유길준이 인권에서의 법적용을 강조한 것은 법 자체를 중시한 천부인권의 포기가 아니고 법을 통한 인간의 윤리적 교화 속의 인권 실현에 있었다. 그의 법관념에 후쿠자와의 영향도 다소 있었지만 전통적 유교도덕사상에 연유된 부분이 더 크다는 것을 천수된 권리와 법과의 관계에 대한 다음 내용에서 짐작할 수 있다.

> 인생의 여러 가지 권리가 비록 천부적으로 타고난 것이지만, 인위적인 법률과의 관계 때문에 그 한도가 늘어난 것도 있고 줄어든 것도 있다. 천부적인 권리를 사람의 힘으로 조종할 수 없다고 하여 자기 편리한 대로만 누릴 것 같으면, 방탕한 습속과 문란한 악습이 나날이 더하여, 그 한계가 얼마나 커질지 헤아릴 수가 없게 된다.
> 사단이나 오륜 같은 기강과 질서에 의지하여 (그러한 습속과 악습을) 법률처럼 아주 촘촘하게 금지하는 제도를 마련하며, 매우 신중히 규칙을 세운다 하더라도, 천만 가지의 자잘한 방자함과 방종심을 다 캐어 낼 수가 없고 다 가위질하기가 아주 어렵다.……그러한 습속이 차츰 물들어 인간 세상의 일상적인 일로 익혀지자, 법률의 공정한 도리와 위력으로도 억제하기가 어렵게 되었다. 이와 같은 폐풍과 악습도 각 사람의 권리라고 말할 수 있을까? 아니다.[71]

---

69) 전봉덕은 법부인권사상(法賦人權思想)에서는 인권이 행정권력에 대해서는 보장이 되나 입법권으로는 얼마든지 침해가 가능하다는 여지를 남김으로서 인권보장의 미흡함을 부인할 수가 없다고 유길준의 인권론에 대해 비판적 견해를 피력하였다(田鳳德, 「西遊見聞과 兪吉濬의 法思想」, 앞의 책, p.20).

70) 金鳳烈, 앞의 논문, p.46.

70) 『西遊見聞』, 「人民의 權利」, 『全書』 I, p.147.

즉 그는 천수된 권리라 하여도 인위적 법관계에 따라서 증감이 달라지기 때문에 인위적인 조절로는 불가능하다고 보았다. 특히 날로 증폭되는 방탕한 폐속과 어지러운 악습은 사단과 오륜의 기강과 질서를 의해서 법으로 치밀한 제도를 설정해도 모든 횡자성과 방종심까지 다스리기 어렵다고 지적하였다. 그리고 이러한 폐풍과 악습을 각자의 권리로 볼 수 있느냐고 반문하면서 다음과 같이 피력하였다.

> 문명의 궤도가 차츰 넓어짐에 따라 법률이 개정되는 속도도 더욱 빨라지게 되었다. 자유에는 좋고 나쁜 구별이 있으니, 하늘의 이치를 정직하게 따르는 것은 좋은 자유고, 사악하고 편벽된 인간 욕심에 내맡기는 것은 나쁜 자유라고 한다. 통의에는 참과 거짓의 구분이 있으니, 참다운 통의는 타고난 좋은 자유를 지키는 것이며, 거짓 통의는 인위적인 나쁜 자유를 자행하는 것이다. 그러므로 법률이 좋은 자유와 나쁜 자유, 또는 참다운 통의와 거짓 통의를 판별하여, 인생 권리의 커다란 병을 치료하는 영약이 되어야 한다.[72]

즉 문명이 점차 확대됨에 따라 법 개정도 진전되기 때문에 법이 양자유와 악자유 그리고 참다운 통의와 거짓 통의를 구분하고 대변하며 인생권리의 큰 병을 치료하는 금단(영약)이 되어야 한다고 강조하였다. 다시 말해서 자유와 통의에도 확실한 도덕적 기준이 있어야 하며 그것이 법으로 지켜져야 한다고 강조하였다.

또한 국민에 대한 교육이 부족할 때 국민이 자유의 양악과 통의의 진가를 이해 못하여 권리의 오용이 일어난다.[73]고 하며 「권리란 교육으로 근본을 세우고 법률로 호위하여, 이 두 가지가 갖추어진 뒤에야 온잔하고도 아름다운 경지에 비로고 다다른다고 말할 수 있다.」[74]라고 국민의 권리는 교육과

---

72) 앞의 책, p.148.
73) 앞의 책, pp.148~149.
74) 앞의 책, p.149.

법이 양쪽 기둥역할을 할 때 비로소 제대로 실현된다고 주장하였다.

특히 법에 대해서는 그의 독자적인 법관념을 피력한『서유견문』,「법률의 공도」에서도「세계 어느 나라든지 잘되고 못된 등급의 고하를 막론하고 각각 실정에 맞는 법률이 있어서, 국민들이 서로 어울려 사는 권리를 지켜주고 있다.」[75)]라고 국민에게 상여된 권리는 법이 있어야만 그 보존이 가능하다고 보았다. 또한 법을 설정하는 이유에 대해 다음과 같이 설명하였다.

> 법률을 만드는 것은 교화가 미치지 못하는 곳을 예비하기 위해서다. 천하 각 사람이 자기의 신체·재산 및 명예를 올바른 방법으로 지키며, 편안한 즐거움을 누리는 것은 예의염치(禮義廉恥)의 사유(四維)가 잘 베풀어져 교화의 근본이 확립되어 있기 때문이다. 그러나 무도하고 패륜한 무리와 의롭지 못하고 횡포한 무리들이 틈을 엿보다가 나쁜 짓을 일삼는 수가 왕왕 없지 않으니, 이를 견제하는 것은 법률에 달려 있다. 그러나 법률을 예비한 취지는 국민의 죄를 미연에 방지하려는 것이다.[76)]

즉 법의 목적은 예의염치의 사유를 교화하는데 궁극적인 목적이 있다고 하였다. 이와 같이 유길준의 민권론에서의 법논리는 순수인권의 현실사회 구현은 도덕을 근본으로 한 법 실현에서만 가능하다는 유교적인 법률관을 피력하였다.

2. 국권론

일반국제법에서 언급된 국가분류에서는 증공국은 조공국, 진공국이라고도 한다. 또 타국에 의무적으로 시기를 정하고 증공하는 관계에 있는 국가를 국제법상 부용관계(suzerainty)에 있는 나라라고 하며 수공국을 종주국(suzerain state), 증공국을 속국(vassal state)이라고 부른다. 즉 증공국은 속국과 동

---

74)『西遊見聞』,「法律의 公道」,『全書』Ⅰ, pp.282~283.

76) 앞의 책, p.284.

의어로 사용하는 것이다. 원래 속국의 개념은 주권은 있으나 국제법상 대외
관계에서 타국권력에 승복하는 나라를 말한다.[77] 그래서 무엇보다 대외관
계에서의 자주권 공인으로 국권확립을 기도한 유길준은 이와 같은 입장에
서 중공국과 속국과의 차이를 설명하였다.

> 중공국이 다른 여러 독립국과 같은 여러 가지 권리를 행사한다면, 세계 가운
> 데 당당한 하나의 독립 주권국이다. 속국은 조약을 체결할 권리가 없지만, 중공
> 국은 다른 독립 주권국과 동등하게 수호조약 · 항해조약 및 통상조약을 상의하
> 거나 약정한다. 속국은 영사 및 무역사무관 외에 총영사도 파견할 권리가 없지
> 만, 중공국은 그들이 체결한 조약에 따라 조약을 체결한 여러 나라에 각급 사절
> 단을 파견하거나 초빙하고, 교전이나 강화를 선언할 권리가 있다. 속국은 이러
> 한 권리가 없다. 중공국은 이웃 나라끼리 군사 행동을 취할 때에 중립을 지킬 권
> 리가 없다. 속국은 이러한 권리가 없다. 중공국은 이웃 나라끼리 군사 행동을 취
> 할 때에 중립을 지킬 권리가 있지만, 속국은 자기 나라가 섬기는 나라에 대하여
> 이 권리를 행사할 수가 없다. 중공국은 공물을 받는 나라, 즉 수공국과 사절단이
> 나 영사를 서로 파견할 권리가 있지만, 속국은 자기 나라가 섬기는 나라에 대하
> 여 이 권리를 행사할 수가 없다. 이러한 여러 조항은 그 차이가 아주 큰 만큼, 만
> 국 공법은 나라가 발전하는 이치를 파악하고, 약소국의 권리를 보호하기 위하
> 여 (이 여러 가지를) 주권에다 일치시켰다.[78]

즉 속국은 타국과의 제반 조약과 외교관의 파견, 교전 및 강화, 그리고 중
립을 지키는 권리가 없지만 중공국은 이 권리를 가질 수가 있으며, 만국공법
이 중공국을 포함한 모든 나라의 권리를 유지한다고 보았다. 이러한 논리적
근거로 유길준은 데니의 「청한론」에서도 인용된 바 국제법에 관해서는 최
고의 권위자로 공인하며 또 청국에서도 표준적인 학자로 인정하고 그 이론
을 채택한 휘튼(H.Wheaton)과 또 휘튼 못지않게 국권에 관한 명료한 주장을

---

77) 田鳳德, 「西遊見聞과 兪吉濬의 法思想」, 『韓國近代法思想史』, 博英社, 1981, p.210.
78) 『西遊見聞』, 「邦國의 權利」, 『全書』Ⅰ, pp.112-113.

하는 오스틴(John Austin)의 말을 인용하면서 조선의 독립주권국으로서의 지위를 논증하였다.

> 고금의 여러 공법 대가들은, 이렇게 말하였다. "어떠한 나라나 인민이든지 그 국헌이 정한 체제나 예규 여하를 관계치 않고, 그 나라를 자주적으로 다스리는 것이 주권 독립국이다. 주권은 한 나라를 관제하는 최대의 권리니, 나라 안팎으로 실시한다. 나라 안에서 실시하는 주권은 그 나라의 커다란 법과 원리에 의하여 인민들에게 주어졌으며, 통치자에게 맡겨져 있다. 나라 밖에서 실시하는 주권은 그 나라 정치의 독립이 여러 나라의 정치를 상대하는 것이어서, 강화하든지 전쟁하든지 간에 그 교섭하는 관계를 보유하는 것이다." 대개 국내외의 정치와 외교를 자주적으로 결정하고, 외국의 지휘를 받지 않는 나라가 정당한 독립국이다.[79]

즉 국내체제에 상관없이 자기 나라를 스스로 관할하고 자주적으로 내치와 외교를 하며 타국의 지휘를 받지 않는 나라는 정당한 독립국이라는 것이다. 그리고 독립주권국의 명확한 증거는 타 독립주권국과 동등한 수호통상조약을 체결하고 사신을 교환하며 화친과 교전의 선고를 스스로 할 수 있는 나라라고 하였다. 이 말은 이미 조선은 일본 및 서구제국과 수호통상조약을 맺었기 때문에 청국이 어떤 주장을 하던 간에 조선은 이미 독립주권국이라는 반증을 대고 있는 것이다.

또 유길준은 존 오스틴의 말을 인용하며 다음과 같이 주장하였다.

> 근세의 공법학자는 이렇게 말하였다. "약소국이 독립을 보존할 수 있는 까닭은 강대국의 뜻을 받들며, 그 강대국이 잠식해 오는 침범을 두려워하기 때문이다. 이를 두려워하기 때문에 강대국의 직접적인, 또는 간접적인 명령을 때때로 복종하기는 하지만, 그러한 명령과 복종은 아주 드물다. 그것 때문에 강대국이 약소국을 통치하는 권력이 생기는 것도 아니고, 약소국이 강대국에게 부속되는

---

79) 앞의 책, pp.109-110.

관계도 생기지 않는다. 또 이러한 명령이나 복종관계가 없더라도 강대국은 항상 존중받으며 약소국은 항상 비굴하지만, 약소국도 또한 하나의 독립된 주권국인 것은 분명하다. 강대국이 (그 약소국의) 통할권을 가질 수도 없고, 약소국에 명령하는 예도 없으며, (약소국도) 또한 복종하는 예가 없다. 약소국이 비록 독립을 보존하고 지키기가 어렵기는 하지만, 실제로, 또는 습관적으로 강대국에 부속되는 일은 없다.[80]

즉 약소국이 강대국의 침략을 두려워하여 그 생존을 위해 강대국의 명령에 일시적으로 복종했어도 약소국은 여전히 독립된 정치 단위체이기 때문에 실제나 관행에 있어서 모두 강대국으로부터 독립된 나라라고 설명하였다. 또 「권리는 천연한 정리며 형세는 인위한 강력이라…강대국이 자기의 유족한 형세를 가지고 약소국의 적당한 정리를 침탈함은 불의한 폭거며 무도한 악습이니 공법의 불허하는 자라」[81]고 하여 약소국의 지위를 천부국권론과 공법의 원리에 의해 강변하였다. 다시 오스틴의 말을 인용하였다. 즉

공법에 통달한 어느 학자가, "속국이라는 말은 오늘날 어울리지 않는 명칭이다"라고 말하였다. 그 뜻은 한 나라로서의 체제를 갖추고 있는 나라가 비록 작더라도, 강대국이 형세대로 통합할 권리가 없음을 가리킨 것이다.[82]

라고 하며 약소국이 강대국의 위협에 의해 자의 아니게 승인한 속국체제가 백번이나 된다 하여도 일조의 공법으로 소멸된다고 하였다. 예컨데 개인이 자의 아니게 강폭한 자의 위협으로 인정한 증서가 휴지조각에 불과한 것과 같은 이치라고 설명하였다.[83]

이는 속국자체의 존재를 공법의 원리로 부정한 것이고 공법체제의 모순

---

80) 앞의 책, pp.110-111.
81) 앞의 책, p.111.
82) 앞의 책, p.113.
83) 同上.

이라고 할 수 있는 당시 강대국의 약육강식적 제국주의를 비판한 내용이라고 할 수 있다. 이러한 인식은 앞서 김윤식이 청국과의 종속관계와 서양, 일본과의 근대조약관계의 이중적 국제질서가 일거양득의 실리를 얻을 수 있다는 것과는 아주 대조적인 주장이라고 할 수 있다. 이 견해는 청국과의 종속관계를 완전히 부정하고 근대서양공법체제 속의 자주독립을 표방한 김옥균에 오히려 가깝다고 할 수 있다. 더 나아가 유길준은 김옥균도 언급하지 못한 서양공법체제 속의 현실적 모순인 속국문제까지 지적하였다.

이렇듯 유길준은 약소국 조선의 입장에서 강대국인 청국에 대하여 조선의 자주권을 강조하기 위해 공법의 기본원리를 최대한 내세웠다. 이러한 입장에서 그는 데니의 「청한론」에 대한 반박문을 쓰고 조선을 청국의 속방이라고 한 묄렌도르프를 비판하였다.

> 약소국 정부의 관리가 어떤 경우에 어떤 일로 강대국에 대하여 (우리나라가 그 강대국의) 속국이라는 체제를 자인했다고 하더라도, 이는 그 사람 개인의 무식한 망동이라고 할 수 있다. 증빙할 만한 문서도 없고 조약을 비준한 서류도 없으니, 한 나라의 권리가 부질없는 말에 따라서 동요되지는 않는다. 그뿐만 아니라 천만인이 함께 지켜야 할 주권이 한 사람의 사사로운 단정으로 결정될 수는 없는 것이 이론상 분명하다.[84]

즉 청국에 영합한 그의 주장을 부지(不知)한 망동이라고 하며 조선은 자보를 위하여 일시적으로 증공국이 되어 있지만 묄렌도르프가 강조하는 속국이 아니며 데니의 주장과 같은 논리로써 자주독립국임을 논증하였다. 또 그나라의 처지와 형세를 중요시하는 유길준은 증공국과 수공국간의 지켜야할 신의(信義)문제도 언급하였다.

> 한 나라는 놓여 있는 처지와 형세를 스스로 아는 것이 중요하다. 약소국이 불

---

84) 앞의 책, pp.113-114.

행한 사정 때문에 강대국에게 공물을 바치는 관계가 되었다면, 두 나라 사이에 교섭하는 예우와 법규를 정하여, 강대국은 공물을 받는 권리를 보유하는 한편, 공법의 승인을 받고 기초를 확립하여 (두 나라 사이에) 다른 나라의 개입과 간섭을 용납지 말아야 한다. 그러므로 중공국과 수공국이 회의를 열어서 공물을 그만둔다고 조약을 고치기 전에는, (중공국은 공물을 바쳐야 한다.) 중공국이 그 공물을 바치지 않는다면 예전의 약속을 어기는 것이니, 약속을 지키지 않으면 신의를 손상시켜 공법에서도 받아들여지지 않게 된다. … 만약 중공국이 예로부터 내려오던 약조를 잘 지켜 공물 바치는 신의를 저버리지 않으면, 수공국이 그 밖의 권리를 빼앗을 수가 없다.[85]

즉 약소국이 현실적 사정으로 강대국과 중공, 수공의 관계를 맺고 그것을 공법이 승인한 경우 약소국은 그 약장을 수정하기 전에는 강국에 대해 신의로 대해야 하지만 약소국이 약장을 지키는 한 강대국도 신의를 지켜야 한다고 피력하였다. 이 신의의 강조는 전술한 바 김윤식도 「소국일수록 왕도론에 입각해서 국제사회에 대한 신의를 관철해야 국권을 지킬 수 있다.」고 하여 이점 그들은 유교주의자로서 같은 시각을 가졌다. 그러나 김윤식이 소국이 지켜야 할 신의만 주장한데 비해 유길준은 약소국이 신의를 지키는 자세와 함께 강대국도 신의를 지켜야 함을 강조하였다. 즉 국가평등원칙에 입각한 강·약국간의 신의의 쌍무성을 지적하였는데 이점에서 차이를 보였다. 또한 유길준은 당시 날로 심해지는 청국의 횡포에 대해서도 강하게 반박하였다.

강대국의 난폭한 조치는 세상 사람의 이목을 꺼리고, 공법의 제재를 받을까 꺼려 은밀한 명령으로 위협하는 습관이 있다. 겉으로 드러나는 절차에 따라 견제하는 억압은 감히 행하지 않는다. 속국 관계에 있는 나라라도 그 나라가 섬기는 상전 나라가 신하 나라의 권리를 침범하거나 빼앗아 지나칠 정도로 마음껏 잔인하게 조처하며 가혹하게 대우하면, 세계의 여론이 이를 허락하지 않는다.

---

85) 앞의 책, p.114.

그러므로 지난번에 유럽 여러 나라들이 그리스를 도와 터키를 정벌한 뒤에, 이
두 나라 사이의 부속 관계를 영원히 끊어 버리고 터키로 하여금 그리스의 독립
을 승인하게 하였다.[86]

즉 청국이 종속관계의 신의를 저버리고 잔인한 행위를 자행할 경우는 구
라파의 토이기와 희랍의 사례와 같이 아예 종속관계 자체를 끊어서 독립을
획득할 수도 있다는 강한 의지의 표명이었다.

종래 연구의 일반적 경향은 유길준이 중공국인 조선의 위상에 대한 급진
적 변혁을 주장하지 않았고, 공법에 의존하여 새로운 종속관계를 인정하였
으며 국제관계를 신의로 파악하고 공법이 약소국의 권리를 옹호해 준다는
공법과신과 제국주의적 국제현실에 대한 인식이 결여된 낙관적 대외론을
펼쳤다고 하였다.[87] 반면에 유길준의 양절체제 인식을 종속관계를 타파하
려는 독립구상으로 연구하는 견해도 있다.[88] 또한 조선이 처한 국제정치현
실을 직시하여 조선의 이익을 극대화하는 전통의 사대자소의 원리를 원용
하고 청국의 신의를 족구하고 만국공법의 원리를 이용하여 조선의 권리와
이득을 최대한 획득하려 한 고차원적이 방책이었다는 견해도 있다.[89] 유길
준의 주장에는 종속관계의 틀 자체를 완전히 부정하는 직접적이 표현은 없
었지만 종속관계를 끊고 강력한 자주 독립국을 이룩하려는 강한 의지를 표
출하였다. 그 주장의 정당성의 논리적 근거로서 동양의 유교도덕과 서양의
공법원칙을 최대한 내세움으로써 조선의 자주독립을 위협하는 청국 및 서

---

86) 앞의 책, p.115.

87) 김영호 앞의 논문, 1968, p.17; 전봉덕 앞의 논문, 1981, p.247; 박기서 앞의 논문, 1989;
   김봉열, 앞의 논문, 1989 p.74; 특히 김봉열은 유길준이 속국의 의미를 부정하고 중공
   국의 자주권을 인정하면서도 조공관계 타파 등의 실질적인 대중관계의 변화를 위한
   논리적 언급이 전무하다고 하여 이와 같은 조공관계 틀 속에서는 결코 그가 추구하는
   개념의 근대국가는 이룩될 수 없다고 지적하였다.

88) 原田環, 앞의 논문, 1979; 金鳳珍, 앞의 논문, 1991; 月脚達彦, 「開化思想の形成と展開」,
   『朝鮮史研究會論文集』 No.28, 朝鮮史研究會, 1991.

89) 정용화, 앞의 논문, pp.141-142.

양제국을 포함한 모든 국가에 대해 신의에 입각한 국제관계를 천명하고자
했다.

3. 정체론

먼저 조선에서의 군민공치론의 등장배경부터 살펴보도록 하겠다. 1881
년 신사유람단의 일원으로 일본에 다녀 온 민종묵(閔種黙)은 일본이 명치유
신 이후 전제주의에서 '군민동법' 즉 입헌군주정치를 지향하고 있으며, 국가
의 대세가 인민에게 있다고 고종에게 복명하였다.[90] 이는 곧 1880년대 초반
에 청국과 일본으로부터의 정보를 통해 개화지식인들, 더욱이 집권 민씨 세
력까지 군민공치제에 관심을 보였음을 알 수 있다.

1884년 개화사상과 운동의 중요한 언론매체 역할을 했던 『한성순보(漢城
旬報)』[91]에 보이는 서양 입헌민주정치에 대한 관심도 서양 부강의 원인을 찾
는데서 비롯되었다. 이 내용이 「각국근사(各國近事)」 제하에 실려 있는데 이
것은 청국과 일본 신문에 보도된 것을 다시 번역한 것이 대부분이지만 여기
에 다음과 같은 기술내용이 있다.

> 태서(泰西)의 각국이 중원보다 나중에 개벽하였지만 급진적으로 나날이 성
> 대해져서 재용이 충족하고 병사가 웅강하여 일약 중국이 따라갈 수 없게 되었으
> 니, 그 이유가 어디에 있는가. 대체로 서양 각국은 군과 민이 한 마음이어서 정상
> 의 크고 작음을 막론하고 모두 의원의 타협을 거치되 두 번 세 번 타협한 연후에

---

90) 「自古立君獨裁 自戊辰以後 大改憲法 漸以立君民同法之基 今三大政臣一二參議 承
應摠管 此一辯士連唱曰 國之大勢 在於人民 是謂自由之權也」, 『見聞事件』(奎, 1311)
제1책 閔種黙(정옥자, 「紳士遊覽團考」, 『역사학보』 27집, 1965, pp.131~132에서 재
인용).

91) 『漢城旬報』는 1883년 10월 31일 (음력 10월 1일)에 창간되어 이듬해 12월 갑신정변으
로 발행이 중단되었지만 그 발행을 주도한 초기 개화파인 김윤식, 김옥균, 박영효
등의 서구정치체제에 대한 인식과 개화관을 살필 수 있다(鄭晉錫, 『漢城旬報 漢城周
報』, 寬勳클럽信永研究基金, 1983).

거행한다. 이 때문에 안으로는 가학 잔혹한 정사가 없고 밖으로는 방위와 보수의 적의함이 있으며, 평상시에는 무천을 경영하는 힘을 다하고, 사변이 있을 때는 공의에 급히 달려가는 정성을 다하여, 마치 심지가 고괭을 부리듯 수족이 두목을 방어하듯 하여, 윗사람이 팔과 손가락을 부리기를 기다리지 않고 스스로 팔과 손가락의 도움을 거두니, 이른바 나라를 위할 뿐 가정을 잊고 공을 위할 뿐 사를 잊는다는 것이다. 이미 군과 민이 혼연일체가 되어 상하가 서로 융화함으로써 국운이 창성하여 수십 년 동안에 머나먼 바다를 건너와서 본경뿐만이 아니라 크나큰 중원에까지 발자취가 두루 미치게 된 것이 바로 그 밝은 효험이니 진실로 크게 볼만하다.92)

즉 지금 정치의 급선무는 「먼저 상하의 정이 막히지 않고 인민의 호소가 반드시 윗사람에게 들리어 우척(憂慽)을 상하가 함께 하도록 해야 한다」고 피력하였다.

그리고 민주라는 용어는 1884년 2월 7일자 「각국근사」 중에서 장정(헌법) 및 공의당(의회)과 함께 처음으로 발견되는데 여기서 서양 정치제도의 핵심내용을 다음과 같이 소개하였다.

서양 각국에서 행한 여러 가지 제도의 가장 중요한 요점으로 움직일 수 없는 기초는 나라를 다스리는 주권이 국민에게 있고 모든 권력이 국민에게서 나와 시행되는 것이다. 그 근본은 모든 사람은 평등하기 때문이다. …이로 보아 나라를 다스리는 법 역시 국민에게서 나와야지 한 사람이 주관할 것이 아니다. 그러나 민중의 권한을 한 사람에게 모아 통치자가 되는 것이니, 이것이 바로 국왕을 공거(公擧)하게 된 기원이며 보좌하는 관원 역시 이런 예이다.93)

---

92) 「泰西各國 開闢後於中原 而其日盛 財充用足 兵雄士强 一若中國有不能及者 其故何哉 泰西各國 君民一心 無論政之大小悉經議院 安酌躊躇至再然擧行 以故內則無苟虐殘酷之政 外則有 衛保守之誼 常則盡懋邅經營之力 變則竭急公赴義之 如心志之股肱如手足之 頭目 不待在上者使臂使指 而自收指臂之助 所謂國而忘家公而忘私 旣渾君民之形而上下相爲融洽 此所以國運昌隆 數十年來 遠涉重瀛 不本境中原之大足跡 畿是其明效 固大可見也」, 『漢城旬報』 1884년 1월 30일, 「各國近事」 (在上不可不達民情論)

93) 『漢城旬報』 1884년 2월 7일, 「各國近事」 (譯民主與各國章程及公儀堂解).

즉 주권이 국민에게 있고 국민의 동의 속에서만 권력의 정당성이 보장된다는 내용이다. 그리고 장정의 핵심은 권력분립이라고 하면서 「각국의 장정은 모두 대동소이하여 번거롭게 기술하지 않는다. 그러나 그 중 가장 중요한 골자를 말하자면 권한을 나누는 일이다. 권한을 반드시 분산하는 것은 행하는데 유리하되 서로 어긋나지 않고, 유익하되 서로 해치지 않기 위해서다」[94]라고 하였다. 권력분립을 구체적으로 「행권(行權):행정권, 장권(掌權):사법권, 의법(議法):이법권의 삼권의 분립을 가리킨다. 또한 입헌정체의 특징은 이처럼 삼대권으로 구성되어 있으며, 그 종류는 '군민동치'와 '합중공화'의 두가지가 있다」고 하며 여기서 군민공치의 모델로는 특히 영국의 정체를 합중공화의 모델로는 미국의 정체를 상세히 소개하였다.[95]

박영효도 「건백서(建白書)」에서 군민공치를 중심으로 한 정치개혁론을 펼쳤다. 그는 「진실로 일국의 부강을 기약하고 만국과 똑같이 대치하고자 한다면 군권을 줄여서 민으로 하여금 마땅한 자유를 누리게 하여 각각 나라의 은혜에 보답하고 책임지게 한 연후에야 점차 문명으로 나아갈 수 있다.」[96]고 하며 정치체제를 개혁하는 것이 급선무라고 피력하였다. 그는 부국강병의 기초는 인민이라는 인식 하에 천부인권론을 수용하고 이를 바탕으로 한 군민공치를 주장하였다. 구체적으로는 임금이 모든 정사를 처리하는 것 즉 친재만기(親裁萬機)는 옳지 못하므로 어진 재상에 정무를 전담케 하고 각 관리에게 소관임무를 맡겨서 군권 무한의 전제정치를 고쳐서 입헌군주의 내각책임정치를 시행할 것을 피력하였다.[97] 이 「건백서」에서는 자유민권과 군주전제권을 상대적 관계로 파악하고 결국 그 양자의 조화에 의한 군민

94) 「各西國之章程 而歷言之則大同小異 …其權柄之所必分者 欲行之有利 而不相悖 有益 而不相害耳」, 『漢城旬報』 1884년 2월 7일, 「各國近事」(歐米立憲政體)

95) 『漢城旬報』 1884년 2월 7일, 「各國近事」(歐米立憲政體)

96) 「是以誠欲期一國之富强 而與萬國對峙 不若少減君權 使人民得當分之自由 而各負報國之貴 然後漸進文明也」, 「建白書」, 『日本外交文書』 21권, p.306.

97) 위의 책, pp.308~309.

공치의 입헌군주제 실현을 도모하였다.

이와 같이 이 시기 서양의 입헌정체에 관해서는 개화파 인사들이 이미 인식했었던 바 유길준도 이상적인 정체의 모델을 서양의 입헌정체에 두었다. 그러면 그는 서양입헌정체를 조선의 정체로서 어떤 식으로 도입하려 하였는가.

우선 그는 조선의 전통정체인 선왕제도에 대해서 다음과 같이 언급하였다.

> 어떤 사람은 혹 말하기를, 선대의 임금이 만든 제도는 터럭만큼이라도 변경해선 안 된다고 한다. 그러나 이런 이론이 성공을 지킬 수 있는 큰 방도라고 말할 자가 있을지 몰라도 중용의 입장에서 생각할 때, 이것은 하나만 알고 둘은 모르는 이야기다. … 임금이 국민 위에 서서 정부를 설치하는 제도와, 또한 그 태평을 도모하는 대권이다. 또한 국민이 임금을 위해 충성을 다하고 또 그 정부의 명령을 복종하는 일 등이 그러하니, 이런 일들은 모두 인생의 큰 기강인 것이다. 그것은 해와 달과 같이 광명하며, 하늘과 땅과 더불어 장구한 것이어서 사람의 힘으로는 움직여 옮기기 어려운 것이다.[98]

즉 백성 위에 임금이 군림하고 백성은 그 임금에 대해 충성을 다하며 그 정부의 명에 복종하는 것은 영구불변의 이치라고 하였다. 다른 개화분야와는 달리 이 선왕제도만은 시대와 정치상황과 무관하게 변함없이 지켜야할 대도로 간주하였다. 그러면 선왕제도와 영국의 입헌군주제를 어떤 식으로 결부시켰는가. 그는 『서유견문』에서 세계 각국 정부의 종류를 첫째 임금이 마음대로 하는 정치 체제, 둘째 임금이 명령하는 정치 체제, 셋째 귀족이 주장하는 정치 체제, 넷째 임금과 국민이 함께 다스리는 정치 체제, 다섯째 국민이 다스리는 공화정치 체제의 다섯 가지로 분류하였다.[99]

---

98) 『西遊見聞』, 「政府의 始初」, 『全書』 I, pp.161~162.
99) 「第一 君主의 擅斷호는 政體, 第二 君主의 命令호는 政體 又曰 壓制政體, 第三 貴族의 主張호는 政體, 第四 君民의 公治호는 政體, 第五 國人이 共和호는 政體 又曰 合衆政體」 위의 책, pp.163~165.

이중 서양제국이 취하고 있는 정체가 군민공치와 국민이 공화하는 정체인데, 이중 미국에서 실시되는 공화제는 조선의 실정에 맞지 않고 오로지 군민공치의 정체를 가장 바람직한 것으로 보았다.

> 이 정치 체제는 그 나라의 법률과 정치에 관한 모든 권리를 임금 혼자서 마음대로 하지 않고, 의정에 참여하는 여러 대신들이 반드시 먼저 작정한 것을 임금이 명령하여 시행하는 체제를 가리킨다.[100]

즉 서양에서는 대신들의 협의를 중시하며 군주의 독단을 막는 균형정치를 하기 때문에 서양의 작은 나라도 여러 대국 가운데 능히 자주와 독립과 평화를 지킨다고 본 것이다.

유길준은 선왕제도와 서양의 입헌군주제를 비교하여 군주의 백성에 대한 군림과 세습은 유사한 것으로 파악하였지만 선왕제도의 군주권 독단과 전횡의 폐단도 인식했었다. 따라서 서양 입헌군주국에서는 정부의 일정한 제도를 군주와 백성이 같이 따르며 시행하듯이 법과 질서에 대하여는 군주도 지켜야 하는 원칙을 세워 군주의 독단과 전횡을 막으려 한 것이다. 이와 같이 유길준은 인군에 의해 백성들이 통치 받는 선왕제도의 근본체제는 변개가 불가능하나 선대의 행정제도는 「정부의 사무는 대소를 무론하고 시를 수하야 변혁하는 자니······」[101]라고 하여 시대에 따라 변화시켜야 한다고 주장하였다. 즉 일국의 법률을 항구법과 변천법으로 나누어서 생각했는데 이것 또한 그의 유교적 사고에 기인했음을 알 수 있다.[102] 그는 서양식 입헌군주제로의 제도개혁의 필요성을 다음과 같이 설명하였다.

> 여기에 하나의 커다란 준칙이 있는데, 우리가 상세히 연구할 것은 유럽과 아

---

100) 위의 책, p.164.
101) 앞의 책, p.162.
102) 田鳳德, 「西遊見聞과 俞吉濬의 法思想」, 앞의 책, p.197.

메리카 두 주에 있는 여러 나라가 아시아주 여러 나라에 비하여 백배나 부강하
다는 사실이다. 누구든 자기 나라가 부강해지기를 바라지 않겠는가마는, 정부
의 제도와 규범이 달라서 이 같은 차이가 생기는 것이다. 만약 사람의 재주와 지
식에 등급이 있기 때문이라고 말한다면, 이는 결단코 그렇지 않다. 아시아주의
황색인을 유럽이나 아메리카주의 백색인과 비교할 때에, 그 자질에 모자람이
없다는 것은 분명하다.103)

즉 그는 서양제국이 아시아보다 백배로 부강한 이유는 정체가 우수하기
때문이지 결코 인종상 아시아인이 열등해서가 아니라고 강조하였다. 따라
서 조선이 이 제도만 도입하면 부강한 나라가 될 수 있다고 본 것이다. 서양
의 입헌군주제를 정체론을 떠나 그 이상의 문명화의 핵심으로 생각하였
다.104) 그러나 그는 이 좋은 서양의 입헌군주제는 아시아 혹은 세계 어느 나
라에서나 적합한 것이 아니고 그 나라의 실정에 맞아야 한다고 보고 좋은 정
체는 그 나라의 개화의 정도와 실정에 맞게 잘 적용시켜야 한다는 자주적 개
화론을 펼쳤다. 예를 들어서 자유도 문명인에게는 필요하지만 미개인에게
는 불필요하고, 입헌정체도 문명인에게는 적합하지만 미개인에게는 부적
합하다고 본 것이다.105)

그는 조선의 문명화가 가능하다고 보았지만 영국의 입헌군주제를 왜 모
델로 삼는가에 대해서 다음과 같이 언급하였다.

---

103) 「政府의 種類」, 앞의 책, p.168.
104) 츠키아시는 俞吉濬의 ·立憲君主制論은 政體論이 아니라 文明論으로서의 의미를 갖
    는다고 하였다(月脚達彦, 「朝鮮開化思想의 構造」, 『朝鮮學報』 154, 1995).
105) 「夫政府形式의 美惡은 歷史上 發達한 程道 及現在 成立한 事情에 因하난 者라 其形
    式이 完美치 못하여도 其程度 及事情에 敵中한 者난 是善良한 政體며 其形式은 仮或
    整理하나 其程度 及事情에 切中치 못한 즉 善良치 못한 政體니 要하건대 政體의
    善不善이라 云함은 特一한 國家에 대하야 關係하난 用語에 不過한 즉 ……故로 政治
    上 自由난 文明한 人民에게 必要되야도 未開한 人民에게난 必要되지 아니하며 立憲
    政體난 文明한 人民에게 適當하야도 未開한 人民에게난 適當치 아니하니…」,『政治
    學』, 『全書』 IV, pp.491~492.

여러 나라 가운데서도 영국의 정치 체제가 가장 훌륭하고 잘 갖추어져 있어 세계 제일이라고 불린다. 세금과 정령을 의논하는 대신은 국민들의 천거로 임 명하는데, 이는 국민들이 함께 다스린다는 의도가 있는 것이다. 사법·행정 및 의정을 맡은 대신 자리에 귀족을 많이 임용하는 까닭은 귀족이 주장하던 풍습이 있기 때문이다. 나라 안에서 시행되는 법령과 법도는 대소를 막론하고 임금의 허락 없이는 시행할 수 없게 하였는데, 이는 임금이 마음대로 다스리거나 명령 하던 체제를 보전한 것이다.[106]

즉 영국의 입헌군주제를 공화정·귀족정·군주정의 모습을 모두 갖추 고 군주·귀족·서민이 상호 견제하면서 균형을 유지할 수 있는 가장 이상 적인 형태라고 생각하였다. 그러나 영국형 입헌군주제가 아무리 좋고 영원 한 것이라 하여도 그것을 당장 조선에 도입하기는 어렵다고 보았다. 그 이유 는 그가 정체는 시세의 전개와 인심의 흐름에 따라 자연히 익히게 될 습관에 의해 이루어지는 것이지 인간의 지력으로 하루아침에 이룰 수는 없다고 본 것이다.[107] 오늘날 서양각국의 정체가 군민공치를 이룬 과정을 다음과 같 이 설명하였다.

한 나라의 정치 체제란 오랜 세월에 걸쳐 국민들의 습관이 된 것이다. 습관을 갑자기 바꾸기 어려운 것은 언어를 바꾸기 어려운 것과 같다. 급격한 소견으로 헛된 이치를 숭상하고, 실정에 어두우면서도 개혁하자고만 주장하는 자들은 아 이들이 장난하는 것과도 같다.[108]

즉 오늘날 서양각국의 정체가 군민공치에 도달한 것은 오랜 세월을 거쳐 서 자연히 익혀진 습관에 의해서 된 것이다. 따라서 정체를 급히 바꾸는 일은 언어를 갑자기 바꾸기 어려운 것과 같기 때문에 실정을 모르는 변개의 주장

---

106) 『西遊見聞』, 「政府의 種類」, 『全書』 I , pp.171~172.
107) 위의 책, p.168.
108) 위의 책, p.171.

은 어린아이의 장난과 같다고 하였다. 또 그는 한 나라의 정치란 항상 그 인민의 지식수준에 따라 그 제도의 등급이 성립하기 때문에 정체의 종류는 그 나라 인민의 개화의 등급에 따라 그 인민 스스로가 취하는 것이라고 주장하였다. 따라서 인민의 지식이 부족한 상태에서 타국의 좋은 정체라고 하여 무조건 도입하면 오히려 나라에 큰 혼란의 싹을 뿌리게 된다고 지적하였다.109) 그래서 인민을 교육하여 국정에 참여하는 지식을 갖게 한 연후에 그 정체를 논의하고 단계적으로 실시해야 한다는 참정권 제한을 주장하였다.110) 이는 앞으로 실현 가능성이 높은 국회개설에 수반된 국민정치참여의 사전 배제라고 할 수 있다. 이점을 그의 민권제한 혹은 우민관의 표출이라고 보는 시각이 있고111) 또한 국민을 계몽대상으로 삼을 뿐 결과적으로 현실 정치에서 그들의 에너지를 적극 활용하지 못하였다는 지적도 있다.112) 이들 모두 오늘날 시각에서 볼 때 그의 민권의식의 한계성에 대한 적절한 지적이라고 할 수 있다. 그러나 당시 상황에서 오로지 조선의 현실과 실정에 맞게 서양제도 도입을 가능케 하려한 그의 '시세'와 '처세' 중시를 감안해야 한다고 보는 것이다.

그가 입헌군주제를 조선에 어떤 식으로 도입하려 했는가를 그의 미완의 저서 『정치학(政治學)』에서 살펴본다.

그는 입헌군주제를 제1 영국은 세습군주국, 제2 입법의 확장, 제3 지방자치의 발달, 제4 참정권의 자격, 제5 의원, 제6 내각, 등으로 자세히 설명하였다. 여기서 그가 첫째로 주목한 것은 영국이 세습군주국이라는 사실이었다. 즉 전통적 선왕제도와 서양의 입헌군주제는 군주의 군림과 세습이라는 점에서 기본 틀이 같다고 파악하였다. 그래서 여기에 서양의 의정, 행정, 사법의 삼권분립제도를 도입함으로써 군주의 독단을 막는 이상적 균형정체로

---

109) 위의 책, p.172.
110) 同上.
111) 金鳳烈, 「兪吉濬 開化思想의 硏究」, p.59.
112) 鄭容和, 「兪吉濬의 정치사상연구」, pp.211~212.

서의 근대입헌군주국이 가능하다고 본 것이다.

그러나 설명에서 「이 정치 체제의 실상은 의정·행정·사법의 삼권으로 나뉘어져 있는데, 임금은 삼권을 통괄하는 원수다.」[113]고 군주권을 삼권을 초월한 위치에 설정해서 '군림하지만 통치하지 않는다'는 영국군주의 실상을 제대로 파악하지 못하고 군주권이 월등한 것으로 소개하였다. 이는 유길준의 영국 입헌군주제에 대한 이해력 부족에 기인한 것이다. 즉 서양제국의 문명적인 입헌정체를 '일군만민'적 형태로 변용하여 의제적인 입헌군주제 속에 조선국왕을 입헌군주로서 자리매김 한 것이다. 그 목적은 한쪽으로 사적인 군주·궁중·척신세력의 전단을 배제하고 또 한편으로 통치상의 광대한 대권을 지닌 군주의 권위를 공적으로 확보하는 데에 있었다.[114]

유길준은 법치의 확립을 통해 군주도 존속시키고 인민의 권리도 보호하려 하였다. 그는 양자가 타협할 수 있는 선에서 개혁하는 길을 택한 것이다. 그는 인민의 권리와 군주의 절대적 지위를 모두 확보하는 체제가 당시 조선이 선택할 수 있는 최선의 정치체제라고 인식했으며 그 모델을 바로 영국의 입헌군주제로 삼은 것이다.

그 정체를 이루기 위해서는 「정부의 제도가 제왕의 정부이건 대통령의 정부이건 가장 큰 문제는 인민의 마음을 합하여 일체를 이루고 그 권세로 사람의 도리를 지키는데에 있다.」[115]고 주장하였다. 그는 백성의 도덕적 교화에 역점을 두고 군주와 백성이 하나가 되는 입헌군주국가를 실현하고자 하였다. 다시 말해서 그는 전통적 선왕제도와의 조화 속에서 서양입헌군주제의 도입을 시도한 것이다.

그러나 앞서 언급한데로 그는 영국의 입헌군주제의 실상을 충분히 파악 못했으며 특히 군주권의 실상을 정확히 알지 못했다. 이렇듯 그가 도입하고

---

113) 『西遊見聞』, 「政府의 種類」, 『全書』 I, p.165.
114) 月脚達彦, 「甲午改革の近代國家構想」, 『朝鮮史硏究會論文集』 33, 1995, p.76.
115) 『西遊見聞』, 「政府의 始初」, 『全書』 I, p.160.

자 했던 입헌정체는 서양의 입헌군주제 그 자체가 아니고 조선의 국왕제도
의 폐단을 보완하는 범위에서 도입하고자 한 변용된 입헌군주제였다. 따라
서 그가 모색한 서양입헌정체는 제도화를 통한 군주권의 사적 전횡의 제한
과 동시에 공적권위의 강화에 역점을 둔 것이었다.

III. 유길준의 경제사상

유길준은 원래 경제적 전문가가 아니었다. 그럼에도 서양과 같은 근대적
부국강병국가를 이루는데 경제발전이 필수적 요건이었으므로 계몽사상가
로서 국민에게 경제발전의 중요성을 알리기 위해 농업, 상업분야에 대한 여
러 개혁안을 밝혔다.

1. 농업론

유학 및 실학사상의 전통을 이은 그는 역대 실학자들의 농업 개혁론을 연
구하였으며 그 이론을 계승, 보완, 발전시킨 측면을 볼 수 있다. 그는 이용후
생의 입장에서 공업과 농업의 발전을 강조하였지만 농작을 국가의 대본이
라 하여 농업 또한 중요시하였다. 그는 역대 실학자의 전제개혁론을 거론하
면서 다음과 같이 피력하였다.

> 삼대이전에는 땅은 넓었으나 사람이 적어 후모(厚模)하고 특산은 혼하여 백
> 성은 자급자족하는 것으로 만족하였으므로 부를 중시하지 않았다. 그래서 정전
> 제를 시행하여 백성들의 생계를 균제(均齊)히 할 수 있었다. 그러나 현시에는 선
> 을 추구하는 것보다 이를 추구하는 것이 더 심해서 부자는 논밭이 연이어 있으
> 면서도 빈자에게는 송곳을 꽂을 땅도 없다. 진실로 국가의 정명으로 부자의 전
> 토를 빼앗아 빈자에게 나누어주는 것이 인정의 일단으로서 하지 못할 바도 아니
> 다. 그러나 그 원리를 세밀히 따져 보면 그것은 장차 농민지도가 될 뿐더러 오히

려 대해를 초래하게 된다.116)

즉 실학자들이 주장한 균전제실시론은 백성이 자급자족으로 만족한 시대에는 가능하였지만 오늘날과 같이 이익을 추구하는 시대에는 적용하기 어렵다고 하여 그 실시론을 따르면서 새로운 형태의 도조법(賭租法)을 제시하였다.117)

유길준은 균전제가 천도에도 합당한 인정(仁政)이지만 현실적으로 부자의 돈을 뺏을 수는 없고 오히려 농민의 행심을 자극할 뿐이라고 피력하였다. 그래서 수확의 10분의 3을 지주에 돌리고 10분의 7을 소작인이 차지하되 국가에 바치는 조세는 총수확의 10분의 1에 해당하는 분량을 지주와 소작인이 각각 반씩 부담 갖자는 주장이다. 이리하면 균전법의 취지를 살리면서 농민의 부담을 덜 수 있다고 보았다.

또한 그는 근대적 논법 개혁에 대해서도 언급하였다. 즉 농업학교, 농업실험방을 설치하여 전문인을 통한 교육을 실시하여 영농방식 시비법의 연구 개발 및 새 농기구의 도입을 통해 농업 생산량의 향상을 꾀하고자 하였다.118)

그리고 그는 부유층 지주의 부를 차용하여 국가 재정에 활용하는 방법을 제시하였다.

혹자는 제언(堤堰)을 축조하는 자에 대한 관의 재원보조와 이주민에 대한 관의 대부는 뜻은 좋지만 관의 재원에도 한계가 있으니 장차 어디에서 변통 하겠는가 라고 할지도 모른다 하지만 마땅히 개척비용은 해마다 전국의 인민들에게 징수해야만 하며 만약 민력이 미치지 않아서 거둘 수가 없으면 부민의 재산을

---

116) 『西遊見聞』, 「地制議」, 『全書』 IV, p.142.

117) 앞의 책, p.178.

118) 方今農理深廣 非學問不成 故別有專門之指授 宣自政府 先擇聽明宣有志之士 使取天下之長而衰之 建農理黌以教我國中子弟 而各州置農務場 辨土宜之種 利田器之用 善肥料之法 以示于民而 使得效行也. 『西遊見聞』「地制義」, 앞의 책, p.165.

빌려서 시행할 수도 있는 것이다.119)

즉 국가 재정에는 한계가 있기 때문에 세금 징수가 충분하지 못할 때 부민인 지주층의 재산을 차용하는 방법을 제시하였다. 이와 같이 그가 부유층의 부를 활용하는 생각을 했다는 것은 그가 1883년에 저술한 「상회규제」120)에도 중인합자에 의한 근대적 회사설립을 피력했는데 이때 이미 부자들의 재산활용을 충분히 고려했을 것이다. 이와 같이 근대적 회사, 혹은 근대적 영농에도 부자들의 재산을 활용하려고 했다. 이같이 균전목적으로 지주층의 땅만 몰수하여 그들의 원성만 사는 것보다 근대화를 위해 그들을 활용하는 방안을 모색하였다.

또한 그는 농업개발을 곡물생산에만 국한하지 말고 농업 전반에 걸쳐서 실시할 것을 강조하였다. 즉 농경지로서 부적합한 산지를 개발하여 유실수나 다목을 심을 것을 권장하였고121) 양잠업의 개발에 대하여도 언급하였다.

즉 당시 외국산 견사가격이 1근에 '당5전' 480양이었음에 비하여 국산품은 120양 내지 130양이상의 차이가 나는 견사가격의 외국산과 국산의 심한 차이를 지적하였다. 그리고 당시 중국과 일본은 양잠업이 크게 발달하여 견사가 중요한 수출품임을 상기시키면서 조선도 국산품의 질적 향상을 위한 양잠술 연구가 시급하다고 주장하였다. 또한 축산업도 소와 말 외에 양도 많이 키워서 털과 고기를 많이 이용하는 방법을 강구하였다.122)

---

119) 앞의 책, pp.154~155.
120) 「商會規則」, 앞의 책, pp.89~103.
121) 「地制議」, 『全書』 V, pp.156~158.
122) 彼我一也 彼之絲一斤 有價至當五錢四百八十兩 而下不失爲三百兩以上 卽最上品 而其價俱不過 爲一百二三十兩 聞中國日本蠶農甚盛 每歲輸出之繭絲 講究養蠶之術 我邦今日之急務. 「地制議」, 『全書』 V, 앞의 책, pp.159~160.

2. 상공업론

그는 부국을 향한 근대화에서 상업이 필수적 분야임을 강조하였다.

> 상업도 또한 나라의 커다란 근본이다. 그 중대한 비중은 농사에 뒤지지 않는
> 데, 정부의 부유함과 국민의 번성함도 실상 상업이 아니면 이뤄질 수가 없다. 이
> 지방과 저 지방이 있는 것과 없는 것을 서로 보태주고 많거나 적은 것을 서로 바
> 꿔서, 모자라는 것은 보태고 유익한 것은 통하게 하니, 천하에 안락한 생업이고
> 아름다운 습속이다.[123]

즉 상업은 농업 못지않게 산업의 중심이자 국가부흥의 근본임을 부각시
키고 유통경제를 통해 각 지방간 생산지와 소비자를 연결하여 국민의 안락
한 생업을 가능케 하는 훌륭하고 아름다운 습속이라고 주장하였다. 그러나
조선에는 상업을 천시하는 풍속이 있음을 지적하였다.

> 그러므로 상인의 사업은 나라에 없어서는 안 될 대도(大道)라고 말할 수 있을
> 뿐만 아니라, 국민들의 생계를 구하는 방책으로 논하더라도 또한 장부가 경영
> 할 만한 생업으로 국민을 부유하게 해 주는 훌륭한 대책이니, 사도(邪道)는 아니
> 다. 그러나 시대가 내려올수록 인심이 야박해져서 이익 취하기만을 위주로 하
> 고 사람으로서 신의는 생각하지 않는 자가 간혹 없지 않았는데, 이는 한 마리 물
> 고기가 온 물을 흐리는 것과 마찬가지다.[124]

다시 말해서 상업은 원래 생업의 양책이지 사도가 아니었으나 시대 흐름
에 따라 신의를 뒷전으로 하여 이윤만 추구하는 자가 간혹 생겼는데 이는 한
물고기가 온 물을 흐려 놓는 것과 같다고 상업상의 도덕성을 문제 삼았다.
또한 상업과 인사의 귀천에 관해서도 언급하였다.

---

123) 「商價의 大道」, 『서유견문』, 『全書』 I, p.379.
124) 위의 책, p.380.

상업을 천시하는 풍속이 생겨났다. 사람이 세상에 살면서 음식을 먹지 않는
신선은 아니니, 반드시 생업이 없을 수는 없다. 그러니 쓸데없이 고담준론이나
일삼지 말고, 어떠한 일로 이익을 취하든지 그 도리와 행실이 정대(正大)한가 아
닌가 만을 따지는 것이 옳다. 그 일의 귀천을 논하는 것은 옳지 않다. 사람의 일에
귀천이 있는 것이 아니라, 이익을 취하는 행실에 귀천이 있다.125)

즉 이득을 취하기 위해 상업하는 사람의 상행위 자체에 귀천문제가 있는
것이 아니고 상행위의 윤리·도덕성에 따라 그 사람의 귀천이 평가된다고
보았다.

또한 그는 서양의 경제사상 중에 자유방임주의 논리를 적용하여 상공업
발전론을 제시하였지만126) 한편 정부의 일정한 간섭의 필요성을 지적하였
다. 그 이유는 전통유교도덕 중시의 맥락에서 정부의 정책적 보호육성이 전
제되지 않으면 상업의 윤리기강이 해이해지고 상업상 물품종류와 생산지
역 수요자수 등의 정보가 어두워져 상인들이 실력발휘를 못할 것으로 보았
기 때문이다. 그는 정부가 해야 할 일을 다음과 같이 주장하였다.

정부에서 상인을 보호하는 방법은 국민들이 재물을 주고받는 제도를 신실
케 하는 것과, 물품 수송하는 방법을 편리케 하는 데에 있다. 재물을 주고받는
제도는 법률을 엄격히 지키는 데에 있으며, 수송하는 방법은 길을 평탄히 닦는
것에 지나지 않는다. 이 두 가지 조건에 일정한 규칙이 없으면, 아무리 상인이
흥왕해지기를 날마다 바라더라도 어찌 이뤄지겠는가.127)

즉 정부가 상업발달을 족진 보호하기 위한 방법은 상법을 제정하여 상업
질서를 유지하는 일이며 또 도로를 개량하여 교통 편리를 도모하는 일이라
고 하였다. 또한 이같은 정부간섭의 필요성은 광명한 도리와 정직한 제도확

---

125) 同上.
126) 『全書』 IV, p.684.
127) 앞의 책, p.382.

립으로 사악한 상인을 유도하는 독점도매상 활동의 금지에 있다고 하였다. 그들을 방치하면 국가와 사회의 폐단이 된다는 것이다.

또한 유길준은 조선이 종래와 같은 국내상업 만이 아닌 앞으로의 대외통상무역의 필요성에 대해서도 지적하였다.

> 천하에 나라가 하나뿐이 아니고, 인간의 일은 만으로 헤아려도 넘친다. 기풍이 차츰 개화되는 지경에 이르면 사람들의 재주와 국량도 따라서 넓어지기 때문에, 온 세계를 한집안으로 여기며 인생의 편리를 서로 도모하게 된다. 상인이 실상은 개화의 큰 조력자다.128)

즉 무역을 통해서만 국가간 상호이익이 촉진되고 이것이 바로 개화에 큰 도움이 된다고 보았다. 그러나 당시 국가간의 무역경쟁이 심한 상태에서 적응하기 위해서는 국내에서와 마찬가지로 국제 상행위상의 윤리적 질서의 중요성을 인식하며 지켜야 할 통상법에 대해 언급하였다.

> 한 나라만 그러한 권리를 차지하면 공평하지 못할 뿐더러 이 나라 국민이 저 나라의 명령만 받기를 좋아하지 않기 때문에, 반드시 두 나라가 협의하여 각기 통상하는 법을 작정하는 것이 옳다. 미개한 나라가 자기들의 항구를 닫고 있을 때에는 선진국 정부가 권고하고 설득하여 통상하는 조약을 체결한다. 그러나 그 토지와 국민을 탐내어 넘겨다보는 마음이 있기 때문은 아니다.129)

그는 외국과의 통상법의 제정목적은 대도와 대의의 결실을 맺기 위한 것이라고 하였다. 그래서 각국이 통상에 관한 조약을 체결하고 준수하며 세부 규칙까지도 제정해서 국가 간 분쟁이 없도록 하는 등 대의를 세우기 위한 통상법 재정의 불가피성을 역설하였다. 즉 그는 국내 상행위와 마찬가지로 국

---

128) 앞의 책, p.383.
129) 앞의 책, pp.383~384.

제상행위에서도 도덕주의에 입각한 통상법의 필요성을 강조한 것이다.

그리고 당시 국제무역의 실상이 우리의 수출품이 곡물이나 원자재 등 모두 천연물인데 반해 수입품은 가공품, 사치품 등으로 그 폐해가 심각하였다. 그는 이러한 무역의 불균형 현상에 대하여 국산품의 질적 향상을 통한 공업 발전을 촉진하고자 하였다.

> 나라 안의 물산에는 자연적인 것과 인공적인 것 두 가지가 있다. 자연적인 것은 무궁하고 인공적인 것은 유한하지만, 자연적인 물산이 인공의 과정을 거치지 않으면 금이나 구슬 같은 보화라도 지푸라기나 흙처럼 천하게 된다. 그러므로 나라 안에서 공업에 대해 연구하게 되면 자연적인 물산이 비록 모자라더라도 세계 각국의 물산이 다 그 나라로 모여들 것이다. 영국이 부유해진 점을 미루어 보면 그 명확한 증거를 세울 수 있지만, 지리한 이야기는 그만두자.[130)

즉 생산품에는 천연산물과 인공제조품이 있으므로 인공제조품의 생산기술을 개발하면 부흥을 이룰 수 있다고 보았다. 특히 국내의 자연자원이 부족하더라도 공업이 발달하면 무역을 통하여 세계의 물산을 장악할 수 있다고 생각하였고 그는 영국이 부유한 이유도 바로 여기에 있다고 인식하였다. 이와 같이 공업을 제대로 일으키기 위해서는 상업의 뒷받침이 필요하며 상업에서는 직분, 공부, 경계가 명확해야 한다고 주장하였다.[131) 그중 상인의 직분에 대하여 그는 다음과 같이 설명하였다.

> 인생의 편리한 방도를 경영하는 것과 나라가 부요해질 기회를 도모하는 일에 커다란 관계와 책임이 있다. 민간의 물자를 서로 통하게 하는 것은 다른 사람의 노고를 대신 행하는 일이고, 나라 안의 물가를 고르게 하는 것은 정부의 사무를 도와 주는 것이며, 본국과 외국의 물자를 교역하는 것은 두 나라 사이의 화목

---

130) 「愛國誠」, 『全書』 I, pp.307~308.
131) 앞의 책, p.386.

한 교제를 도와주는 것이다.132)

즉 상인의 직분은 민간의 물자상통과 나라 안의 물가평균과 외국과의 교역이라고 하며 이 세 가지가 혹 잘 안 되는 이유는 그 직분이 부진하기 때문이라고 지적하였다. 그리고 상인의 직분을 다하기 위한 세 가지 행실을 다음과 같이 언급하였다.

> 상업을 자기 한 사람의 사사로운 일로 여기지 말고, 전국의 공적인 관계에서 생각해야 한다. 믿음이 없으면 이 직분을 지킬 수 없고, 의리가 없으면 이 직분을 행할 수가 없으며, 지혜가 없으면 이 직분을 유지할 수가 없다. 이 세 가지 행실이 구비된 뒤에야 비로소 상인의 직분을 다했다고 말할 수 있으니, 상인된 자가 명심할 점 가운데 이보다 더한 것은 없다.133)

다시 말해서 국가와 백성에 대한 중대한 직분을 자임하기 위해서는 사적인 것에 앞서서 공적인 자세가 필요하고 믿음, 의리, 지혜의 셋 행실을 구비해야 함을 주장하였다. 또한

> 장사하는 사람이 나라를 사랑하는 정성도 지극히 크다. 규모를 상대히 하고 약속을 신실히 지키며, 본국의 상권을 확실히 지켜 국내의 번영을 이루되, 상품의 품질을 속이거나 기한을 늦춤으로써 어느 나라 사람이라는 공적인 이름에 부끄러움을 끼치는 일이 없게 해야 한다.134)

라고 하여 상업의 직분을 뒷받침하는 도덕적 자세의 필요성도 강조하고 지켜야 할 세부사항을 다음과 같이 제시하였다.

---

132) 앞의 책, p.389.
133) 앞의 책, p.383.
134) 「愛國誠」, 앞의 책, pp.306~307.

> 회사의 규칙을 굳게 지키고, 또 장부를 정확하게 기입하며, 물품 거래에 약속
> 을 어기지 말고, 물품 매매에 품질을 속이지 말아야 한다. 평시에 조그만 일 때문
> 에 물가를 무단히 올리지 말고, 본국이나 외국의 관세를 내지 않으려고 수입하
> 거나 수출하는 물품을 감추지 말아야 한다.135)

즉 근대적 상인은 상도덕의 기본자세를 갖춘 연후에 근대적 상업지식을
배워야 한다고 하였다.

> 상인은 물가를 거래하고 재물을 주고 받을 때에 조리 있게 장부를 작성하여
> 야 하며, 약속을 정하고 자본을 합하여 확실하게 회사를 만들어야 한다. 본국과
> 타국의 화폐를 서로 비교하여 시세가 싼지 비싼지를 잘 알아야 하고, 각국의 물
> 산을 본국의 물산과 비교하여 물가가 높은지 낮은지를 분별하여야 한다. 본국
> 의 물자를 타국에 수출하거나 타국의 물자를 본국에 수입하면서 각국 세관에서
> 물품마다 세금 매기는 법을 알아야 하고, 다른 사람의 배에 물품을 싣는 약속과,
> 어느 항구에 도착하든지 물품을 부리는 규칙을 자세히 알아야 한다. 그런 뒤에
> 야 상인의 직분을 비로소 행할 수가 있으며, 생업으로 삼을 수가 있다.136)

즉 상업발전에서 외국과의 무역을 중시한 그는 물화거래와 본국·타국
간의 화폐시세, 물가고저의 분별수단 등 상인들의 근대적 상업지식의 습득
은 필수적인 것으로 생각하였다.

그는 이와 같이 상공업론에서 인공제조품의 생산기술개발과 국제무역
의 활성화, 그리고 상인들의 근대적 상업지식의 습득을 통한 근대적 상공업
화를 주장하였다. 그러나 근대상공업을 이루기 위해서는 상인들의 상도덕
의 확립과 또 상거래에서의 도덕적 공정성을 지키기 위한 적정한 정부간섭,
그리고 국제무역에서 정직과 신용을 확립하기 위한 국제협약제정 등이 전
제되어야 한다고 강조하였다. 다시 말해서 개화사상에서 행실개화를 최우

---

135) 앞의 책, p.369.
136) 앞의 책, p.368.

선시 한 그는 근대적 상공업화도 유교적 도덕주의의 견지 속에서 이루어야
한다고 본 것이다.

Ⅳ. 유길준의 대외사상

1. 갑신정변 이전의 대외론

1881년부터 1882년 말까지 유길준의 일본 게이오기즈쿠대학(慶應義塾大
學) 유학시기와 그 직후의 그의 대외론의 특징의 하나는 러시아에 대한 위기
감이었다. 앞장에서 논한 바 당시 조선에서는 이미 일본과 청국을 통해 러시
아의 진출 위기를 인식했는데 그의 러시아 위기론도 이와 맥을 같이 했었다.

앞장에서 언급한 바 1880년『조선책략(朝鮮策略)』의 유입은 조선정부가
러시아의 진출을 막기 위해 미국과 조약을 체결하는 등 대외관계의 전환을
가져왔다. 1880년대 초반 민씨정권이 개국 및 개화정책을 펼 때 유길준 또한
그의 저서『경쟁론(競爭論)』을 통해 개국·개화론을 전개하였다. 즉 그는 당
시 국제질서를 각국간의 경쟁상태로 보고 이 경쟁에 참여하지 않고 쇄국을
고집할 경우 경쟁력이 쇠퇴하여 나라가 망할 것임을 경고하였다. 그래서 이
제 '시세의 변천'을 깨달아 외국과의 교제를 점차 넓혀가야만 문명부강에 도
달할 수 있다고 본 것이다.[137]

1882년 8월 그는 임오군란으로 민씨정권이 붕괴되고 대원군정권이 부활
된 소식을 일본에서 접하였다. 충격을 받은 그는 반란군의 일본공사관 피습
을 비난하였다.[138] 그리고 같이 유학 중이던 윤치호(尹致昊:1865~1945)와 함
께 대원군 정권타도를 위해 일본정부에 차병을 원하는 상서를 제출하였

---

137)『競爭論』,『全書』Ⅳ, pp.58~59.
138)「萬一 某國人民이 開化의 事理와 文明한 物情을 不知하야 頑固守舊하고 外人을 仇視
하야 結黨聚徒하야 外國公使居館舍를 襲擊하던지 某人名을 殺害하면 甲乙國政府의
和約이 破節하기 易하고」,『世界大勢論』,『全書』Ⅲ, p.100.

다.[139] 그것은 대원군 정권의 부활이 개화정책의 후퇴를 의미했기 때문이다. 이와 같은 그의 상황판단은 바로 직전에 후쿠자와가 쓴 글인『조선정략』[140]에서 영향 받은 바 컸었다고 볼 수 있다. 후쿠자와는 이 무렵 문명화를 명분으로 일본의 조선간섭을 주장한 동양맹주론을 폈는데 이에 대한 유길준의 언급은 없다. 다만 그의 저서의 전후 정황을 미루어 볼 때 조선의 보수화를 싫어한 그는 문명화를 위한 것이라면 일본의 간섭도 불가피한 것으로 판단한 것이다. 즉 이 시기 일본의 문명화를 명분으로 한 간섭·침략논리와 맥을 같이 했었다고 볼 수 있다.

2. 갑신정변 이후의 대외론

1885년 4월 갑신정변의 사후처리로서 청국과 일본은 천진(天津)조약을 체결하였다. 이 조약에 따라 청일 양국은 조선에서 철병했다. 그러나 천진조약 조인 직전에 러시아의 한반도 남하정책에 자극을 받은 영국이 거문도를 점령하는 사건이 일어났다. 유길준은 이때 외유 귀국 직후였지만 러시아에 대한 위기감과 날로 종주권을 강화하는 청국에 대한 비판적 시각을 담아서 중국의 역할을 활용하려는 외교론인『중립론(中立論)』(1885년)[141]을 펴냈다. 이『중립론』은『서유견문』보다 먼저 집필된 글이다. 그가 여기서 주장한 러시아에 대한 위기감은 앞장에서 언급한 이홍장의『열국입약(列國立約)』권

---

139) 이 上書는 金榮作, 『韓末ナショナリズムの硏究』, 東京大學出版會, 1975, pp.175~176에 수록.

140) 「그들 폭도는 문명의 적으로서 이번에 우리 일본이 이 적을 향해 문책 할 일이 있다면 이것은 문명을 위해 하는 일이다. 결국 이번에 우리가 적으로 간주할 바는 그 왕실도 아니고 그 개진당도 아니고 다만 그의 국중의 조야보수완고의 부분에 있는 즉 잠시 우리 병력을 빌려주고 그의 국토전면의 迷霧를 掃除하는 것이 우리나라의 德義上 피하기 불가한 의무다. 우리 정략은 문명개진의 정략으로서 기병력도 文明改進을 위한 병력이라는 주의를 세계만국에 발양할 것을 바랄 뿐이다」, 「朝鮮政略」, 『續福澤全集』 제1권, pp.29~36.

141) 『中立論』, 『全書』 IV, pp.319~328.

고와『조선책략』에서 거론된 러시아 위협설의 계승이며 특히 당시 일본측의 인식도 같았다고 볼 수 있다. 그는 러시아의 남하정책을 저지하고 아시아 여러 나라와 세력균형을 이룸으로써 강대국 속에 조선의 생존을 위한 중립화를 시도하였다.

이『중립론』의 배경이 되는 당시 러시아, 미국, 일본, 중국에 대한 그의 대외관을 살펴보면 그는 러시아를 가장 경계하였다.

> 러시아는 거칠고 추운 땅에 위치하고 있으면서 백만명의 정병으로 그 영토를 확장하기에 여념이 없다. 중동아시아 지역의 작은 나라들을 꾀어서 혹은 보호국을 만들기도 하고 혹은 그 독립국을 인정하기도 하지만, 그 조약문이 마르기도 전에 그 땅을 병합하고 그 인민을 노예화하였다. 강한 나라가 약한 나라를, 큰 나라가 작은 나라를 삼키기를 앞을 다투는 세상이지만 러시아는 그 가운데서도 특별히 무도하기 때문에 천하가 탐욕스럽고 포악한 나라로 지목하고 있다.[142]

이와 같이 그는 러시아를 어느 주변국보다도 침략성이 강한 경계대상국으로 보았고 이는 당시 러시아의 남하정책을 경계한 영국, 미국 등의 서방측과 일본측 시각과도 흡사했다고 볼 수 있다. 이와 같은 러시아관에 비해 미국에 대하여는 다소 차이가 나는 견해를 펼쳤다.

> 혹 말하기를 미국은 우리나라와 우의가 두터워서 원조를 기대할만하다. 하지만 그렇지 않다. 미국은 대양을 사이에 두고 멀리 있어서 우리나라와 별로 깊은 관계에 있지 않으며, 더구나 몬로주의 이후에는 유럽이나 아시아의 일에 간섭할 수 없게 되어 혹 우리나라가 위급해지더라도 그들이 말로는 도움을 줄 수 있을지언정 병력을 써서 구원해 줄 수는 없다. 천마디 말이 탄환 하나와 같지 못하며, 그러므로 미국은 통상의 상대로 친할 수 있을 뿐 군사적인 우방으로 기대할 바가 못된다.[143]

---

142) 앞의 책, p.319.

즉 미국은 러시아와는 달리 침략성이 없고 우의가 두터운 나라로 보았지만 어디까지나 통상 대상국 정도이지 비상시 조선을 군사적으로 바로 도울 수 있는 나라는 아니라고 판단하였다. 또 일본에 대하여는 「조선을 침략할 뜻이 없는 것은 아니지만 그 힘이 미치지 못하고 스스로를 보존하기에 여념이 없기 때문에 아직 감히 중국과 항쟁하지는 못한다.」[144] 고 보았다. 여기서 주목할 점은 유학 이래 일본에 대해 우호적인 시각을 가진 그도 일본의 침략성은 감지했었다는 사실이다. 다만 러시아 만큼 경계하지는 않았다.

『중립론』에서 유길준은 「중국과 조선은 4천년 간의 오랫 동안 관계를 가져 왔으며 그간 규모가 작은 내란이 일어나도 서로 도운 사이였다. 따라서 조선의 흥망이 좌우되는 외우를 당하면 보고만 있지는 않을 것이다.」[145] 라고 역사 속의 중국과의 우호관계를 부각시켰다.

> 만약 러시아와 같은 강대국이 조선을 침략하는 경우 중국은 스스로의 안전을 위해서도 이를 저지해야 하는데 침략이 시작되고 난 후에 원군을 파견하면 때가 이미 늦을 것이고 그렇다고 조선의 국경지대에 미리 군대를 주둔시키면 오히려 러시아에게 침략의 구실을 줄 뿐만 아니라 일본의 망동을 유발할 우려가 있다.[146]

즉 가까운 관계의 중국이라도 오늘날과 같은 국제정세 속에서는 이전과

---

143) 「或曰 合衆國 與我甚厚 可倚而爲援 曰否 合衆國 遠在重溟之外 與我別無深重關係 而且蔓老後 不能干涉於歐亞之事 如我有急 則彼或以言詞相助 不敢用干戈相救 語云 千言 不如一丸 是故合衆國 則可親以爲通商局 不可恃以爲綏急之友」, 『中立論』, 앞의 책, p.323.

144) 앞의 책, p.322.

145) 「中國於我邦 … 況有四千年關係 而數百年 服事者乎 內亂之小 而猶且相救 況外憂存亡之機乎」, 『中立論』, 앞의 책, pp.325~326.

146) 「若候俄人之動 而出兵遠救 則先後之制己分 勝敗未可知 而設或俟俄出境 勞師費餉 羅弊滋甚 究非良策也 如欲預派重兵 鎭我北邊而備之 則適足以藉俄人之口實 而日本之妄動」, 『中立論』, 앞의 책, pp.325~326.

는 달리 조선에 대한 단독적인 군사행동이 어렵다고 보고 그는 중국입장을
다음과 같이 분석하였다.

> 버마나 안남이 영국과 프랑스의 침략을 받은 것은 중국의 위신을 떨어뜨리
> 는 결과를 가져왔을 뿐이지만, 조선이 만약 러시아의 침략을 받게 되면 중국의
> 위신 문제에 그치지 않고 그 국가의 안보상「치망순위(齒亡脣危)」의 위기를 당
> 하게 된다.147)

즉 강대국들은 유사시 중국의 대조선 단독개입이 어렵다고 보고 조선의
중립화가 오히려 중국에도 이롭기 때문에 결국에는 지지할 것으로 판단하
였다. 이렇듯 그의『중립론』은 일본보다 러시아에 대한 경계심이 동기가 되
어 중국의 적극적인 찬동을 얻어내려 한 방어책 자원의 외교론이었다.

김옥균도 외교적으로 조선의 중립화를 지향했었다. 갑신정변 직후인
1886년에 그는 이홍장에게 다음과 같은 내용의 편지를 보냈다.

> 그러한 즉 각하는 어찌하여 대청국 황제폐하를 추천하여 천하의 맹주를 삼
> 아 구미 각 대국들에게 공론을 펴서 그들과 더불어 연속하여 조선을 중립국으로
> 세워 그것을 만전무위의 땅으로 만들지 아니하는가148)

김옥균도 유길준과 같이 당시 열강의 각축 속에서 조선이 중립국이 되면
안전무위의 나라가 될 수 있다는 시각을 가지고 있었다. 김옥균의 중립국 지
향은 국제법상의 중립국 지위를 그가 잘 알고 있었다는 것인데149) 당시 개화

---

147)「夫緬甸安南之屬 其有無不甚重輕於中國 然而英法跋扈之擧 猶損中國之聲威 今俄之
　　於我邦 亦欲英於緬而法於安 使我邦失守 則中國之患 如齒亡脣危且甚矣 奚暇論聲威
　　哉」,『中立論』, 앞의 책, p.325.
148)「然則 閣下 何不推尊大淸國皇帝陛下 爲天下之盟主 布公論於歐美各大國 與之連續
　　立朝爲中立之國 作萬全無危之地」,「與李鴻章書」,『金玉均全集』, 亞細亞文化社,
　　1979, p.152.
149) 金世民,『高宗時代 萬國公法 認識研究』江原大學校, 博士學位論文, 2000년, p.59.

파 인사들이 열강 속에서 조선을 보존하는 방법은 세력균형을 활용한 중립 국이 최상이라는 공통시각이 있었다.

또한 흥미로운 것은 임오군란 이후 일본에서도 조선의 중립국화가 논의 된 적이 있었다는 점이다. 이노우에 고와시(井上毅:1834~1895)의 「조선정략」 는 러시아의 남침을 막기 위해 일·청·미·영·독이 협의해서 조선을 중 립국화 하고 이 5개국이 조선을 공동으로 보호해야 한다고 주장하였다. 또 한 조선은 청국의 '공국'이지만 타국과 조약을 맺었기에 '속국'은 아니라고 도 했다. 즉 일본이 청국과 조선의 종속관계 그 자체는 인정하면서 조선에 대한 내정간섭은 저지한다고 명시하였다.150) 전술한 바 유길준의 중국과 속국의 차별화 주장과 비슷한 견해라고 할 수 있다. 일찍이 조선침략을 목표 로 한 일본은 청국이 조선에서 아직 우세한 시기 청국의 더 이상의 영향력을 막기 위한 잠정방안으로 중립론을 주장한 것으로 추정된다.

그러나 유길준이 구상한 중립론의 실현은 보수세력의 몰이해와 10년 후 에 발발한 청일전쟁 때문에 수포로 돌아가고 말았다. 이 중립론은 일본을 비 롯한 주변국들의 적극적인 침략행동이 없던 시기에 아직은 실현 가능성이 있었던 외교정책의 하나였다.151) 이것은 유길준이 당시 국제정세 하에서 조선의 자주권을 확보하기 위해 모색할 수 있었던 평화적인 현실대응 방안 이었다고 볼 수 있다.

그러나 이 중립론은 정치·외교적 측면에만 치중했지 주변국의 경제적 주권침탈은 도외시하였다. 즉 앞서 언급한데로 1882년에 체결한 '조청상민 수륙무역장정(朝清商民水陸貿易章程)'은 조선에 대한 청국의 노골적인 제국주 의적 경제침탈의 양상을 띠고 있었다. 또 여기에 맞선 일본과 서양제국의 경 제적 이권쟁탈 요구 등 조선에 대한 주변국의 경제적 예속화에 대해서는 속

---

150) 長谷川直子, 「壬午軍亂後の日本の朝鮮中立化構想」, 『朝鮮史研究會論文集』 32, 1994. pp.145~146.
151) 姜萬吉, 「兪吉濬의 韓半島 中立化論」, 『分斷時代의 歷史認識』 創作과 批評社, 1978.

수무책의 외교론이었다. 결국 경제적 예속화가 주권침탈에 직결되는 것을 볼 때 이 부분이 바로 그의 중립론의 취약점이었다고 지적 할 수 있다.

유길준은 그의 저서『국권』과『서유견문』의「방국의 권리」에서 언급하였듯이 조선이 일본 및 서양각국과 평등한 수호조약을 체결한 후에도 청국과의 화이적 사대질서가 유지되고 있는 조선의 독특한 이중적 국제질서의 현실을 양절체제로 묘사하였다. 이 양절체제는 영약삼단(另約三端) 사건 때 현실외교정책에 구체적으로 적용되었다. 연금기간에 유길준은 소위 '영약삼단'을 위반한 혐의로 1889년 미국에서 소환 당한 초대 주미전권공사 박정양(朴定陽)의 입장[152]을 청국정부에 변호하기 위한 외교문서를 의뢰 받아 세 차례에 걸쳐서「답청사조회(答淸使照會)」를 작성하였다.

첫째 박공사가 영약삼단을 지키지 않았던 일을 박공사의 해명이라는 형식으로 변명하였다. 즉 그가 미국에 가서 사정을 알아보니 공사가 도착 후 곧바로 외무부에 가지 않고 타국 공사관에 가거나, 제3국 사절과 함께 국서를 봉정하는 것은 만국공례에 어긋나는 일이며 결례되는 일이었다. 따라서 천하의 자립국인 미국에 대해 그리 할 수 없었다. 만약 청국 대사가 동행했다가 함께 사절 당했다면 청국에도 수치였을 것이다.「공사의 직무는 국가이익을 우선하되 군명을 욕되게 함은 죄가 크고 조령(朝令:영약삼단)을 위반함은 사소한 것이라 판단했기 때문에 고의로 위배한 것이 아니며 일의 형편상 그리 되었다.」[153]고 조선의 자주외교를 옹호하였다.

둘째 내용은 첫째 내용을 보다 상세히 설명한 것으로, '양절체제'라는 표현은 안하고 조선과 청국과의 사대질서와 조선과 다른 나라와의 평등관계

---

152) 박정양공사는 1888년 10월 16일 워싱턴을 출발, 11월 17일 일본에 도착하여 정부의 명령을 기다린 후 1889년 3월 18일 부산에 도착하였다. 고종에 복명한 것은 70여일 후인 7월 24일이다. 위안스카이는『朝報』에 박공사의 귀국이 보도되자 즉시 의정부와 外署로 조회하여 박공사의 위단을 조사 징벌할 것을 요청하였고, 이러한 조회는 뒤에도 여러 차례 되풀이 되었다(『舊韓國外交文書』제8권 청안 1, 高宗 26년 7월 24일 · 28일, 8월 2일 · 3일 · 6일 · 9일 · 11일).

153)「答淸使照會」,『全書』Ⅳ, pp.329~331.

를 조리 있게 설명하였다. 즉 조선과 청국의 체례는 동등하지 않지만 조선이 각국을 향하여는 동등체례이고, 청국도 조선의 내치·외교는 자주에 임한 다는 것을 공인하였기 때문에 영약삼단은 조선에 대해 부당한 것은 물론 청국 입장에서도 불리한 것이라고 주장하였다.[154]

셋째 내용도 그 취지는 거의 같다.[155] 전술한 바 그는 1882년에 청국이 조선의 경제적 속국화를 노리고 체결한 '조청상민수륙무역장정(朝淸商民水陸貿易章程)'의 개정을 요구하는 글을 썼다. 여기서 그는 장정의 취지는 조선과 청국의 상호이익과 우호관계에 있다고 하였다. 그러나 각국이 조선에 대해 청국의 예와 같은 이익의 균점을 요구하면 이를 거부할 수 없으며, 청국 역시 이에 답하기가 어려울 것이기 때문에 장정을 개정할 필요가 있다고 주장하였다.[156] 날로 횡포를 더 해 가는 청국에 대해 국제외교관례에 입각하여 조선의 자주 독립외교의 당연성을 조리 있게 강조한 것이다.

3. 청일전쟁이후의 대외론

유길준은 1894년 6월 23일자로 외아문 주사에 복직하였는데 전후해서 다른 동지들도 정부에 등용되었다. 민씨 척족의 세도가 민영준(閔泳駿)이 안경수의 추천으로 일본통으로써 일본의 외교적 압력을 무마할 수 있고 국제법에도 능통한 인재인 그를 등용하였다.[157] 유길준이 외아문 주사로서 기안한 외교문서 중에 일본공사 오오토리 게이스케(大鳥圭介:1833~1911)의 종속관계 조회에 대한 조복(6월 30일자)이 있다. 이 오오토리의 조회는 6월 6일자 주일청국공사 왕봉조(汪鳳藻)의 「行文知照」에 있는 '보호속방'이라는 문구를 가지고 청국의 조선속방에 대한 주장을 조선정부가 인정했는지의

---

154) 「再答淸使照會」, 앞의 책, pp.332~339.
155) 「三答淸使照會」, 앞의 책, pp.340~341.
156) 「照會淸使」, 앞의 책, pp.342~343.
157) 柳永益, 「甲午更張 이전의 兪吉濬」, 『甲午更張研究』, p.119.

여부를 묻는 질문이었다. 이에 대해 유길준은 강화도조약 제1조에 명기된 대로 조선은 '자주지방(自主之邦)'이며 따라서 동학전쟁 발발시 차병요청도 조선의 '자주'에 의한 것이었다는 것과 왕봉조공사의 조선속방주장은 그의 독단이며 조선정부가 상관할 바가 아니라는 것이 이 조복의 구체적 내용이 었다. 이 외교문은 유길준의 청국에 대한 자주성 천명이었다고 볼수 있다. 다보하시 기요시(田保橋潔)에 의하면 사변의 돌발직전까지 조선은 중국의 속 국임을 공연이 명시했었는데 이 조복은 이런 종속관계 부정의 단서를 만든 것이라고 하였다.[158]

또 일본측이 제시한 내정개혁요구에 대해 유길준은 「일본이 유병을 철회 하면 내정개혁을 행한다」는 강경한 내용의 서한(7월 16일자)을 작성하였 다. 이로 미뤄볼 때 그는 반청, 반일을 통한 내정개혁을 일차적인 것으로 삼 았기 때문에 전략적으로 일본측에 접근하기도 하였지만, 궁극적으로 외세 를 배제한 자주적 개혁을 지향하고 있음을 알 수 있다.[159]

유길준은 일본의 군사력을 빌려 개혁을 단행하는 위험성을 '삼치'로 표현 하여 부끄럽게 생각하였다. 그런 가운데 그는 그때까지 구상했던 자주적 개 혁을 최대한 실행하였다.

그는 일본의 침략성에 대해서는 일본이 강화도조약 이래로 국제적으로 조선의 자주를 표명해 왔고 청일전쟁의 명분도 조선의 독립이었기 때문에 일본이 그때까지 천명해 왔던 것들을 무시하고 조선을 침략하지는 않을 것 으로 판단했었다. 『중립론』에서 유길준은 러시아, 일본 양국의 침략성을 거 론하였는데 러시아에 대해서는 주변의 소국을 '군현'으로 만들거나 그 인민 을 '노예'로 삼는다고 말한 데 비해[160] 일본에 대해서는 경제적 침투나 군대 주류의 의도밖에 언급하지 않았다.[161] 아마도 그는 일본이 강화도조약 이

158) 田保橋潔, 『近代日鮮關係の硏究』 下, 朝鮮總督府, 1940, pp.364~365.

159) 柳永益, 「甲午更張 이전의 兪吉濬」, 앞의 책, pp.107~125.

160) 『中立論』, 앞의 책, p.321.

161) 앞의 책, p.324

래로 스스로 표명해 온 자주나 독립을 깨고 그리고 국제적 비난을 받으면서, 더욱이 러시아와 대항하면서까지 조선을 영유할만한 힘이 없다고 본 것이다. 그러나 이와 같이 일본의 침략성에 대한 인식부족이 그의 큰 오류였으며 결과적으로는 일본의 의도대로 움직여서 이점이 친일개혁파라는 평을 받게 된 연유다.

이 시기 이후 유길준의 대외론을 특히 그의 일본론에서 살펴보도록 하겠다. 그의 일본론이 제일 상세히 나온 글은 1907년 10월 23일에 순종(조선27대왕:1874~1926)한테 올린 「평화광복책(平和光復策)」162)이다. 이 글에서 유길준은 1905년 일본과 맺은 을사보호조약의 원인을 개항 이후부터 분석해 놓았다.

먼저 1876년 조선이 일본과 맺은 강화도조약을 일본이 먼저 개항한 문명선진국으로서 조선과 평등하게 조약을 맺었는데 조선은 여전히 혼미했다고 하면서 이 조약을 평등조약으로 인식하였다.163) 이것은 후쿠자와를 비롯한 일본측의 인식과 거의 유사하다. 주지한 바 유길준은 일본에 유학을 가서 문명개화의 실체를 그 나라에서 목격하고 배웠기 때문에 일본에 대해 긍정적인 인식을 가질 수밖에 없었다.

또한 갑신정변에 대한 평가도 이 정변을 계기로 일본은 조선의 독립을 돕고자 했는데 조정관리들이 서로 대립만을 일삼았다고 하여164)이 무렵 후쿠자와가 펼친 '동양맹주론'165)과도 같은 맥락의 주장을 펼쳤다. 그리고 청일전쟁은 조선이 안팎에서 일어나는 변란에 스스로 대처할 능력이 부족해서

---

162) 「平和光復策」, 『全書』 IV, pp.267~283.

163) 「今側自居爲先覺 丙子之約與我爲好 而認我獨立也 而我昏昏如夢」, 「平和光復策」, 앞의 책, p.268.

164) 「平化光復策」, 위의 책, p.268.

165) 「아시아의 각국이 협력하여 서양의 침략을 방지하기 위해서는 어느 국가이든 盟主가 있어야 한다. 스스로 자국을 자랑하는 것이 아니라 虛心平氣하게 생각하여 보아도 日本 이외에 다른 국가가 있을 수 없다.」, 「朝鮮との交際を論ず」(1882. 3.11), 『福澤全集』 제8권, pp.411~415.

일본이 조선을 대신해 의거한 청국과의 전쟁이었다.166)고 평가하였다. 이 것 역시 후쿠자와가 청일전쟁을 선전, 혹은 '문명과 야만의 전쟁'167)으로 해 석한 것과 유사하다.

또 조선과 일본을 순치지국(脣齒之國)이라고 하며 조선의 독립심과 실력양 성이 이웃 일본에 직접적인 영향을 미치기 때문에 일본이 깊게 우려할 수밖 에 없었다고 강조하였다. 이와 같이 그의 일련의 주장들이 당시의 일본측 특 히 후쿠자와의 문명화를 내세운 대외간섭 논리와 맥을 같이 했었다.

즉 개항 이후 일본이 협조하려는 개혁과 문명화의 여러 기회 때 마다 조선 이 그것을 잘 활용하지 못했기 때문에 일본이 부득이 간섭노선을 취하게 되 었다고 보았다. 임오군란은 청일전쟁을 유발하였고 아관파천은 노일전쟁 을 유발했다는 것이다.168) 그 결과 1905년 조선이 일본과 맺은 을사보호조 약도 그 원인은 조선측에 있다고 보았다. 다시 말해서 조선이 여전히 무지, 무능하고 국방이 약했기 때문에 더 이상 조선자립을 방치할 경우 수습하기 어려운 사태가 예측되어 일본이 부득이 적극 간섭노선을 취하게 되었다는 것이다.169) 따라서 이 조약은 일본의 강제성보다는 조선이 정치·외교 등에 서 적절한 개혁과 대처를 하지 못해서 스스로 초래한 결과였다고 보았 다.170) 이렇듯 일본이 스스로 원해서 한 것이 아닌 이상 여기에 불복 불평하 면 의리에 어긋난다고 주장하였다.

또한 그는 을사보호조약문 서두에 「夫約言一定」이라고 하여 조선이 부

---

166) 「若甲午日淸之約 則彼 見我之有內外亂 而姑我之不敷自守 奪然出義 代爲興師 以扶 我之獨立也」, 「平和光復策」, 앞의 책, p.268.
167) 「日淸の戰爭は文野の戰爭である」(1894. 7. 29), 『續福澤全集』 제4권, pp.170~171.
168) 「平和光復策」, 앞의 책, p.269.
169) 「人智之蒙昧 國防之虛約 依然如故 少無前進之色 民業之萎靡貧殘 轉轉愈甚 一無 可恃而爲安」, 「平和光復策」, 앞의 책, pp.270~271.
170) 「顧以一國之體面 則皆非我所欲…有自守我祖國之力 自行我外交與內治之知能彼 豈 敢爲是哉 故前後二約之案自取 非彼之强加於我也」, 「平和光復策」, 앞의 책, pp.271 ~272.

강할 때까지라고 언급한 것을 조선을 염려하는 일본의 본의로 판단하였다. 즉 조선이 다시 부강해지면 국권회복이 가능한 것으로 본 것이다. 따라서 우리가 일본측에 먼저 이 조약을 지키는 성심를 보여줌으로써 그들의 호감을 얻어낼 수 있다고 생각하였다.[171] 이 글은 원래 보호조약의 입안자인 이토 히로부미(伊藤博文:1841~1909)가 조선 반대론자를 안심시키기 위한 교묘한 술책의 하나였는데 유길준은 그것을 액면 그대로 받아들였다. 더군다나 여기서 유길준은 후쿠자와가 청일전쟁 후 다시 피력한 조선간섭론의 비화[172]를 그대로 인용하여 당시 상황을 「조선은 병자와 같아서 그 치료를 명의인 일본에 맡겨야 한다」[173]라고 표현하였다. 이점은 당시 유길준만이 아닌 개화사상가 혹은 일부 실력양성론자들도 유사한 견해를 가졌었다.

이렇듯 이 시기에 유길준이 펴낸 「평화광복책(平和光復策)」에서의 일본론은 그가 이전부터 부국강병을 위해 정치, 경제, 문화전반에 대한 문명개화사상을 전개해 오다가 점차 그 우선순위가 나라의 독립보다는 문명개화쪽으로 치중되고 개화가 되어야 독립이 가능하다는 논리로 전환되는 모습을 볼 수 있다. 즉 유길준은 문명화의 명분하에 조선에 대한 간섭, 침략노선을 감행한 후쿠자와 당시 일본 집권자의 논리에 빠져들어 일본침략에 대한 적절한 대응의식과 행동을 상실한 채 친일적 모습을 보이는 결과를 초래하였다. 또한 이것은 후쿠자와가 문명화를 추구하면서도 국권을 끝까지 양보하지 않았던 그의 문명사상과도 아주 대조적인 점이라고 할 수 있다.

---

171) 「夫約言一定 不可以不從 我以誠心守之 然後始可望 彼之誠心守之」, 「平和光復策」, 앞의 책, p.272.

172) 「조선국은 문명면에서 사지가 마취되어 자동능력이 없는 병자와 같고 일본인은 그 마취증상에 대해 치료를 가하는 의사와 같다.」, 「朝鮮問題」(1895. 6.14), 『福澤全集』 제8권, pp.589~595.

173) 「壁之我猶病人彼爲良醫」, 「平和光復策」, 앞의 책, p.272.

제2장 후쿠자와 유키치의 근대사상

I. 후쿠자와의 생애와 문명사상형성

1. 후쿠자와의 생애와 저술

한국 근대 초기의 개화사상은 그 연원이 중국을 통해서도 소개 수용되었지만 보다 크게는 일본을 통해서 소개 수용된 부분이 많다. 본고에서 다룬 유길준 경우도 비록 그의 학문의 소양과 기본가치관이 유학에 있었고 또 그가 미국에 유학하고 서양을 견문했다고 하되 그의 개화사상의 주요부분은 그의 스승격인 후쿠자와를 통해서 수용되고 형성되었다고 볼 수 있다. 후쿠자와는 봉건적 지배관계에 있던 일본이 서양의 개국압력을 받고 근대적 개국을 하여 메이지유신을 수행하며 청일전쟁을 이루는 시기까지 일본이 근대국가로 발돋움하는 격변기를 살았던 인물이다. 그 과정에서 형성된 그의 근대사상은 일본근대화에 결정적 영향을 주었으며, 그는 당시 일본 최고의 문명개화사상가였다.

후쿠자와 유키치(福澤諭吉)는 1835년 부젠(豊前) 나카츠(中津)번의 하급무사 후쿠자와 햐쿠스케(福澤百助)의 아들로 오사카의 번저에서 태어났다. 그의 아버지는 당시 각 번이 에도, 오사카상인들과의 상거래 상 중요한 역할을 했던 구라야시키(藏屋敷)에서 물품을 관리하는 일을 맡았었다. 원래 후쿠자와의 아버지는 한학을 숭상한 인물로서 금전에 관한 사무 등은 성품에 맞지 않았지만, 그것은 하급무사의 몫으로서 할 수 없이 감당해야 했고 그는 충실하게 근무했었다. 후쿠자와의 자서전 속에 「나에게 문벌제도는 아버지의 적이다」[1] 라고 회고한 대목이 있다. 이처럼 후쿠자와는 성품에 맞지 않는 일을 감수한 아버지와 마찬가지로 유교질서에 입각한 봉건문벌제도를 아주 증오했다.

이렇듯 한학(漢學)을 좋아했던 아버지의 영향 때문에 그는 14세경부터 한학을 배우기 시작했고 후일 자기가 받은 교육을 회고해서 「소지(所誌)의 서(書)는 사서오경(四書五經), 소문(所聞)의 가훈은 충효무용(忠孝武勇)」[2]이라고 할 정도로 그도 처음에는 한학, 즉 유학공부를 통해 그의 학문을 형성하였다.

이러한 소양을 갖추면서 성장한 그가 1854년 19세 때 포술수업을 목적으로 나가사키에 유학갔는데 그 동기는 고향 나카츠의 문벌제도로부터의 탈출이었다. 그래서 이 유학은 새로운 학문, 새로운 세계로의 미련 없는 출발이었다고 할 수 있다. 나가사키에서 1년 간 독학으로 난학을 배웠지만 그가 본격적으로 난학에 깊은 관심을 가지고 연구하기 시작한 것은 당시 오사카에서 난의학의 큰 권위자였던 오가타 코안(緒方洪菴:1810~1863)의 사숙에서 공부하면서부터였다. 그는 오가타부터 많은 정신적 감화를 받았고 이것은 그가 대사상가로 성장하는 계기가 되었다. 또 후쿠자와는 나가츠번의 하명에 의해 에도 츠기지(築地) 번주 자택의 소가옥에서 가숙을 열어 난학을 가르쳤는데 그곳이 오늘날 게이오기즈쿠대학(慶應義塾大學)의 기원이 되었다. 그는 에도(江戶)에 온 후 1859년에 개항된 요코하마(橫浜)를 견학하였는데 이때에 화란학보다 영국학의 필요성을 절감하고 이후로 그의 학업을 난학에서 영학(어)으로 바꾸었다.

---

1) 『福翁自傳』, 『福澤全集』 제7권, p.304.
2) 앞의 책, p.305.

그러던 중 1860년에 후쿠자와는 막부의 파견선 강린마루(咸臨丸) 함장의 개인종복자격으로 미국을 방문하며 샌프란시스코에서 50여일간 체류하고 돌아왔다. 그리고 1862년에는 구라파 및 아시아, 1867년에 다시 미국 등 그는 모두 3차에 걸쳐서 외유하였다. 특히 그의 2차 외유에서 서양제국의 여행기록인『서항기(西航記)』,『서양수첩(西洋手帖)』을 간행하였고 그것을 기초로 해서『서양사정』을 간행하며 본격적인 집필활동에 들어갔다.『서양사정』은 1866년의 초판부터 시작하여 외편은 1868년, 2편은 1870년에 간행하여 위판을 포함해서 모두 20만 내지 25만 부까지 팔리는 당시의 베스트셀러가 되었다. 그는 서양제도와 이념의 소개자로서 일약 이름을 높였다. 그는 구라파여행 중에 많은 원서를 구입해 왔고 그의 서양 체험과 이 원서들을 토대로 하여 계속해서『양병명감(洋兵明鑑)』,『장중만국일람(掌中萬國一覽)』,『영국의사원담(英國議事院談)』,『청영교제시말(淸英交際始末)』(이상1869) 등 서양군사, 영국의회, 외교에 관한 책을 간행하였다. 특히『학문의 권장』(1872년~1876)과『문명론지개략(文明論之槪略)』(1875) 등의 계몽서적을 간행하는3) 등 문필활동을 통한 일본의 문명개화 운동을 전개하였다. 이어서『분권론(分權論)』(1877),『통화론(通貨論)』(1878), 그리고 1879년에는『국회론(國會論)』을 간행하여 국회의 즉시 개설을 통한 민심수습을 설득하였다. 또 같은해에『통속국권론(通俗國權論)』과 이전에 이미 탈고해 놓은『통속민권론(通俗民權論)』을 동시에 출판하였다. 그 이유는 그가 민권의 계몽보다 국권의 계몽을 보다 우선시했기 때문이다. 한편 민권운동 고조에 경계심을 가진 그는 1881년에『시사소언(時事小言)』을 저술하여 '내안외경'을 주장하였고 1882년 '불편불당'과 '관민조화'를 깃발로 내거는 일간지『시사신보(時事新報)』를 창간하여 연일 사설 '만언(漫言)' 등을 집필하였다. 이후 그의 글은 먼저『시사신보』에 게재되고 그 일부가 단행본이 되었다. 이와 같이 간행된 책은『시사대세론(時事大勢論)』,『제실론(帝室論)』,『병론(兵論)』,『덕육여하(德育如何)』(이

---

3) 小泉信三,『福澤諭吉』, 岩波新書, 1966, pp.17~18.

상1882),『학문지독립(學問之獨立)』(1883),『전국징병론(全國徵兵論)』,『통속
외교론(通俗外交論)』(이상1884), 『일본부인론(日本婦人論)』후편, 『사인첫세
론(士人處世論)』,『품행론(品行論)』(이상1885),『남녀교제론(男女交際論)』(1886),
『일본남자론(日本男子論)』,『존왕론(尊王論)』(1888),『국회의 전도』,『치안소
언(治安小言)』, 『지조론(地租論)』(1892), 『실업론(實業論)』(1893)까지 집필한
후 청일전쟁이 발발하였다. 그가 주필한 『시사신보』에는 「탈아론(脫亞論)」
을 비롯한 많은 조선관련 사설이 실려 있는데 그 글을 통해 그의 조선간섭론
과 침략사상을 살필 수 있다.

2. 후쿠자와의 문명사상 정립

그는『학문의 권장』초편에 자연과학적 실학의 중요성을 강조하며 비실
학적인 종래의 한학과 한학자의 학문 자세의 문제점을 다음과 같이 지적하
였다.

> 학문이란 어려운 문자를 알고 해독하기 어려운 고문을 읽고 화가를 즐기고
> 시를 만드는 등 세상에 실없는 문학을 말하는 것이 아니고 … 인간보통일용에
> 가까운 실학이어야 한다.4)

이와 같이 그는 한학과 실학을 대치시켰다. 그리고 「동양의 유교주의와
서양의 문명주의를 비교하여 볼 때 동양에 없는 것은 수리학과 독립심의 두
가지 점이다」라고 하여 문명화를 지향한 실학의 핵심학문을 수리학에 두었
다. 이렇듯 수리학과 독립심이 없는 유교는 학문적으로나 정신적으로 문명
화와 대치된다고 보았다. 특히 소년시절부터 후쿠자와는 봉건적 문벌제도
는 '아버지의 적'이었다. 그가 성장한 고향인 나카츠번을 그의 자서전에서
다음과 같이 회고하였다.

---

4)『學問のすゝめ』,『福澤全集』제3권 p.2.

> 사족간의 문벌제도가 완전히 정착 되어서 그 문벌의 엄격함은 번의 공용에
> 서만이 아니고 사적교제에 이르기까지 귀천상하의 구별이 엄격하여 상사족의
> 자제가 나와 같은 하사족에게 대하는 말이 전혀 달랐다.5)

이와 같이 그가 증오한 봉건적 문벌제도를 사상 면에서 뒷받침한 것을 유
교이념으로 보았기 때문에 그는 봉건적 문벌제도와 유교를 동일시하였다.
따라서 그는 일본사회의 진보와 문명화를 저지하는 원흉을 학문적으로나
봉건제도의 잔재 면에서도 유교로 단정하여 서양문명화를 위한 대전제로
서 반유교주의를 일관해서 주장하였다.

후쿠자와의 이와 같은 학문관을 전제로 한 문명론을 그의 저서『문명론지
개략』에서 살펴보겠다.

> 오늘날 세계문명을 논하면, 유럽 여러 나라와 미합중국을 최상의 문명국으
> 로 보고 터키, 중국, 일본 등 아시아의 여러 나라를 반개의 나라라고 이름짓고,
> 아프리카 및 호주 등은 야만국이라고 부른다. 이런 명칭은 세계 일반적인 견해
> 가 되어 있고 서양제국의 국민들 역시 그런 명칭이 정당하다고 인정하며 스스로
> 반개, 야만의 이름을 받아들여 감히 제 나라의 상태를 자랑하여 서양제국보다
> 훌륭하다고 생각하는 자가 없다.…… 이것은 다름 아닌 인류가 거쳐 가야 할 단
> 계다. 혹은 이것을 文明의 연령이라고 해도 좋으리라 6)

즉 인류문명은 야만, 반개, 문명의 단계를 걷혀서 발전하는데 일본은 현재
반개단계에 있다고 설명하였다. 그러나 이 구별은 어디까지나 상대적이라
고 하였다.

> 서양제국을 문명국이라고 하여도 바로 현재의 세계에 있어서만 그런 명칭
> 을 부여할 따름이다 …… 전쟁은 세계에 둘도 없는 불행이지만 서양제국은 항

---

5) 『福翁自傳』, 『福澤全集』 제7권, p.315.
6) 『文明論之槪略』, 『福澤全集』 제4권, pp.11~12.

상 전쟁을 일삼아 왔다. 도둑, 살인은 인간의 크나큰 악이지만 서양제국에도 물
건을 훔치고 사람을 죽이는 자들이 있다.…… 현재의 서양문명은 현재세계의
인지로서 겨우 도달한 정상의 위치라고 말해야 할 것이다.[7]

여기서 주목할 것은 서양문명을 지선의 것이 아님을 인식하면서도 현재
야만, 반개에 있는 나라들은 문명의 진보를 달성하기 위해서 현재 세계인지
의 도달점에 와 있는 서양문명을 일단 목표로 삼아야 한다는 점이다. 그점은
서양제국의 현상을 지고한 것으로 인식하되 서양문명을 무조건적으로 배
워야 한다는 양학자의 태도를 비판한 것이다.

또한 일본에서는 에도말기에서 메이지초기에 걸쳐서 지식인들의 서양
근대문명의 도입방식으로 화혼양재라는 개념이 있었다. 이는 사회적 도덕
적 규범은 일본전통을 간직하고 기술이나 과학적 지식은 서양 것을 각기 활
용한다는 개념으로 '동양의 도덕에 서양의 예(藝)'라고도 표현하였다.[8] 말하
자면 조선의 '동도서기'와 중국의 '중체서용'과도 유사한 개념이라고 할 수
있다.

특히 이것은 막부말기 이래 일본의 양학자나 유학자가 역사적 요청에 대
응하여 간직한 공통된 사고로서 이 방식에 의해 양학과 유학의 타협절충을
모색하였고 막말기 양학을 봉건제 보강학문으로 세울 수 있었던 이론적 역
할을 했었다. 그러나 그는 이와 같은 서양문명의 도입방식도 비판하였다.

나는 앞서 문명의 외적인 것은 취하기 쉽고 그 정신은 추구하기 어렵다는 말
을 했다.… 따라서 서양문명을 추구함에 있어서는 어려운 것을 앞세우고 쉬운
것을 뒤로 하여 우선 인심을 개혁한 다음 정령을 미치게 하여 마지막으로 유형
의 사물을 취하도록 해야 한다.[9]

---

7) 『文明論之槪略』, 『福澤全集』 제4권, p.17.
8) 植手通有, 『日本近代思想の形成』, 岩波書店, 1974.
9) 『文明論之槪略』, 『福澤全集』 제4권, p.14.

즉 그는 서양문명의 외형만이 아닌 그 정신부터 먼저 파악함으로써 서양 근대문명을 향한 전면적 전환을 모색하였다. 또한 그는 지(智)와 덕(德)에 대해서도 언급하였다.

> 덕은 한 사람의 행실에 관계하는 것이기 때문에 그 영향력이 미치는 범위가 좁고 지는 타인에게 급속히 전달되기 때문에 그 영향력이 미치는 범위가 넓다. 덕은 개벽부터 이미 고정되어서 더 진보할 수 없는 것이지만 지의 작용은 날로 진보하여 그 발전에는 제한이 없다.10)

즉 덕이 중심인 유교를 비판했던 후쿠자와는 고정된 덕보다 진보 발전하는 지를 보다 중요시하였다. 이와 같이 그는 『문명론지개략』에서 서양문명을 배워야 할 필요성을 계속 논하였는데 마지막 장 「자국의 독립을 논함」에서부터는 그의 논지가 앞부분과는 확연이 달라진다.

> 오늘날 일본인을 문명의 길로 나서게 하는 것은 오직 일본의 독립을 보전하기 위해서이다. 따라서 나라의 독립은 목적이며 국민의 문명은 이 목적을 달성하기 위한 수단이다.… 인간의 지덕이 극치에 달하면 그것이 지향하는 바가 드높고 원대해서 한 나라의 독립과 같은 사소한 일은 염두에 둘 수 없을 것이다. 그러나 겨우 다른 나라의 업신여김을 면한 처지를 두고 그것을 당장 문명이라고 부를 수 없는 것은 물론이고 오늘날 세계의 양상에 비추어 보아도 국가 간의 관계에서는 아직도 이러한 이상적이고 원대한 이야기를 할 수 있는 상황이 아니다.11)

이와 같이 그는 논리적으로 앞뒤가 안 맞는 주장을 펼치면서 끝까지 보편적 문명론을 일관시키지 못하였다. 즉 국가의 범주를 못 벗어나는 한계를 보였는데 그것은 그의 강한 민족주의에 기인했다고 볼 수 있다.

---

10) 앞의 책, pp.132~133.
11) 앞의 책, pp.255~256.

3. 후쿠자와의 종교관

한편 후쿠자와의 종교관을 살펴보면 그는 원래『서양사정』에서 국민의 기본권 중에 종교의 자유도 명시하였고, 서양종교인 기독교 또한 인정했었다. 그리고 「가정총담(家庭叢談)」의 「종교의 필요함을 논함」이라는 글에서 「지금 세상 종교는 부덕을 막기 위한 집 지키는 개·고양이와 같아서, 인간사회에서 하루라도 빠지면 안 된다」고 지적하였다.[12]

그러나 후쿠자와가 국권에 비중을 두기 시작한 시기의 저서『시사소언』에서 국권을 지키기 위해 외교의 포교에 관해서 다음과 같이 피력하였다.

> 오늘날까지 배운 것은 백공·기예·법률·경세 등의 제과로서 필경 형체에 관한 일에 불과했다. 즉 서양인은 우리들의 스승이다. 그 나라는 우리나라의 스승이라 하여도 형체의 스승이지 정신의 스승은 아니다. 천백년 전 우리 조상이 조선에 배운 취지와 같다. 그런데 서양인은 형체 외에 야소종교(耶蘇宗敎:기독교)를 전파시켜서 정신의 스승자리까지 꾀하여 근년에 이르러서는 우리나라 안에도 이것을 배우는 사람이 다소 있다.[13]

즉 일본이 서양을 스승으로 삼는 것은 정신면이 아닌 형체에 한정된 것이라고 주장하면서 과거 조선을 스승으로 삼던 때와도 연관시켰다. 후쿠자와는 그의 학문인식의 기초인 실학관에서 서양문명을 형체만이 아닌 그 정신 도입의 중요성도 강조했었다. 그러나 그가 말하는 정신은 서양물질문명과 직결되는 사고방식 혹은 실험정신을 뜻하는 것으로, 흔히 기독교문명으로 불리는 서양문명의 뿌리이자 근본정신인 기독교를 뜻하는 것은 아니었다. 그래서 서양이 정신의 스승 자리까지 차지하려든다고 지적하였다. 즉 개인적인 기독교 입문 자체는 막을 수 없지만 사회전반에 포교가 확대되어 그 수가 많아지는 것은 경계해야 한다고 주장하였다.

---

12) 「宗敎の必要を論ず」, 「家庭叢談」,『續福澤全集』제7권, p.232.
13) 『時事小言』,『福澤全集』제5권, p.386.

> 야소종교와 국권론은 상호 동작하여 양립하기 어려운 것을 볼 수 있다.… 야소교의 주의는 참으로 공평하게 세계를 한 가족으로 간주하지만 국권주의는 참으로 불공평하여 자타의 구별을 두는 것이기 때문에 주의의 차이로 인해 스스로 국권보호의 기력이 손상될 수밖에 없다.[14]

즉 기독교가 내세운 세계 한가족주의와 국권주의는 양립하기 어려울 뿐 아니라 국권보호의 기력마저 약화시킨다고 보았다. 그리고 「만약 기독교인이 정당을 만들고 일대 세력이 되어 서양제국이 이 정당을 지지할 경우 일본인은 서양인에 대하여 이류의 예속된 지위만 확보할 따름이다 .」고 하여[15] 기독교를 빙자한 서양정치세력의 국내침입을 크게 우려하였다. 그래서 「야소종교의 만연은 후세자손의 국권유지를 위해서 큰 장애가 된다.」[16]고 경고하였다.

이와 같이 후쿠자와는 서양의 종교이자 근본정신이 되는 기독교의 힘과 영향력을 잘 알고 경계하였다. 특히 기독교의 기본사상인 국익을 초월한 세계가족주의가 일본인에게 종교적으로 감화되면 국권의식 자체도 손상된다고 본 것이다.

이 부분에 대해서는 일본 메이지(근대사상가의 거두의 한사람인 우치무라 간조(內村鑑三:1861~1930)와 아주 대조를 이룬다. 우치무라는 일찍이 서양문명의 본질을 기독교로 보았다.

> 일본인은 기독교적 문명을 채용하면서 그 근본이며, 정신이며, 생명인 기독교 자체는 채용하지 않았다. 기독교 없는 대의정체, 자유제도는 마치 영혼이 없는 육신과 같다. 기독교 없는 기독교적 문명은 결국은 일본국을 멸망시킨다. 따라서 지금부터 바로 서양문명의 진수인 기독교 그 자체를 채용해야만 한다. 이것이 일본국이 취해야 할 가장 명백한 방침이다[17]

---

14) 앞의 책, p.389.
15) 앞의 책, p.390.
16) 同上.

즉 우치무라는 서양문명의 근본정신이 기독교이기 때문에 진정한 서양 문명화는 기독교의 채용부터라고 생각하였다. 우치무라자신 서양문명의 본질 파악과 도입방식에도 근본적 차이를 보인 후카자와에 대하여「천하가 그의 공로에 현혹되어서 그의 해독을 인정 못하고 있다. 금전이 바로 실권이 라는 것이 그의 복음이다. 그에 의해서 배금종도 부끄럽지 않은 종교가 되었 다. 그에 의해서 덕의는 이익의 방편으로서만 귀중한 것이 되었다」18)라고 맹렬히 비판하였다. 그러면 일본에서 기독교가 확산되는 것을 경계한 후쿠 자와는 일본인의 종교를 무엇으로 생각하였는가. 그는「고대부터 지금에 이르기까지 우리나라의 종지로서 국교라고 말할 수 있는 것은 불법으로서 ……」19)라고 하면서 오래도록 불교가 일본국민의 종교심과 도덕 함양의 역 할을 해온 데 대해 긍정적 인식을 가지고 있었다. 이와 같이『시사소언』서술 때부터 사상적 본색인 국권주의를 내세운 그는 서양 문명화에서 기독교포 교의 확대는 국권을 향한 국민 기력 양성의 저해요인으로 보고 강하게 경고 하였다.

후쿠자와는 서양문명의 정신 즉 서양물질문명을 낳게 한 사고방식과 실 험정신은 받아들이면서 서양기독교문명으로 불리는 서양의 중심종교이자 근본정신이며 윤리사상의 기초인 기독교에 대해서는 냉담하였다. 그것은 그가 기독교의 세계주의와 국권주의는 상충된다고 보았기 때문이다.

---

17)「日本國의 大困難」,『聖書之硏究』,『內村鑑三信仰著作全集』24, pp.184~192.
18)「福澤諭吉翁」,『萬朝報』,『內村鑑三信仰著作全集』21, p.228.
19)『時事小言』,『福澤全集』제5권, p.394.

II. 후쿠자와의 정치사상

1. 민권론

후쿠자와사상의 특색은 변화하는 국내외 정치상황의 차이 그리고 거기에 대한 그의 자세와 관심의 소재의 차이에 따라서 주장의 내용이 변화하는 점이다. 예컨대 그가 어떤 상황에서는 민권을 강조하다가도 또 다른 상황에서는 국권을 강조하는 것 등이다. 특히 그의 민권의 주장과 국권의 주장이 밀접한 내면적 관련성을 가지고 그것을 자각적으로 조작하는 모습을 볼 수 있다.

따라서 그의 정치사상의 본질을 확실히 알기 위해서는 그의 민권론과 국권론의 특색과 그 연관성의 파악이 필요하다고 본다. 또한 그의 민권론과 국권론 그리고 입헌군주정체론은 천황제국가구상에도 모두 연결되기 때문에 그의 정치사상의 구조파악과 유길준사상과의 비교를 위해서도 세 분야에 나누어서 검토하고자 한다.

그는 앞장 유길준의 '민권론'에서 언급한바 서양의 천부인권론과 자연법사상을 그의 저서 『서양사정』에서 많이 피력하였으며 『학문의 권장』에서도 언급하였다.

> 하늘은 사람 위에 사람을 만들지 않았고 사람 밑에 사람을 만들지 않았다고 하였다. 그러나 오로지 자유자재라고만 주창하여 분한(분명한 한계)을 모르면 자기 멋대로 방탕에 빠지는 일이 많다. 따라서 하늘에서 사람이 생기기에는 만인은 모두 같은 위치에서 태어나 귀천상하의 차별 없이 만물의 영장인 몸과 마음의 활동에 의해 천지간의 모든 물자를 가지고 의식주의 생활을 하며 자유자재로 사람들이 서로 방해를 하지 않고 각자 안락하게 이 세상에 살게 하는 취의다.[20]

---

20) 『學問のすゝめ』, 『福澤全集』 제3권, p.1.

이와 같은 자유와 평등론을 펼쳤고 바로 이것이 그의 민권론의 출발이었다. 그러나 그는 자유에는 '분한' 즉 분명한 한계가 있다고 지적하였다.

> 오로지 자유자재만 주창하여 분한을 모르면 방자, 방탕에 빠질 일이 많다. 즉 분한이란 하늘의 도리에 입각해서 사람의 정에 따라 타인에게 방해를 주지 않고 일신의 자유를 달성하는 것이다. 자유와 방자의 구분은 타인에게 방해를 주느냐 안 주느냐에 있다.[21]

이렇듯 자유는 방종과 다르며 하늘의 도리에 입각하여 타인에게 피해를 안주는 범위 내에서 누려야 하는 분명한 한계의식을 강조하였다.『서양사정』과『학문의 권장』집필시에는 본연의 서양민권론을 펼치는 일에 진력하였으나 그 후 그의 민권론은 차차로 민권 제한론으로 변질되었다. 그것은 다양하게 변화하는 국내외 정세에 대한 그의 예민한 반응에서 비롯되었다고도 볼 수 있다.

국내에서 자유민권운동의 일환으로 전개된 초기국회개설요청이 한참이던 1888년에 그는『통속민권론』을 펴냈다.

> 민권신장이 안 되는 원인은 필경 인민의 무지·무덕에 기인하며 그것은 정부가 지자며 인민은 우자이기 때문에 스스로 지자의 압제를 받는 것이지만 지금 가령 관민의 구별 없이 전국민 전체를 볼 때 한결같이 어리석은 입장이라서……그것은 정부와 인민의 지우의 차이에 있는 것이 아니라 오늘날 실제로 학문의 길이 막히고 지견이 부족한 나라에서 더욱 압정이 행해지기 쉽고 민권은 신장되지 않는다. 결국 우인이 집회하는 우인국에서 우정부가 우인민을 상대하는데서 압제가 생기기 때문에 압제는 쌍방의 어리석음에서 비롯된다고 할 수 있다.[22]

21) 위의 책, p.3.
22)『通俗民權論』,『福澤全集』제5권, p.45.

즉 민권신장이 안 되는 이유가 정부의 억압에만 있는 것이 아니며 그 유발 요인이 국민자체의 무지에서 비롯된다고 주장하였다. 따라서 실제로 학문과 지견이 부족한 국가체질에서는 정부와 국민 양쪽의 어리석음 때문에 압제가 생기기 쉽다고 보았다. 그는 당시 상황하의 민권신장에 대한 견해를 피력하였다.

> 한 개인의 지우를 떠나서 집단 전체를 논할 때는 정부가 지자고 인민이 우자라고 말할 수밖에 없다. 우자가 지자에게 제압당하는 것은 자연의 추세로서 결국 정부와 인민의 지력이 상호 비슷해져서 상응할 수 있을 때까지는 민권을 신장시켜서는 안 된다.[23]

즉 문명개화 과정에서는 아무래도 정부가 지자이기 때문에 학문이 보급되고 국민의 지력이 향상되어 정부와 어느 정도 대응할 수 있는 상태가 될 때까지는 민권제한은 불가피한 것으로 본 것이다. 이것은 문명개화를 최우선시한 후쿠자와의 민권제한론이라 할 수 있다. 그는 관과 민은 직분이 구분되어야 하며 그것은 정부와 지방행정에서의 역할분담에서 가능하다고 직분의 分界 즉 역할분담의 필요성을 강조하였다.

> 오늘날 요용은 지방 일을 분계하여 이것은 정부의 처분으로 이것은 인민의 몫으로라고 하여 명확하게 쌍방의 직분을 정해서…불합리한 일이 없도록 해야 한다. 다만 이 분계는 어려운 면이 있는 바 그것은 인민의 기력이 너무 지나치게 강하면 치권의 한계를 넘어서 바로 정권을 범할 우려가 있고 반대로 그 기풍이 비굴하면 정권을 능가하기는커녕 자기 영분의 치권을 지키기도 어렵다.[24]

이 주장은 이보다 먼저 펴낸『분권론』[25]에서의 지방민회, 지방자치론의

---

23) 同上.
24) 앞의 책, pp.49~50.
25)『分權論』,『福澤全集』제4권, pp.285~358.

내용과 맥을 같이 하고 있다. 즉 정권과 치권의 구별을 지적하여 정부가 취하는 정권과 인민이 지방의 사무를 관장하는 치권을 서로 침범하지 않도록 정부와 인민직분의 역할분담을 확실히 세우려고 하였다.26) 이와 같이 그는 일찍이 지방자치에서의 국민의 역할을 강조하면서도 정권을 위협할 정도의 민권신장은 경계하였다. 이 무렵 그는 일본에서 고조된 자유민권론자들의 초기국회 요구에 대하여 다음과 같이 피력하였다.

> 각 지방의 총대인을 모으기 위해서는 우선 그 지방에서 인민회의를 열고 그 지방 일은 지방인민이 간직한 풍습을 키우면서 하고 지방 소회의 중에서 특출한 인물을 선발하여 중앙수부의 대회의에 출석시켜야 한다. 이리하여 비로소 중앙과 지방이 서로 사정도 상통되어 국회의 편익을 얻을 수 있다. 고로 지방 민회를 후로 하고 중앙 국회를 먼저 하는 자는 일의 순서를 그르치는 자라 할 수 있다.27)

즉 그는 중앙의 국회개설보다 먼저 지방의 인민회의를 열고 지방자치의 습관을 정착시켜서 지방회의에서 인물을 선출하여 국회에 출석시키기를 강조하였다. 그의 지방회의, 지방자치의 강조는 이 시기 민주주의의 선각자의 견해라고 볼 수 있다. 그러나 그는 순수한 민권신장에만 목적을 두지않았다. 그보다는 중앙권력이 국민을 지배하는데 전통적인 지역공동체의 기능을 부활시켜서 이용하는 것과 이 지역사회를 입헌제의 점진적 실현기반으로 삼으려 한 데에 더 큰 목적이 있었다.28) 즉 민권 자체보다도 중앙통치체제의 강화에 보다 역점을 두었다고 볼 수 있다.

또한 그는 이 저서의 뒷부분에서 인민이 직분을 다하기 위해 갖추어야 할 네 가지 여건을 제시하였다.

---

26) 遠山茂樹, 『福澤諭吉』, p.131.
27) 『通俗民權論』, 『福澤全集』 제5권, pp.50~51.
28) 遠山茂樹, 『福澤諭吉』, p.132.

인민이 자기 본분을 다하여 소위 민권을 신장시켜 그것을 국권에까지 미치게 해서 오래도록 독립국의 체면을 갖추기 위해서는 앞에서 기술한 바와 같이 지력과 재력이 없으면 안 되고 일신의 품행사덕(品行私德)의 힘도 중요하며 신체의 건강 완력 또한 소홀히 하면 안 된다. 이 네 요건이 다 필요하고 이것을 다 갖추지 못하면 공업을 달성하기는 어렵다. 가령 그 중 하나만 뛰어나도 소용없는 것을 고금 사례에서 많이 찾아볼 수 있다.[29]

이렇듯 그는 지력, 재력, 품행사덕(品行私德), 건강 등 네 가지 힘을 평균적으로 잘 갖출 때 비로소 국민이 본분을 다 하게 됨으로 민권도 신장된다고 보았다. 그리고 민권신장의 궁극목적이 국권과 독립국의 유지에 있음을 명기함으로서 그의 주장이 국권에 비중을 둔 민권론임을 알 수 있다. 그의 민권의식을 보다 명확히 알기 위해서 이 보다 3년 후에 펴낸 『시사소언』의 사족관을 살펴보도록 하겠다.

사족이란 봉건시대 세록을 받고 칼을 찼던 사람만이 아니라 낭사, 호농, 유자, 의사, 문인 등 그 정신이 고상하여 육체 이상의 일에 심신을 사용하는 종족을 가르키는데 이 일에 종사하는 사람이 특히 사족이 많기 때문에 사족자를 사용한 것뿐이다. ……삼십년래 근시의 문명을 받아들여서 그 주의를 세상에 전파하여 유신대업을 이루어 신정을 시행한 것도 사족이다. 소위 백성, 町人은 단지 이 일을 방관하여 사회를 위해 의식을 제공한 것뿐이다. 이것을 인체로 비유한다면 백성, 町人은 국가의 위에 해당하고 사족은 국가의 머리와 팔에 해당한다.……사족은 이미 나라의 정권을 차지하였고 다음에 상권까지 장악하는 것은 자연의 추세로서 금후 만약 백성, 町人이 그 심사를 잘 고치고 사족과 상모(相謀)하여 서로 미치지 못한 부분을 잘 도와서 더불어 진보한다면 농상도 사족화되어서 이일 또한 나라의 행복이라고 할 수 있다.[30]

---

29) 『通俗民權論』, 『福澤全集』 제5권, p.69.
30) 『時事小言』, 『福澤全集』 제5권, p.398.

즉 그자신도 하급무사 출신이지만 유신이래의 사회개혁과 서양문명화
의 주체세력을 사족으로 보고 농민, 상인 등 일반백성은 그 대상으로만 간주
한 것이다. 다만 일반백성도 그 마음을 개선하여 사족화될 경우에만 이 주체
세력 대열에 들어갈 수 있다고 보았다. 따라서 일반 백성이 사족화 되기까지
는 시간과 과정이 필요함으로 그 때까지는 민권신장이 유보될 수밖에 없다
는 시각이다. 이러한 그의 사족관, 평민관은 그의 민권의식의 한계성을 드러
내고 있다.

이와 같이 그의 민권론은 이미 본연의 서양민권론과는 달리 문명화와 국
권을 우선시한 특색을 가졌다고 볼 수 있다.

2. 국권론

전술한 바 후쿠자와는 그의 민권에 관한 저서인『통속민권론』을 먼저 서
술하고나서『통속국권론』을 이어서 저술한 후 동시에 출판하였다. 그 이유
는 이미 민권론에서도 언급한 바 민권문제를 국권과 연관시켜서 국민에게
제시해야 한다는 그의 국권중시에 기인했기 때문이다. 이『통속국권론』에
서 다음과 같이 주장하였다.

> 화친조약 혹은 만국공법이라 하여 심히 아름다운 것 같이 보이지만 그것은
> 외면의 의식면목 뿐이고 교제의 실상은 권위를 다투고 이익을 탐하는데 불과하
> 다. 세계고금의 사실을 보아라. 빈약무지의 소국이 흔히 조약과 공법에 의존해
> 서 독립의 체면을 치킨 사례가 없는 것은 모든 사람이 아는 바다. …… 백권의
> 만국공법은 수문의 대포에 비길 수 없다. 몇 권의 화친조약은 한 쌍의 탄약에 못
> 미친다. 대포탄약은 있는 도리를 주장하기 위한 대비가 아니고 없는 도리를 만
> 드는 기계다.[31]

---

31)『通俗國權論』, 앞의 책, pp.119~120.

그가 『학문의 권장』에서는 「밖으로는 만국공법에 따라 외국과 교제하고…」[32]라고 문명국과의 교제로서 공법의 중요성을 강조했었다. 그러나 여기서는 이미 만국공법의 무력함을 깨닫고 국제외교의 본질이 권위와 이익의 쟁탈전이며 그것을 무력이 뒷받침 한다고 보았다. 특히 약소국이 공법과 조약에 의존해서 독립을 유지하기는 어렵다고 지적하였다.

그는 「일신독립하여 일국독립한다」[33]라고 민주주의와 국가주의를 조화시키려는 것이 그의 원래 지론이었지만 이 무렵부터 서서히 당초 모습에서 이탈하기 시작하였다. 그는 이 저서에서 「지금 가장 긴요한 일이 전국인민의 뇌중에 국가사상을 심어 주는 일이다」[34]라고 하였다. 그리하여 그는 국민에게 국가사상을 심어주는 가장 효과적인 방법을 다음과 같이 피력하였다.

> 일국의 인심을 일으켜서 전체를 감동시키는 방편으로는 외전에 버금가는 것이 없다. 진구(神功)황후의 삼한정벌은 천칠백년전의 옛일이고 호타이코(豊太閤)의 출사도 이미 삼백년을 경과하였지만 인민은 이 일을 잊지 않고 있다. ……특히 조선정벌론을 주창하여 전국 인민이 이 소리를 듣게 되면 정벌관념이 없던 자도 조선과 일본에 대한 차별의식을 갖게 되는 이유는 무엇인가. 전쟁이 인심을 감동시켜서 긴 세월 지속시키는 힘은 과연 크다고 할 수 있다.[35]

그는 조선에 관한 예화를 들어 외전론을 설명하였다. 그것은 대조선 강경론을 펼쳤던 그의 이후 행보를 볼 때 이때부터 이미 그 효과를 숙지했었음을 짐작할 수 있다. 그는 일본의 조선침략이라는 과거사가 일본인의 가슴속에 국가에 대한 긍지로 남아 있다고 지적하였다. 그래서 오늘날에도 정한론과

---

32) 『學問のすゝめ』, 『福澤全集』 제3권, p.4.
33) 위의 책, p.18.
34) 『通俗國權論』, 앞의 책, p.123.
35) 앞의 책, pp.124~125.

같은 주장을 국민이 자꾸 듣게 되면 당초 의식이 없었던 자도 일본에 대한 애국심이 유발되고 또한 그 의식이 오래도록 지속될 수 있다고 생각했다. 따라서 국민에게 국가사상을 심어주고 국권강화에까지 연결시키는 방법으로는 대외전쟁론이 가장 효과적이라고 본 것이다. 그러나 그는 실제적인 전쟁 자체는 원하지 않았다.

그는 「내가 주의로 삼는 것은 전쟁을 주장하면서 전쟁을 좋아하지 않고 전쟁을 싫어하면서 전쟁을 잊지 않는 것이다」[36]라고 하여 어디까지나 국민의 국권의식 환기와 국권강화를 도모하는 목적으로 내세운 외전론이었다. 특히 이 시기 그가 국권에 대한 위기감을 느낀 대상은 러시아, 영국, 프랑스 등의 서양제국이었다. 따라서 실제 이들과의 전쟁은 너무나 비현실적이었기 때문에 그의 주장은 방편론일 수밖에 없었다. 그러나 이 외전론이 아시아에 대해서는 방편론이 아닌 실제 행동론이 될 수 있었다. 이후에 이 논리가 조선, 중국에 대하여 실제로 문명화를 구실삼은 간섭·침략논리로 연결되었기 때문이다. 이렇듯 외전론은『통속국권론』에서 국권을 위한 핵심내용이었다고 볼 수 있다. 이와 같은 후쿠자와의『통속민권론』과『통속국권론』의 주장에 대하여 당시 자유민권파인 우에키 에모리(植木枝盛:1857-1892)는 다음과 같은 원론적인 비판을 쏟았다.

> 민권은 국권의 노예가 아니다. 왜 국권을 위한 민권을 주장하는가. 민권을 주장하는 것은 민권자체를 신장하기 위해서다. 국권을 신장하는 것은 민권을 위해서 하는 것이다.[37]

그는 후쿠자와와는 반대로 민권 중심의 정론적인 생각을 주장하였다. 우에키는 후쿠자와의 주장이 원칙결여의 방편론이며 정세론으로 보았다.[38]

---

36) 앞의 책, p.127.
37) 植木枝盛, 「人民の國家に對する精神を論ず」,『愛國新誌』, 愛國社, 1881, 11.
38) 遠山茂樹,『福澤諭吉』, p.139.

특히 후쿠자와는『통속국권론』2편 서언에서「지금 민권론을 같이 양립시키면서 더 중요한 국권에 힘을 다할 경우 폐해를 보지 않고 관민일치하여 일을 할 경우에도 그러하다」[39] 라고 민권보다 국권이 더 중요하다고 강조하였는데 우에키는 이와 같은 국권을 위한 관민조화론도 비판하였다.

> 필경 어떤 도리로서 관민의 조화를 설명할 수 있겠는가. 관과 민은 이해를 달리 하는 것이다. 이해를 달리하는 자는 조화를 할 수가 없다. 따라서 정부와 인민이 이해를 달리 하는 것은 국가를 위해 아주 좋은 일로서 국가정치의 도리를 관철하기 위한 기초는 정부와 인민의 이해를 달리하는 데에 있다고 할 수도 있다.[40]

이렇듯 자유민권파의 대표격인 그는 원론적인 입장에서 결코 국권에 대해 민권을 양보할 수 없다고 강력히 주장하였다. 후쿠자와는 우에키가 비판한대로 이 두 저서를 통해 직분분계론, 외전론, 관민조화론, 등 국권을 위한 논지를 폄으로서 일찍이 후쿠자와 자신이 피력한 서양의 천부인권론에서 상당히 후퇴한 모습을 보였고 이 자세는 갈수록 심화되었다. 이후에 펴낸『시사소언』의「내안외경지사(內安外競之事)」에서는「천연의 자유민권론은 정도며 인위의 국권론은 권도다」[41]라고 국권론이 정도가 아닌 권도임을 자인하면서도「나는 권도에 따르는 자다.」[42]라고 이제 서슴없는 주장을 하며 그 이유를 다음과 같이 피력하였다.

> 앞에서의 정론(자유민권론)의 정(正)자는 바르다라는 뜻이지만 그 성취는 무한한 미래를 기약하면서 기다려야 할 것이다. 그 성취를 실제 기다린다 해도 천백년 후에나 그 시절이 도래할지의 여부도 나는 보장 할 수가 없다. …… 오늘

---

39)『通俗國權論』,『福澤全集』제5권, p.131.
40) 植木枝盛,「人民の國家に對する精神を論ず」,『愛國新誌』
41)『時事小言』,『福澤全集』제5권, p.249.
42) 위의 책, p.256.

날 인간사회에 선악이 혼재하는 현실을 모르고 정법이 무용하다고 한쪽으로만
치우쳐서 천연론을 주창하는 것은 병자의 존재를 잊고 의술을 폐하려는 것과
같아서 필경 정법은 악인을 위해 만들고 의술은 병인을 위해 대비한 것이다. 지
금부터 천만년 후 천하 무병해지고 나서 의술을 폐해야 하며 천하 지선해지고
나서 정법을 폐해야 한다. 그렇다면 천연의 민권론을 오늘날 논하여도 매우 무
익하며 변론으로 소비할 필요가 없다.[43]

즉 그는 천연의 자유민권론이 정론이라는 것을 알면서도 현실사회가 너
무 뒤떨어진 모습이기 때문에 그 이상이 실현되기까지는 아직 많은 시간
이 걸리는 문제라고 지적하였다. 따라서 현실사회가 병이 없고 선해질 때까
지는 의술과 정법이 아직은 필요하며 지금은 천연의 민권론을 논할 시기가
아니라고 주장한 것이다. 아울러 당시의 국제정세와 관련해서도 언급하였다.

서양제국과의 교제가 오래 전부터 쉽지 않았고 또 가까운 지나와의 관계도
문제다. 이 곤란다망할 때에 우리 일본인민은 무엇을 해야 하느냐. 오로지 눈을
돌려서 외교의 이해를 관찰하여 힘을 다 해서 그 실효를 거두는 일 밖에 없다.
즉 내가 내국의 안녕을 기원하며 우선 급무로 삼는 이유다.[44]

사실 이 무렵 중국 주변지역으로 서양열강의 세력판도가 확대되어서 러
시아는 만주를 프랑스는 안남(安南)을 영국은 운남(雲南), 귀주(貴州), 사천(四
川)을 향해 침략이 진행되고 있었다. 특히 후쿠자와는 중국에 대한 서양열강
의 침략에 예민하게 반응하며 국제정세가 어려운 현재 국민은 다른데(민권)
보다 오로지 외교상의 국익에만 전념해서 내국을 안정시켜야 한다고 주장
하였다. 즉 「밖의 어려움을 알고 안의 안녕을 유지하며 안으로 안녕하고 밖
으로 경쟁하는 내안외경, 내 주의는 오로지 이 사자뿐이다.」[45]라고 강조하

---

43) 앞의 책, p.252.
44) 앞의 책, p.263.
45) 앞의 책, p.268.

였다. 이와같이 그는 국권을 위한 '내안외경론(내안외경론)'을 펴면서 정도
아닌 권도인 인위의 국권론을 내세웠다.

앞의『통속국권론』에서의 '대외전쟁론'은 서양열강을 의식하며 펼친 국
권을 위한 방편론이었다고 한다면 이『시사소언』에서의 '내안외경론'은 서
양열강에 대한 위기감이 고조된 가운데 나온 적극적인 행동론이라고 할 수
있다. 즉 국내를 안정시켜서 대외경쟁으로 나갈 때 그가 바로 관심을 가진
지역이 열강의 각축장이었던 조선, 중국이었다. 이렇듯 그의 국권론은 이 무
렵 보다 적극적인 행동론으로 이행되는 모습을 볼 수 있다.

3. 정체론

후쿠자와는『서양사정』에서 정부의 종류를 입군·귀족합의·공화정치
로 나눈 다음,[46] 「전제나 폭정이 반드시 입군정치에 수반되고, 민권이나 자
유가 반드시 공화정치에 수반되는 것은 아니다. …입군·공화체제 모두 전
제의 악정을 시행할 수 있다.」고 하고 「나라의 문명에 편리한 것이라면 정부
의 형태는 입군 이든 공화든 그 이름을 묻지 않고 그 실을 취해야 한다.」고
주장하였다.[47] 그는 서양입헌제를 바람직한 정체로 보고 영국을 모델로 한
군민공치입헌제를 일본에 가장 적합한 정체로 생각하였다.

당시 일본에서 재야의 급진적 인사들도 군민공치설이라는 명분을 기축
으로 하여 각기 주장을 전개하였다. 나카에 조민(中江兆民:1847~1901)은 「군
민공치(君民共治)의 설(說)」(1881)에서 군민공치가 현재 실시되고 있는 나라
는 영국이며 영국의 군민공치는 「재상을 국왕이 지명하는 것이 아니라 의원
들의 요망에 따르기 때문에 거국인민이 공선하는 미국의 대통령 선출과 다
를 바 없다.」[48]고 분석하여 군민공치체제를 가장 이상적인 공화제로 이해

---

46)『西洋事情』初編,『福澤全集』제1권, pp.11~12.

47) 위의 책, p.12.

48) 松永昌三 編輯 解說,『中江兆民集』筑摩書房, 1974, pp.186~187.

하였다. 우에키는 「입헌정체는 군권을 죽이는 것과 다름없으며, 명확하게 군권과 민권을 정하여 군주의 지위에 있는 자가 무법의 폭악을 저지르지 못하게 하는 것」[49]이라고 정의하였다. 이러한 우에키의 입헌사상은 '소극적 공화주의'[50]로 평가받기도 했다. 이처럼 나카에와 우에키는 군민공치 관점에서 공화제를 해석하였다.

당시 일본정부측에서도 군민공치제에 공감하고 있었다. 외유체험을 통해 비스마르크의 독일체제에 크게 공감한 오쿠보 도시미치(大久保利通)는 「입헌정체에 관한 의견서」(1874년 11월)에서 군민공치제를 정치이념으로 설정하였다. 그는 「정체는 무릇 토지·풍속·인정·시세에 따라야한다.」고 하면서, 일본에 적합한 정체로 군민공치제를 제시하였다. 「군민공치 제도로서 위로는 군권을 정하고 아래로는 민권을 한정하여 모두 국가를 사랑하는 지극한 심정을 드러내게 해야 한다.」[51]고 주장하였다. 그러나 이와 같은 논의는 어디까지나 원리적 차원에서의 논의로서 민권론에 초점을 둔 것은 아니었다. 메이지관료들의 입헌주의에 대한 이해는 국민의 자유와 권리 그 자체의 주장을 의미하는 것은 아니었고, 입헌주의는 무엇보다 국가의 독립과 통일이라는 목적을 위해 불가피한 것일 뿐이었다. 즉 국가의 독립과 통일을 위해서는 권력의 합리화가 필요했으며, 다시 그것을 위해서는 '전제'가 아니라 '입헌'이 필요한 것이다.

메이지일본정부는 '메이지14년정변'에서의 국민과의 약속을 통해 1890년 서양입헌군주제를 도입하며 처음으로 국회가 개설되었다. 이 때 후쿠자와는 「국회의 전도」라는 글을 쓰며 과거의 입군전제와 오늘날의 입헌군주제를 비교하였다.

---

49) 「立憲政體辨」, 『愛國新誌』(明治13年 10月22日), 出原政雄, 『自由民權期の政治思想』, 法律文化社, 1995, p.63.
50) 出原政雄, 『自由民權期の政治思想』, 法律文化社, 1995, p.63.
51) 「立憲政體に關する意見書」, 『大久保利通文書』 제5권, 日本史籍協會, 1928, p.186.

입군전제정체와 입헌정체가 상이한 점은 입헌전제정체는 군주개인의 마음
이 만기(萬機)를 통제하고 좌우하며 군주의 마음이 바로 법률임으로 군심의 변
화가 있으면 법률 또한 변화하여 법은 명군과 같이 밝고 암군과 같이 어두워서
…… 구라파 왕고의 역사는 이랬거니와 가깝게는 지나 조선은 순전히 전제정체
로서 군심의 명암은 바로 일국민의 안위에 영향을 미치고 ……이에 반해 군민
공치입헌정체에서는 일국 최상의 권리를 헌법에 귀속시켜서 국민이 감히 이 헌
법을 위반할 경우 제재를 받을 뿐 아니라, 군주도 이 헌법을 위반하지 않을 것을
약속하며. 쌍방이 공히 극도의 만족도 극도의 불평도 없이 참으로 그 중용을 지
키며 정치운동의 평균을 얻을 수 있는 정체다.[52]

즉 그는 동양의 군주가 임의대로 법률까지 통제하는 전제정치에 비해 서
양의 입헌군주제는 군주와 국민이 서로 견제하며 균형을 이루는 이상적인
정체로 생각하였다. 그러나 이와 같은 서양 입헌군주제의 도입에서 일본은
다른 동양국가와는 차이가 있다고 보았다. 즉 일본은 전형적인 전제군주국
이었던 이웃 조선, 중국과는 정치제도의 역사와 전통이 달랐기 때문에 서양
정체의 도입이 아주 수월하다고 강조하였다.

일본은 그 국토가 동양에 위치해서 지나 조선과 인접하지만 그 정사, 인정은
인국과 전혀 달라서 외면체재는 전제국에 틀림없지만 이면에 들어가서 내부의
실제를 탐색하여 자세히 알게 되면 전제국이 아닌 것을 발견한다.[53]

즉 일본의 정체를 인접한 조선, 중국 등 다른 동양전제국과 비교하며 외부
형태의 유사성과는 다른 내부사정의 차별성을 부각시켰다. 그래서 일본정
체의 서양정체와의 유사성을 에도시대 막번체제하의 통치상황을 들어 설
명하였다.

---

52) 「國會の前途」, 『全集』 제6권, pp.272~273.
53) 위의 책, pp.274~275.

이 사정은 중앙 막부만이 아니고 각 번의 경우도 마찬가지로서…실제로 번정을 좌우하는 것은 노신인 집정으로서 그 집정의 진퇴는 암암리에 번사의 일반 여론에 의해 통제된다. 즉 집정은 번주가 신임하여 세웠으나 그 내실은 번사에 대하여 책임 있는 입장에서 일진일퇴하고 그 재직 중 시정의 득실에 대하여는 그 지역 백성이 오로지 집정을 평가할 뿐 감히 번주를 원망하는 자는 없다.…일본국민은 봉건군주를 존중 숭배하는 마음이 두텁다 하여도 그것은 정사때문이 아니고 오로지 본심으로부터의 진실한 정성으로 숭배하는 것이지 시정의 권한이 군주 밑의 가신에게 있는 사실을 모르는 사람이 없다. 나라사정은 다르지만 영국 신민이 그 제실을 존숭하는 마음은 깊다 하여도 영국 정치의 실권이 하원에 있는 사실을 믿고 의심하지 않는 것과 같다고 할 수 있다.[54]

일본 에도시대 막번체제하의 중앙과 각 번의 중요한 정치적 실권이 장군이나 번주에 있지 않고 흔히 노신이나 각 번의 번사들의 번론에 의해 결정될 경우가 많았다. 장군과 번주는 백성의 존경대상일 뿐이었다는 것이다. 이 사정은 마치 영국정치의 실권은 하원에 있지만 국왕은 국민의 존경대상으로서 군림만 하는 것과 같다는 것이다. 일본정치의 역사적 전통이 이와 같이 서양 입헌군주제의 균형정치와 유사했기 때문에 앞으로 그 제도의 일본도입은 어렵지 않으며 정착도 충분히 가능하다고 보았다.

후쿠자와는 입헌군주제하의 천황의 위상을 영국 등 서양과 같이 군림만이 아닌 더욱 극대화된 모습을 구상하였다. 즉 일본의 정치, 경제, 군사, 학문, 예술 등 모든 영역을 총괄하는 초월적 존재자로써 그 위상을 더욱 높이려고 하였다. 이 부분 그는 「제실론」에서 다음과 같이 피력하였다.

제실은 직접 만기에 관여하지 않고 만기를 통괄하는 자다. 직접 국민의 형체에 접촉하지 않고 그 정신을 주관하는 자다. 전제독재의 정체에서는 군주가 친히 위에서부터 직접 만기에 관여하여 백성의 형체에 접하지만 입헌국회의 정부에서는 그 정부가 전국 형체의 질서를 유지할 뿐 정신의 집점은 결여되어 있기

---

54) 앞의 책, pp.294~295.

때문에 제실에 의뢰할 필요가 있는 것이다. 인생의 정신과 형체 중 어느 쪽이 보
다 귀중한가. 정신은 형체의 스승이다. 제실은 그 스승을 제압하는 자이면서 아
울러 그 형체도 통괄하기 때문에 어찌 이것을 허위라고 할 수 있겠는가.[55]

즉 전제독재정체와는 달리 입헌군주제에서는 정부가 형체 즉 체제와 질
서만 유지하고 국민들의 정신까지는 주관 못하기 때문에 그 정신을 주관하
는 천황의 필요성이 절실히 요구된다는 내용이다.

이와 같은 시각은 정부요직에 있던 오쿠보 도시미치에게도 보인다. 즉
「오늘날 급선무는 국체를 의론하는 것이여, 새삼스럽게 서양의 군민공치제
에 의지하는 것은 옳지 않다. 우리나라에는 황통일계의 법전이 있고, 또한
인민개화의 정도가 있어서, 그 득실과 이폐를 심사숙고하여 법헌전장을 정
한다.」[56]고 하였다. 그가 주장한 군민공치는 결국 국정을 집행하는 무상의
특권을 천왕권력으로 성립시키려는 소위 절대주의적 천황제 확립에 의한
관료독재체제 즉 유사전제(有司專制)의 형성이었다. 즉 프로시아에서 실현
된 것과 같은 문무관료 독재에 의한 천황제 절대주의의 확립이었다. 메이지
초기의 입헌주의 이상이었던 영국형 군민공치를 일본의 현실에 맞게 조정
한다는 취지가 어느덧 프로이센형 군민공치로 변질되어 가고 있었다. 국권
은 민권을 포괄하고 민권에 우선한다는 일본적 특수상황의 논리로 결국 군
민공치론 그 자체를 부정한 것이다.[57]

또한 후쿠자와는 강력한 근대국가 실현을 위한 군의 역할에도 주목하여
군인도 천황에 직속시키려고 하였다.

국회는 원래 문인으로 구성되어 있는 곳으로 무를 존중하는 군인이 국회에
심복하지 않는 것이 당연하다. 그러나 제실은 존엄하고 신성하기 때문에 만약

55) 『帝室論』, 『全集』 제5권, pp.446~447.
56) 『大久保利通文書』 제5권, p.186.
57) 出原政雄, 앞의 책, pp.65~66.

정부가 화전의 두 의안을 제실에 상정했을 때 거기서 최상의 일대친재결단이
내려야만 비로소 군인은 안심해서 각자의 정신을 제실에 직결시킬 수가 있다.
즉 제실을 위한 진퇴와 생사를 각오하여 더욱 적진을 향해 일명도 불사함은 제
실의 덕이 지대하고 지중하기 때문이라고 할 수 있다.[58]

즉 군인들은 문인들의 모임인 국회의 결정에 잘 따르지 않는 법이라고 전
제한 후 군대통수권과 화전결정권을 천황직할로 하여 국권유지에 아주 중
요한 책임을 갖는 군인의 정신적 통솔까지 제실의 덕으로서 다스려야 한다
고 주장하였다. 이를 반영하듯 이후에 일본군대는 정부와 국회의 관할권을
벗어나 초월적 존재인 천황직속하에 놓였다. 특히 이 제실문제와 관련해서
그는 「자유민권이 아주 소중하다고 해서 그 자유민권을 신장한 나라가 부자
유, 무권력의 상황에 빠지면 어찌 할 것이냐」[59]라고 하면서 민권론자에 대
해 다음과 같이 지적하였다.

밤금 세상 민권론자도 제실을 존숭한다고 말하며 또 실제로 존숭할 의사가
있다고 하지만 그 말은 진실의 지정(至情)에서 나온 것은 아니다. 단지 공연하게
입만 열고 제실이 존엄하기에 숭배한다는 것 뿐이지 그 공덕이 사회에 미치는
연유와 인민의 안녕이 제실의 완화력에 의뢰하는 이유에 대해서는 언급을 안하
고 있다.[60]

즉 민권론자는 자유민권만 소중한 줄 알지 국권이 위협받는 것을 도외시하
고 있다. 그리고 제실에 대해서는 말만 존경하지 제실의 사회에 대한 공덕성,
그중 특히 국권으로 직결되는 국민완화를 위한 큰 역할에 대한 언급회피를
비판하였다. 그는 사회를 위한 제실의 공덕성에 대해서 자세히 설명하였다.

---

58) 『帝室論』, 앞의 책, p.449.

59) 『帝室論』, 앞의 책, p.453.

60) 『帝室論』, 앞의 책, p.454.

　　제실은 인심수람의 중심으로서 국민 정치론의 알력을 완화하고 육해군인의
　　정신을 통제해서 가야 할 바를 가르치고 효자, 절부, 유공자를 포상하여 전국의
　　덕용을 두터이 하고 문을 숭상하고 사를 존중하는 사례를 제시해서 우리 일본의
　　학문을 독립시키고 전통적 예술 가운데 아직 명맥을 유지하는 분야를 살려서
　　문명의 부를 증진시키는 등 그 공덕이 지대지중한 것은 이로 말할 수가 없다.[61]

　　이와 같이 그는 정치, 군사, 도덕, 학문, 예술 등 사회전반의 문명화에서
천황의 공덕이 못 미치는 분야가 없다고 하며 최대한으로 제실의 역할을 부
각시키려고 하였다. 그리고 그 궁극적 목적이 천황을 중심으로 한 강력한 국
가체제 형성에 있음을 강조하였다.

　　본래 내가 우리 제실의 신성함을 지키고 무궁하게 유지하려는 것은 일본사
　　회의 중앙에 무편무당의 한 소점을 세워서 민심이 바라보는 중심점으로 하고
　　이 정치, 사회 외의 고처에서 지존의 광명을 발할 때 여기를 우러러보는 자마다
　　만년 봄과 같은 만민화락의 방향이 정해지며 흔들리지 않는 국체가 형성되기를
　　바래서다.[62]

　　즉 천황을 신성하고 존엄한 정신적 중심 존재로 높이 세움으로써 문명화
증진의 역할을 할 수 있도록 한 것이다. 즉 일본국민 전체가 단결, 화합해서
강력한 일군만민적 정체를 이룰 수 있는 구심점으로 삼으려 하였다. 결과적
으로 후쿠자와는 그의 목표인 나라의 문명화와 국권확립을 위해 천황의 효
용성을 극대화함으로써 일본의 근대천황제국가형성의 선도 역할을 하였
다.

---

61) 『尊王論』, 『福澤全集』 제6권, p.265.
62) 위의 책, p.254.

III. 후쿠자와의 경제사상

1. 농업론

후쿠자와는 1883년에 발표한 「농업을 논함」이라는 글에서 세계 각국에 비한 일본농업의 낙후성을 논하였다.

> 우리 농산물이 세계만국에 손색없이 수출되어 세계시장을 움직이고 있느냐 할 때 아쉽게도 그렇지 못하다고 할 수밖에 없다. 그 이유로서 단점이 두 가지 있다. 첫째는 농학의 원리를 분명히 알지 못하는 것이며, 둘째는 경지의 미개간 이다.[63]

즉 농학원리의 몰이해와 미경작지가 많다는 두가지 점을 지적하였는데 그 첫째 이유를 다음과 같다.

> 우리나라 농부는 원래 무학, 무식으로서 농업이론에 그 사상이 나타나지 않는다. 실제 경험에만 의존할 뿐 일부일물에 집착하여 추구해서 그 속의 일정한 법을 체득하여 후손에게 전하며 또 타 지역에 전하는 일이 없다. 이것은 필경 학문상의 원칙을 모르기 때문이다. 따라서 농부는 항상 고집스러운 구관에 빠져서 개량진보하며 널리 이익을 구할 줄을 모른다.[64]

즉 일본농민이 불학, 무식하여 구태의연한 경험에만 의존해서 학문적 원리에 입각한 개량진보를 몰라서 일본농업이 서양농업에 비해 많이 뒤떨어졌다는 것이다.

> 농업의 진보를 도모하기 위해서는 학리와 실험의 밀착이 필요하다. 또 이를 실천하기 위해서는 우선 실험을 통하여 학리를 유도하는 것이 특책이라고 생각

---

63) 福澤諭吉, 『福翁自傳』, 『全書』 제1권, 「農業を論ず」, p.380.

64) 앞의 책, p.380.

한다.[65]

그래서 일본농업을 개량하고 그 생산량을 증대시키기 위해서는 먼저 농민이 축적한 경험을 살린 터 위에 학리와 실험을 결합시켜서, 학문적 원리를 유출할 것을 강조하였다. 여기서 그의 실험정신 중시를 볼 수 있다.

둘째 이유로써 일본 전농경지 중의 미경지 비율에 대해 언급하기를 「전국 기간숙전(既墾熟田)의 총계는 481만 8천정에 불과하다. 즉 전국의 총경지와 미경지를 비교하면 경지는 3분의 1에 불과하다」[66]고 지적하며 그 이유를 근대적 부국에 대한 농민들의 사고방식 부족에 있다고 주장하였다.

> 오로지 수전 가꾸기에만 급급하며 타 식물에 주목하지 못하기 때문이다. 이미 잡초, 잡목이 생기는 장소에 누에, 茶의 생산이 안 될 리가 있겠는가. 이것 또한 농가가 내국수용에만 힘을 쓰고 아직 눈을 해외로 돌리지 못한 잘못에서 나온 것이다.[67]

즉 일본은 아직도 미경지가 많은데 농민들이 내수용 벼농사만 생각할 뿐 미경지를 개간하여 수출용 농산물을 만들어 부를 증식하는 생각을 못하고 있다는 지적이다. 따라서 일본농민도 이제는 세계를 향해 일본적인 농산물을 수출해야 한다며 그 농업을 통한 부국형성의 방법을 제시하였다.

> 이제부터 수전에 적합하지 않은 땅에 종래의 습관과 사고를 버려서 여기에 대치할 차재배를 통해 누에를 키우고 차를 생산하여 이 일에 전국적으로 힘을 다 한다면 그 농업에 따른 옛 땅의 토양확대를 하지 않더라도 능히 다량의 특산물을 산출할 수 있다. 또한 그 산출물은 본방의 땅과 기후에 가장 적합하고 세계의 다른 곳에서는 적합하지 않기 때문에 전 세계를 향해서 경쟁할 만한 산출품

---

65) 앞의 책, p.383.
66) 앞의 책, p.384.
67) 앞의 책, p.385.

이라 할 수 있다.[68]

이와 같이 그는 농업론에서 일본농민이 무지, 무학에서 탈피하여 실험을 통한 농업이론의 개발에 힘써서 농업 개량과 진보를 촉진시켜야지 쌀농사에만 집착하지 말 것을 당부하였다. 예컨대 농산물을 국제 수출품으로 인식하여 미경지 개간을 통해 일본적 농산물인 누에, 차의 생산을 증산시켜서 수출을 도모하여 부국화의 일환으로 삼아야 한다고 강조하였다.

또한 그는 농업경제에서 지조경감지의 수정을 큰 문제로 보고 그것과 관련한 지주, 소작인관계에 대하여도 언급하였다.

> 오늘날 지주가 공연히 수백천정의 경지를 사유하여 이것을 소민에게 경작
> 시켜서 소작료를 과하고 스스로는 하나도 노고하지 않고 이득을 취하는 것은
> 도리상 용납할 수 없다. … 부유한 자와 빈천한 자를 비교하면 거의 같은 사회에
> 생존하는 같은 인류로 보기 어려울 정도의 차이가 있는 것은 문명의 일대폐해로
> 서 그 원인을 찾으면 소수의 지주가 땅을 점유하여 빈자의 생업을 힘들게 하는
> 데 있다고 말할 수 있다.[69]

즉 후쿠자와는 봉건시대부터 전통적으로 내려오는 지주소작인관계로 인한 빈부격차를 문명의 일대폐해라고 비판하였다. 그러나 토지사유제 자체에 대해서는 유보적인 견해를 펼쳤다.

> 일개 사인에게 토지사유를 허락하는 제도는 이미 정리에 반할 뿐 아니라 인
> 정에도 어긋난다고 할 수 있다. 따라서 우리들이 숙론은 속히 토지사유를 폐하
> 고 모든 땅을 정부가 몰입해서 국민일반의 공유로 돌리는 것을 원하지만 일은
> 될 수 있는 대로 급변을 피하는 것이 좋기 때문에 토지사유에 대한 언급은 일단
> 유보하고 그 대신 지세를 중세하여 무릇 지주 손에 들어가는 소작료를 남김없이

---

68) 앞의 책, p.386.
69) 앞의 책, p.374.

정부가 거두는 것이 현재로선 상책이라고 믿는다.[70)]

즉 그는 지주와 소작인관계를 지탱했던 토지사유제에 대해서는 그 폐지를 생각할 수도 있다고 할 정도로 아주 비판적이었다. 그러나 서양문명국 중 토지사유제를 철폐한 나라가 아직 없었고 현실적으로도 어렵기 때문에 토지공유에 가까워지는 수단으로 오히려 지세를 중과하여 지주의 사유재산이 되는 소작료를 국가에 납입시키고자 하였다. 그 실례로서 에도막부시대 연공(지조) 경감으로 인한 지방권별 대농수를 다음과 같이 비교 검토하였다.

> 연공이 가벼운 혜택은 오직 지주만 이롭게 하는 것으로 소농은 만족하지 못했다. 즉 구막부시대의 대농은 동북제국에 가장 많았고 그 외에는 천령(天領:막부직할지)과 대번지에 많았다. 서남제국과 중소번의 영내에는 거의 대농을 보지 못하였다. … 그 내막은 소번의 연공법이 미치는 힘이 치밀해서 번정과 소농이 밀접하여 짜낼 수 있는 만큼 짜내서 그 사이에 지주가 들어갈 여지를 남기지 않았기 때문이다. … 정부에 무겁게 연공을 납부하나 지주에게 무겁게 소작료를 착취당하나 그 내용은 같은 것으로서 연공(年貢)이 낮은 것이 오히려 토지겸병제를 돕게 하는 것을 알아야 한다.[71)]

즉 에도막부시대의 역사를 보아도 연공 즉 지조가 낮았던 동북지방 각번과 연공이 높았던 천령과 대번 그리고 서남지방의 중소번에서는 대농주를 보지 못했기 때문에 오늘날에도 대지주의 소작인 학대를 막고 국가수익을 올리기 위해서 지조의 중과세를 주장한 것이다. 여기서 후쿠자와의 농민을 배려하는 마음보다 그의 국익위주의 합리적 사고방식을 볼 수 있다. 또한 그는 일본의 전통적 지주·소작인 관계를 서양과 비교하며 설명하였다.

---

70) 앞의 책, p.374.
71) 앞의 책, p.380.

일본의 지주는 서양제국의 지주와 다르다. 지주와 소작인 사이에는 일종의 덕의가 존재하여 서양류의 잔인함이 없기 때문에 특히 걱정할 필요가 없다는 설이 있다. 나도 원래 이 사정을 모르는 것은 아니다. 동북지방제국 혹은 다른 지역에서도 대지주와 소작인의 관계는 주종과 같고 부자관계와 같아서 지주도 세습이며 소작인 또한 차지의 세습으로서 지주의 독촉 없이도 스스로 일정한 소작료를 납부하고 …지주 또한 소작인의 이해를 보호하여 생활안정을 얻도록 해서… 관혼상제, 자제교육의 뒷받침 등 그 취급이 후한 것이 한가족과 다름 없어서 쌍방 간에 이해다툼의 흔적을 볼 수 없었다.[72]

후쿠자와는 이와 같이 일본의 전통적 지주·소작인 관계를 서양에는 없는 일본특유의 가족적 형태로 보았지만 그 존속필요성에 대해서는 부정적이었다.

일종의 특별한 미풍이지만 일고를 요하는 것은 지금 우리와 같은 문명상태에서 이 미풍을 영원히 지속시켜야 하느냐의 문제다. 문명개화는 법률을 명확히 하고 법률에 무게를 두고 인간만사 차차로 정을 떠나서 도리로 향하며 … 극락세계라고도 하는 지주, 소작인관계 유지는 도저히 바라지 않는다.[73]

즉 문명개화는 도리에 맞게 법을 적용하는 사회라는 명제아래 시대에 맞지 않는 비합리적 지주·소작인관계에 대해 비판적 견해를 펼쳤다. 그는 일본의 전통적 미풍양속도 서양문명화 우선의 사고방식 아래 부정하였다. 또한 지세문제에 대해서도 다음과 같이 언급하였다.

오로지 나는 자작과 소작의 이해를 알기 때문에 토지의 겸병을 기뻐하지 않는다. 이것은 자작을 감해서 소작을 많게 하여 세를 얻는 것이기 때문에 힘을 다하여 이것을 막을 수밖에 없다. 즉 지세 경감을 비(非)라고 하여도 이 취의(趣意)

---

72) 「實業論」, 앞의 책, p.396.
73) 앞의 책, p.396.

를 나타내는 것뿐이다.

지주세력의 이익만 더해주는 지세경감을 위해 당사자의 반대에 관계없이 관철한다는 주장이다. 즉 이 '지세론' 마지막 부분에서 「내 안중에는 정당도 없고 정부도 없고 또 친구도 지기도 없다. 오직 일본국만을 아는 사람이기 때문에 국가 영원한 대계에 관해서는 만천하의 지객을 논적으로 삼아도 혼자 시비를 다투는데 주저하지 않는다.」고 피력하여 농업경제론에서도 그의 기본사상인 국익우선주의가 강력히 나타나 있다.

2. 상공업론

후쿠자와가 1893년에 펴낸 「실업론」에서 그의 상공업론을 살펴보고자 한다. 그는 이 저서 서두에서 일본이 개국한 이래 40년이 지난 지금 사회의 면모는 많이 달라졌고 특히 정치, 경제, 법률, 교육 등의 분야는 개량의 정상을 이루어 오늘의 신일본을 만들었지만 그것은 오로지 정신적인 개국에 불과하며 실업사회는 구태의연한 쇄국, 집거주의에 안주하고 있다고 지적하였다.[74] 그래서 그는 이 「실업론」을 펴서 일본의 산업경제의 발전을 도모하고자 여러 제안과 개선책을 제시하였다. 즉 일본은 개국이래 전술한 바 문명화를 통하여 여러 정신 분야의 개혁은 이루었지만 실업분야는 그렇지 못하였음을 지적하였다.

> 돌이켜 실업사회 상공의 모습을 보면 그 전모는 너무 애석할 정도로 뒤떨어져 있다. 사면을 바다에 접하는 해국이면서 가끔 군함이 원양으로 항해하는 것뿐 해외제항을 향한 정기적인 우선도 없고 무역은 자국의 개항장에서 외상이 오는 것을 기다리기만 한다. 혹하게 평한다면 왕년에 문명국에 의해 발견된 야만국이 그 땅에서 산출되는 자연물이나 타국 제조품과 교역하는 상태를 방불케

---

74) 「實業論」, 『全集』 제6권, p.409.

할 정도라고 조롱하여도 변명하기가 어려울 것이다.[75]

그는 사면이 바다인 일본이 아직도 해운분야의 미진으로 적극 해외무역을 주도하지 못하는 모습은 야만국과 같다고 지적당해도 변명할 수 없다고 한탄하였다. 따라서 문명세계의 실업으로 발전시키려면 반드시 교육받은 학자의 도움이 필요하다고 하며 그 성공사례로서 미츠비시(三菱)회사 사장 이와사키 야타로(岩崎彌太郎:1834~1885)를 들었다.[76] 또한 정부가 민간실업을 보호하는 명분으로 법을 만드는 것은 산업발전에 오히려 도움을 못 준다고 하였다.

> 실업은 정부에 의존하지 않아도 매우 독립적으로 발전하기가 쉽다. 그렇게
> 되면 정부도 정치상의 명예를 다 할 수 있고 실업가도 상업상의 활동을 활발이
> 하여 양자가 서로 발전한다. 앞으로의 방향을 예측하자면 이제 사류(士流)정부
> 가 상업화 되는 모습을 볼 때 실업이 단순한 독립유지에만 그치는 것이 아니라
> 사회전반의 원동력이 되어서 정부방침까지 좌우하는 실세가 될 것을 나는 믿고
> 의심하지 않는다.[77]

이와 같이 실업 즉 산업경제분야는 법률 등 정부의 간섭 없이 독립적으로 발전해야 하며 그리하면 정부방침에도 영향을 주는 실세가 될 수 있다고 앞날의 일본모습을 예측하였다. 그의 이와 같은 예측의 정확성은 이후에 근대 산업화가 더욱 진전되어 오늘날 경제대국까지 된 일본에서 경제단체들이 정치에 큰 영향력을 행사하는 모습을 볼 때 알 수 있다.

그는 또한 실업발전이 대외무역의 필수적 요건임을 강조하였다.

---

75) 위의 책, p.413.
76) 앞의 책, p.421.
77) 앞의 책, pp.429~430.

일본 실업은 아직 쇄국상태에 있는 애석한 상황이지만 참으로 무서운 것은
천하대세로서 오늘날 실업사회의 혁명적 모습이다. 그리고 그 실업을 촉진하는
원동력은 외국무역에 있으며 그 무역진보의 영향이 전국도처에서 나타나지 않
는 분야가 없다.[78]

여기에 구체적인 수출입품목, 수출입량의 증감표까지 표시한 주요수출
입품 비교표를 제시하여 「일본의 제조는 점점 발달하여 차츰 외국 제품의
수입을 막고 이전에 수입에만 의존했던 품목도 지금은 국내에서 제조하여
자급할 수 있게 되었다.」[79]고 하여 그 동안의 발전을 평가하였다.

또한 「우리 일본이 동양에서 특색이 있는 실업국이 되어서 서양제국과 우
승열패를 다투어도 뒤떨어지지 않을 것을 나는 감히 보증한다.」[80]고 앞으
로 일본의 산업경제가 발전하면 서양과의 경쟁에서도 이길 수 있다는 확신
과 자신감을 피력하였다. 그는 원래 일본인의 상공업에 적합한 특성을 설명
하였다.

첫째, 일본인은 성질이 순량하여 상부의 명령에 잘 복종하고 정직하며 도심
(盜心)도 적다. 이것은 수천년래의 종지세교(宗旨世敎)가 이루어 놓은 결과다.
… 오늘날까지의 일본인의 이와 같은 모습을 평한다면 도덕적 백성이라고 말
할 수 있고 상공업에 가장 적합한 사람들이다.

둘째, 일본인의 청결 중시는 상공업 사업상에서 가장 필요한 요인으로서 인
정 안 할 수가 없다. 무릇 의식주의 청결에 늘 마음을 쓰고 그것을 늘 의식하는
행동과 성품이 제2의 천성으로까지 되어서 변함없이 유지되는 것은 세계 중에
오로지 일본인 뿐이라고 해도 과언이 아니다. 이 점은 동양 여타 나라들과 비교
해도 정반대일 뿐만 아니라 서양제국 사람들과 비교해도 양보할 수 없는 부분이
다. … 예를 들어서 식물식기를 씻는 나무통으로 다리를 씻는 일을 허락하지 않

---

78) 앞의 책, p.432.
79) 앞의 책, p.435.
80) 앞의 책, p.439.

고…행주와 걸레의 사용을 구분하는 것 등 이런 분별은 안 가르쳐도 국민천성으로 구비되어 있고 어떠한 빈민 노동자라 하더라도 이를 범할 자가 없다. 분별의식은 질서의 근원으로서 그 질서는 여러 공장, 상점에서 유일무이의 요체다.[81]

즉 그는 일본인의 상공업에 적합한 특성으로서 상부명령에 잘 따르는 순량한 성품과 또 하나는 오랫동안의 관습으로 이미 제2의 천성으로 체질화된 질서의식에서 오는 청결심이라고 지적하고 이것은 상공업에서 반드시 요구되는 요건이라고 강조하였다. 이렇듯 그는 일본인과 같이 상공업에 적합한 국민성을 가진 나라는 없다는 자신감을 피력하였다.

우리 국민에게는 천부특색의 요소가 있고 내가 여기에 희망을 거는 것은 결코 공담이 아니다. 인도 기타 동양 사람들이 일본인과 같은 특성을 갖는 것은 꿈에도 생각하지 못하는 일로서 도저히 그런 희망이 없음을 알아야 한다. 즉 그들은 문명의 실업에 적합하지 않는 자라고 단언하여도 감히 재론할 자가 없을 것이다.[82]

이와 같이 후쿠자와는 다른 동양국들 중에서도 특히 면사업의 경쟁국인 인도인과 일본인이 갖는 천부적 특색의 요소를 철저히 차별화 하였다. 일본인의 특성을 그대로 살리면 세계 어느 나라도 따라올 수 없는 발전된 상공업국이 될 수 있다는 강한 자신감을 내비추었다. 그의 일본국민의 천부적 특성에 대한 긍정적인 평가가 적중했음은 이후 일본상공업이 발전한데서 알 수 있다.

또한 그는 일본상공업 발전의 우선분야로 방적업에 지목했는데 이 분야에서 근 6년간 생산량이 18배로 증가한 것에 고무되어 다음과 같이 역설하였다.

---

81) 앞의 책, pp.441~442.
82) 앞의 책, p.442.

이 방적사업은 착수초기부터 다소 곤란은 있었지만 지금은 만반의 구조가
잘 정돈되어서 기사직공의 숙련, 이사자(理事者)의 감독, 주의 등 모두가 이제
유감없이 잘 발휘된다. 그래서 인도의 방적사업은 일본에 대해 벌써부터 삼사
(三舍)를 양보한다고 말한다. 그것은 일본과 인도는 국질이 다르고 특히 공장내
의 청결 질서면도 크게 상이하기 때문이다. 따라서 이 사업에서 아국인의 안중
에는 이미 인도가 없을 뿐아니라 세계에서 이름 높음 영국방적도 이제 오래 일
본에 버티기란 어려울 것이다.[83]

즉 방적공장에서의 기술적인 숙련도는 물론 특히 일본인의 천부적 특성
인 청결과, 질서에서 인도는 이미 경쟁대상국이 안되고 이 분야의 세계 일등
국인 영국을 일본이 따라 잡을 날도 멀지 않았다고 자신 있게 장담하였다.
이와 같이 그가 산업경제발전의 가능성을 방적업에 두면서 앞으로 일본국
민이 가야 할 방향성을 제시하였다.

인간만사 모험을 범하지 않으면 공을 이룰 수가 없다. 미국제독 펠리가 일본
에 온 것도 미국인의 모험이고 우리 일본이 여기에 응하여 개국한 것도 일본인
의 모험이다. 왕정유신도 모험이고 폐번치현도 모험이며 지금의 입법정체의 실
행도 참으로 모험 중의 마지막 이라고 할 수 있다. … 어쨌든 우리가 제조·무역
국이 될 수 있는 가능성이 있고 또한 그것이 공상이 아니라는 것이 입증된 이상
국민운동의 대방침은 오로지 전진밖에 없다는 단언을 감히 주저하지 않는다.
이와 같이 단언해서 방침을 정하고 나니 금후의 실제방법을 말하자면 우선 일본
의 무관세 즉 해관세 전폐를 주장하는 바이다.[84]

이와 같이 개국 이래 모험을 통해 발전해 온 일본을 상기시키면서 산업경
제면의 모험적 방침으로 무역관세의 전폐를 주장하였다. 당시 자본주의 후
발국에서는 오히려 보호무역을 주장하는 것이 상식이었지만 그 전폐를 강

---

83) 앞의 책, pp.443~444.
84) 앞의 책, pp.451~452.

조한 이유는 다음과 같다.

> 제조업이 아직 발달하지 못하고 외국과 경쟁 가능성이 없는 나라는 자국 제
> 조발달을 돕기 위해서라며 보호세라는 무역길의 방해물을 설치한다. 또한 그것
> 을 스스로 임시 경제책이라고 말하지만 우리 일본국 제조업의 전도와 희망이
> 빈약하지 않기 때문에 보호세가 불필요함을 실업계의 실세가 제시하는 것…85)

그는 일본국민만이 갖는 제조산업에 적합한 천부적 성품에 대한 평가와
더불어 실적도 올라가는 모습에서 이같은 자신에 찬 주장을 하였다. 다시 말
해서 그는 앞으로의 일본 산업경제의 발전에 확신을 가지고 자본주의 자유
방임주의를 적극 옹호하는 입장을 취하였다. 또한 일본국민의 산업경제 뿐
만이 아닌 기기용법의 특성에 대하여도 「풍치의장(風致意匠)이 풍부하고 그
솜씨가 영민하며 세공의 기교성이 뛰어남이 세계 절윤의 장점이니 이를 살
려서 백만 공예미술도 발전시켜야 한다.」86)고 주장하였다. 또한 급류하천
이 많은 일본의 자연지세를 활용한 수력전기의 사용도 업계에 제시하였
다.87) 이렇듯 그는 산업경제 분야가 개국문명화 이래 다른 분야에 비해 많이
뒤떨어졌음을 아쉬워하며 거듭 여러 방책을 제시하였다.

> 오로지 내 목적은 일본의 실업에 문명의 요소를 주입하여 그 사회의 품위를
> 높이며 입국의 근본을 확고히 해서 내실화하여 밖으로 경쟁하는 것을 바라는
> 것 뿐이다.88)

즉 산업경제의 문명화를 철저히 내실화함으로써 부국입국을 이루어서
밖을 향한 경쟁력을 더욱 갖추어야 한다고 주장하였다.

---

85) 앞의 책, pp.452~453.
86) 앞의 책, p.464.
87) 앞의 책, p.466.
88) 앞의 책, p.472.

IV. 후쿠자와의 대외사상

후쿠자와의 대외사상 가운데 대서양론은 전술한 문명론에서 문명화의 모델로서 논하였다. 또한 그들 서양제국과 대등한 외교관계를 맺기 위한 국권확립과 관련해서는 메이지시대 그가 생존시 내내 계속해서 관심을 가졌던 지역이 아시아였으며 그 중심은 조선이었다. 여기서는 아시아 그중 특히 조선에 초점을 맞추어서 그의 대외사상을 살펴보고자 한다.

그의 조선론은 시기적으로 갑신정변 이전시기, 「탈아론(脫亞論)」발표 시기, 청일전쟁 전후기로 구분할 수 있다. 그 이유는 국내외정세의 큰 변화에 따라 그의 조선론도 변화하기 때문이다. 그것이 그냥 정세론의 변화인지 아니면 전술한 바 그의 본질사상으로 굳어지는 국권론과 관련해서 표출된 것인지를 주로 그의 시사론을 통해 검토하고자 한다.

1. 갑신정변 이전의 대외론

후쿠자와는 조선과 일본이 강화도조약을 맺은 후 1877년에 월간잡지『가정총담(家庭叢談)』제47호에서 다음과 같이 언급하였다.

> 과거 일본의 문자·유학·의학 등 백반 모두의 문명이 조선에서 도래하였으며 조선은 스승과 같다.…… 그러나 작년의 강화도조약에서는 군기조잡, 지론완고, 풍속야만, 국민빈약해서 우리 일본이 스승과 같고 조선은 숙생(塾生)과 같아서 도저히 적대할 상대가 아니다.[89]

이와 같이 과거 스승과 같았던 조선도 오늘날 문명화가 진행중인 일본에 비하면 너무 빈약하며 그 이유는 역사가 발전하지 못하고 정체했기 때문이라고 지적하였다. 이 글은 조선개항 후 후쿠자와의 첫 발언이었지만 이후에

---

[89] 「朝鮮は退步にあらずして停滯なるの說」(1877.2.1),『續福澤全集』제7권, p.263.

도 지속되는 대조선인식인 멸시론, 정체론의 출발점이었다고 볼 수 있다.

그는 『시사신보』 창간 첫해인 1882년 3월에 「조선과의 교제를 논함」이라는 사설을 발표하였다. 여기서 「일본과 조선을 비교할 때 일본은 강대하고 조선은 약소하다. 일본은 이미 문명에 진입했고 조선은 아직 미개하다.」90)라고 조선멸시론을 펼치며 「일본국이 조선국에 대하는 관계는 미국이 일본국에 대하는 것과 같다고 봐야 한다」라고 피력하였다.

즉 서세동점의 상황 속에서 일찍이 미국이 일본을 개화시켰듯이 문명화가 진행 중인 일본이 이제는 미국과 같은 입장에서 약소하고 미개한 조선을 개화시켜야 한다고 개항기의 미일관계와 동일시하였다. 그것은 일본을 동양 속의 서양으로써 지도국적인 우월한 입장에 세운 그의 의도였다고 볼 수 있다. 그는 당시 국제정세 속의 조선과의 교제에 대해 다음과 같이 피력하였다.

> 서양제국의 문명은 날로 진보하고 그 문명의 진보와 더불어 병비 또한 날로 증진하고 병비의 증진과 더불어 합병에 대한 욕심도 날로 증진하는 것은 자연의 추세로서 그들이 노리는 땅은 바로 아시아의 동방이 분명하다. 이럴 때에 아시아 각국이 협력하여 서양의 침략을 방지하기 위해서는 어느 국가든 맹주가 있어야 한다. 스스로 자국을 자랑하는 것이 아니고 비운 마음으로 생각해 보아도 이 일을 맡을 나라는 일본외에 다른 국가가 있을 수 없다. 흔히 '보차순치(輔車脣齒)'의 관계라고 말하는 것을 실지로 보여야 한다. 만일 그렇지 못하고 중국과 조선의 땅이 서양인의 손에 넘어가게 된다면 흡사 이웃의 불로서 자기 집에 불똥이 튀는 것과 같은 결과가 될 것이다. 때문에 우리 일본이 중국의 형세를 우려하고 조선의 국사에 간섭하는 것은 감히 일에 참견하기를 좋아해서가 아니고 일본의 피해를 예방하기 위한 것임을 알아야 할 것이다. 이 점이 우리가 조선의 일에 대해서 특히 정부의 주의를 환기시키는 이유다. 91)

---

90) 「朝鮮との交際を論ず」 (1882. 3.15), 『福澤全集』 제8권, pp.411~415.

91) 앞의 책, p.414.

즉 그는 서양제국의 문명진보는 필연적으로 각국 군비의 증강을 수반하
며 그들은 지금 동아시아에 대한 침략을 노리고 있기 때문에 아시아 각국은
여기에 대해 연대하여 맞서야 한다고 주장하였다. 그러나 이 연대는 그냥 대
등 연대가 아니고 지도국인 맹주를 중심으로 해야 하며 맹주가 될 수 있는
나라는 현재 동양에서는 일본밖에 없다고 강조하였다. 이와 같이 일본의 동
양맹주론을 내세운 그는 조선에 대한 내정간섭을 촉구하였다.

임오군란 직전인 1881년 10월 일본에서는 소위 '메이지(明治)14년 정
변'[92]이 일어났었다. 이것은 일본정부가 한참 고조되었던 자유민권론자의
초기국회개설요구를 수용해 초기에 개설하기로 한 국민과의 약속을 어겨
서 국회를 천황칙령으로 1890년(메이지23년)까지 연장한다는 정부발표를
말한다. 이때에 국회의 조기개설과 정부 내각제를 주장한 오쿠마 시게노부
(大隈重信:1838~1922)를 추방하였다.[93] 이 '메이지14년 정변' 이후 일본국민
의 정부에 대한 반발이 심해지자 후쿠자와는 정부에 대한 화살을 외부에 돌
림으로서 관민조화를 꾸준히 추진하기 위한 내안외경의 필요성을 절감했
었다. 그러던 중 마치 호재라고 할 수 있는 임오군란이 조선에서 발발하였
다. 그러자 그는 즉각적인 반응을 보이면서 일본국내사정을 연관시켜 내안

---

92) 1881년(明治14년)에 자유민권운동은 전국인민의 여론을 배경으로 도쿄(東京)를 무대
로 정부와 대결하게 되었다. 한편 정부 내에서는 1879년이래 각 참의가 입헌정체에
관한 의견서를 제출했었다. 1882년 3월에 제출한 필두 참의 오쿠마 시게노부(大隈重
信)의 의견서는 흠정(欽定)헌법설이었지만 즉시 국회개설론·정당내각제를 주장하여
이토 히로부미(伊藤博文) 등의 점진론과 대립했었다. 때마침 홋카이도개척사관유물불
하(北海道開拓使官有物拂下)를 둘러싸고 번벌과 정상간의 추악한 관계가 폭로되어
도쿄(東京)를 중심으로 여론은 정부공격에 집중되었다. 이외쿠라 도모미(岩倉具視)나
이토는 이와 같은 움직임에 정부의 위기를 느끼고 이노우에 고와시(井上毅)의 건의책
을 수용하여 필사적인 구테타를 단행했다. 1881년 10월 12일 소칙(詔勅)을 발동하여
1890년(明治23년)에 국회를 개설할 것을 약속하고 한편 관유물 불하의 중지를 결정하
여 민권운동의 관심을 돌리고 동시에 어디까지나 정부주도의 점진적인 입헌정체를
수립하는 방침을 명확하게 했다(「明治14年の政變と自由黨·改進黨の結成」, (橋川文
三) 編, 『近代日本思想史の基礎知識』, 有斐閣, 1975, p.42).

93) 遠山茂樹, 『福澤諭吉』, 東京大學出版會, 1970, pp.162~164.

외경의 필요성을 담은「조선의 변사」등의 사설을 발표하기 시작하였다. 그
는 여기서 군란이 조선의 완고당의 소행임을 밝힌 전문의 대의를 보도하였
다.[94] 또 이어서 발표한 사설「조선정략」에서는 조선에는 '완고당'이 있는
데 이들은 조선 이외의 모든 인류 문명을 배척하려 들기 때문에 '그들 폭도는
문명의 적'이라고 규정하였다. 그리고 조선정부 내에 '보수당'과 '개진당'의
양당이 있는데 일본병력이 조선의 '개진당'을 돕도록 해서 정부시정을 보호
할 필요가 있다고 역설하기도 하였다. 또한「우리의 정략은 오로지 문명개
진의 정략으로써 그 병사도 문명개진의 병사라는 주의를 세계만국에 발양
하기를 바라는 것뿐이다.」[95] 라고 조선의 문명개진을 위한 출병 등 적극 간
섭을 내비쳤다.

한편 보수당을 뒤에서 조절하는 청국에 대하여는「세계 속에서 우리 일본
의 체면을 손상시키는 지나의 망만을 좌시하는 것 보다 그의 소망대로 개전
하여 동양의 노대후목을 일격 하에 좌절시킬 뿐이다.」[96]라고 개전을 불사
한 대청강경론을 피력하였다.

이렇듯 한반도의 분규를 중심으로 한 동아시아의 긴박한 정세가 그의 국
권론의 강화를 가속화시켰다. 또한 1882년 12월에 5회에 걸쳐서 연재한「동
양의 정략 과연 어떻게 세워야 하나」에서 그는 다음과 같이 주장하였다.

> 외교의 정략은 결국 문 하나만으로써 가능한 것이 아니고 반드시 무력을 동
> 반해야만 가능한 것은 조야 모두가 아는 사실이다. 그러나 현재 일본의 군비는
> 십년 이래 달라진 것이 없어서 군기면에서는 매우 취약하다. 그러므로 동양정
> 략은 군기면에 대한 투자가 당면과제다. 일본은 본래부터 무에 치중하기를 좋
> 아하지 않는 국가다. 그리고 조선과의 관계에서도 일본은 조선의 독립을 늘 원
> 조하려 했지만 거기에 반해 중국은 빈번히 조선정부의 정치・외교에 간섭하여

---

94)「朝鮮の變事」(1882. 7.31, 8.1),『續福澤全集』제1권 pp.23~28.
95)「朝鮮政略」(1982. 8.2~4), 앞의 책, p.36.
96)「日支韓三國の關係」(1882. 8.21~25), 앞의 책, p.53.

드디어는 조선의 독립을 위협하는 데까지 이르렀다. 일본은 우리의 본분으로서 이에 관여하여 중국의 간섭을 배제하지 않으면 안 된다. 일본의 군비증강이 요구되는 것도 바로 이 점에 있으며 우리의 동양정략은 결국 병력에 의존하지 않을 수 없다.97)

즉 그는 조선내정을 간섭하는 청국에 대응하여 이를 무력을 사용하더라도 배제해야 할 책임 있는 나라가 바로 일본이라고 하였다. 반면에 후쿠자와의 조선정책에서 또 다른 방향을 제시한 내용이 임오군란 후 1883년 정월 그의 문화사절로서 문하생을 조선에 보내면서 「우시바(牛場)군 조선에 가다」라는 사설에 게재하였다.

현재 조선에서 가장 중요한 일은 국인 일반의 정신을 개화시키는 것이다. 모쪼록 우시바(牛場) 일행은 학자의 본분을 지키며 양학을 전할 것이지만 정치의 변혁에 대해서는 관여할 바가 아니다. …지나의 조선에 대한 세력증대 정략과 조선의 완고론을 무력으로 다스려 하지 말고 오로지 학자의 정신으로 조선인의 마음을 제압하여 조선의 독립을 공고히 하고 나아가 지나도 깨우쳐 동양전국의 면목을 일신하는 것이 우리의 본뜻이다. 이렇듯 나의 뜻은 문권을 확장해서 문위를 해외에 빛나게 하는 것임으로 이번에 그 계기를 마련하는 우시바군 일행에 기대하는 바가 크다.98)

그는 동양의 문명화에 대치되는 유교를 철저히 공격하면서도 조선에 대한 청국의 간섭에 대해 싸우지 말고 오로지 양학의 취지를 전하는 일만을 목적으로 하여 조선인 자신의 자발적 개명화를 유도해야 한다고 촉구하였다. 다시 말해서 무력만이 아닌 학문의 힘의 중요성도 강조하였다. 그의 서양문명화를 향한 반유교주의는 생애를 통한 일관된 주장이었고 따라서 그의 유교에 대한 비판은 유교국인 조선, 중국에 늘 가해졌다. 이후에 대원군의 죽

97)「東洋の政略果して如何」(1882. 12.7~12)『福澤全集』제8권, pp.418~439.
98)「牛場君朝鮮に行く」(1883. 1.11~13), 위의 책, pp.439~451.

음에 즈음해서 쓴 사설에서 그의 유교관을 피력하였다.

> 조선은 순전한 유교주의의 나라로서 그 역사는 마치 지나의 오랜 역사를 되
> 풀이한 것과 같아서 어린 천자, 국부의 섭정, 외척의 전권, 궁중의 음모, 이적(夷
> 狄)의 소양, 외교의 금지 등 확고한 동양전제국의 각본으로써 그 폐원이 유교주
> 의에 연유되지 않는 것이 없다.99)

즉 전제국가인 조선의 폐단은 모두 유교와 연관되었음을 역사 속에서 지
적하였다. 지금도 조선과 중국이 봉건제도의 틀에서 벗어나지 못하고 진보
발전이 없는 정체사회인 원인은 유교사상에 기인한다고 지적하였다. 따라
서 조선에 반유교적인 문명사상과 학문의 보급이 더욱 시급하다고 본 것이다.

그러나 임오군란 이후의 조선사정이 그의 뜻대로 진행되지 않자 이제는
자금이용을 통한 문명화를 주장하였다. 즉 이해 1883년 6월에 「조선정략의
급무는 우리 자금을 그들이 이용토록 함에 있다」100)라는 사설에서 「문명의
실물을 목격하는 일이 문명학의 입문이라고 할 수 있다. … 조선을 학문으로
유도하려면 먼저 자금이용을 하고 나서 마지막에 학문으로 결실을 맺어야
할 것이다」라고 주장하였다. 또 이어서 쓴 사설인 「일본의 자본을 조선에 이
용하여도 위험이 없다」에서 구체적으로 3·4천만원(圓)의 부담액을 제시하
였다.101) 그러나 그의 무, 문, 자금 등을 통한 조선의 문명화구상이 그의 뜻
데로 이루어지지 않았다.

2. 갑신정변 이후의 대외론

1884년 12월 조선에서 갑신정변이 발발하였다. 후쿠자와의 갑신정변 관
련은 일본측 자료에 나타나 있다. 그의 제자인 이시카와가 펴낸『후쿠자와

---

99) 「大院君こうず」(1898. 2.25), 『續福澤全集』 제5권, p.258.
100) 「朝鮮政略の急は我資金を彼に移用するに在り」(1883. 6.1), 위의 책, p.251.
101) 「日本の資金を朝鮮に移すも危險あることなし」(1883.6.2), 『續福澤全集』 제1권, p.251.

유키치전(福澤諭吉傳)』에서 그는 이노우에 가쿠고로(井上角五郎:1860~1938)의
말을 인용하며 후쿠자와가 적극적으로 개입했다고 기술하였다.

> 김·박의 일거에 대해서 선생은 단지 그 계획서의 작자에 그치지 않고, 자진
> 하여 담당자를 뽑고 가르쳤으며 또한 무기 및 기타 만단을 준비한 사실이 있
> 다.102)

그러나 정변이 알려진 직후 그는 일본의 갑신정변관련을 완강하게 부정
하였다. 즉 그는 정변 후 처음 발표한 사설에서 정변의 배경과 조선정계의
상황을 자세히 설명하였다.

> 조선은 임오군란 이후 청국의 간섭이 증대하여 실질적인 지배를 받기에 이
> 르렀으며 조선조정에는 소위 사대주의를 따르는 민씨일족의 사대당세력이 현
> 저해졌다. 그러나 국왕과 몇몇 근신들은 조선의 자주독립을 지향하고 있었으며
> 이를 위해 소수의 당을 형성하여 그 일을 도모하려 하였으나 이루지 못하였다.
> 이 근신들은 김옥균·박영효·홍영식 같은 인물들로서 이들이 주장하는 바는
> 국왕을 도와서 조선 독립의 명실을 갖추려는 것으로써 이들에게 당명을 붙인다
> 면 '독립당'이라고 칭할 수밖에 없겠다. 자칫 그들을 '일본당'이라고 부르면 사
> 대당을 '지나당'이라고 불러서 일본과 중국을 적대적인 관계로 생각하기 쉬우
> 나 사실은 일본국이 조선을 대하는 태도는 오직 국가와 국가간의 교제로서, 원
> 래부터 조선의 국사에 간섭하려는 의도는 없었다. 하물며 조신들간에 일어나는
> 내부의 움직임에 대해서야 단연코 일본이 간여할 바가 아니다. 그것은 단지 우
> 연히 이름 붙여진 것으로써 현재 조선에는 '사대당'과 '독립당'의 이파만 있는
> 것에 불과하다.103)

즉 정변의 원인을 조선내부의 독립문제를 둘러싼 사대당과 독립당의 대

---

102) 石河幹明,『福澤諭吉傳』제3권, pp.340~341.
103) 「朝鮮國に日本黨なし」(1984. 12.17), 『續福澤全集』제1권, pp.625~628.

립일 뿐 일본은 일체 관계없음을 강조하였다.

이렇듯 개화당의 정치변혁운동이자 그와의 관련설도 제기된 갑신정변이 실패되고 청불전쟁도 청국의 패배가 확실해지자 그는 1885년 3월 16일자 『시사신보』에 이전과는 다른 단호한 내용을 담은 「탈아론」을 발표하였다.

> 우리 일본의 국토는 아세아의 동변에 있다고 하지만 그 국민의 정신은 이미 아세아의 고루를 벗어나 서양으로 옮겼다. 그런데 여기에서 불행한 것은 근린에 지나(支那)와 조선이 있다는 사실이다.…그 두나라가 고풍구관에 연연하는 모습은 백천년전과 다르지 않다. 이 문명일신의 활극장에서 교육면을 논하면 유교주의이고 학교의 교지는 인의예지를 칭하고, 하나부터 열에 이르기까지 외관의 허식만을 일삼고, 그 실제에 있어서는 진리원칙의 지견이 없을 뿐만 아니라 도덕까지도 땅에 떨어져 잔혹, 부렴치의 극에 달하고 있으면서도 아직도 교만하여 자성할 생각이 없는 사람과 같다. 내가 이 두 나라를 보곤데 지금의 문명 동점의 풍조에 즈음하여 도저히 그 독립을 유지할 길이 없는 것 같다. 다행히도 그 나라에 지사가 출현하여 먼저 국사개통의 첫걸음으로 우리 유신과 같은 대거를 기도하여 먼저 정부를 개혁함과 아울러 인심을 일신하려는 활동이 있으면 모르되 만약 그렇지 않을 때는 수년을 지나지 못하고 망국이 되고 국토는 세계 문명제국의 분할하는 바 될 것은 의심의 여지가 없다.
>
> 보차순치(輔車脣齒)란 것은 인국이 서로 도와주는 것을 말하는 것임에도 불구하고 지금의 지나와 조선은 우리 일본을 위해 조금도 도움이 되지 못할 뿐만 아니라 서양 문명인의 안목으로 본다면 삼국이 지리적으로 서로 접하고 있기 때문에 삼국을 동일시하여 지·한을 평하는 정도로서 우리 일본을 인정하는 경우도 없지 않다. 예를 들면 조선국이 사람을 참혹하게 처형하면 일본인도 역시 조선처럼 무정하다고 미루어 생각할 것이니 그러한 사례는 이루 헤아릴 수 없다. 그렇다면 금일을 도모하는데 일본은 인국의 개명을 기다려 함께 아세아를 일으킬 여유가 없다. 오히려 그 열을 벗어나서 서양문명국과 진퇴를 같이하여 지나 조선과 접촉하는 방법도 인국이라 하여 특별한 인사 치례를 할 필요가 없고 바로 서양인이 이들 나라와 접촉하는 방법을 쫓아 처분할 따름이다. 악우를 가까이 하는 사람은 함께 악명을 면할 수 없다. 나는 그러므로 아세아 동방의 악

우를 사절하는 바이다.104)

그 이전까지 동양맹주의 입장에서 연대론을 펼쳤던 그가 국제정세의 변화에 따라 이제는 탈아론을 피력하였다. 이 논지에서 주목되는 점은 일본이 아시아 중에서 유일하게 문명동점의 파도 속에서 부침하지 않고 문명의 단계에 도달했다고 인식한 점, 또 조선과 중국은 아직도 유교주의에 사로잡혀 천수백년전과 다름없는 정체상태에 있다는 점, 그러나 일본이 이러한 나라들과 근린관계에 있기 때문에 서양제국과 접촉 할 때 일본이 피해를 본다는 점, 그리고 조선, 중국에 일본의 메이지유신과 같은 지사가 일어나서 개혁을 한다면 모를까 지금과 같은 상태로 그냥 간다면 수년 후에 서양제국에 분할된다는 점, 그렇기 때문에 앞으로의 일본이 조선·중국을 대할 때는 서양제국이 아시아를 대하듯이 제국주의적 침략국의 일원으로서 그 나라들을 대해야 한다고 주장한 점들이다.

이 탈아론은 후쿠자와의 대외론 중 가장 주목을 받으며 연구의 대상이 되어 왔다. 그 이유는 동기는 고사하고 그 논지가 이전의 대아시아 연대론적 발언과는 큰 대조를 이루고 있기 때문이다. 탈아론에 관한 연구자들의 견해는 다양하지만 결국 그의 갑작스런 사상 혹은 아시아관의 근본적 전환으로 보는 견해와 그의 사상구조에는 변화가 없고 정세론의 변화에 불과하다는 견해로 압축할 수 있다.105) 특히 사카노(坂野潤治)의 「장기적 관점과 단기적

104) 「脱亞論」(1985. 3. 16), 『續福澤全集』 제2권, pp.40~42.
105) 脱亞論에 대해서 사카노(坂野潤治)는 동양맹주론에서 탈아입구론으로의 사상변화가 있었다고 보는데 비해 靑木功一은 탈아론을 발표한 당시의 일본을 둘러싼 국제적 상황과 그 속의 일본의 지위에 대해 고려하면서 논해야지 단순한 사상전환으로 보기에는 문제가 있다고 보았다. 또 吉野誠은 문명론 자체는 탈아론 발표 이전이나 이후나 변화가 없지만 아시아주의적인 문명화론을 포기하고 탈아적인 문명화론으로의 전환이었다고 보고 있다. 또한 최덕수는 대외론의 구조적 변화가 아닌 상황인식의 일시적인 변화로 보고 있다. 坂野潤治, 「東洋盟主論と脱亞入驅論」, 佐藤誠三郎, R. ディングマン編 『近代日本の對外態度』, 東京大學出版會, 1974. 靑木攻一, 「脱亞論の源流」— '時事新報' 創刊年に至る福澤諭吉のアジア觀と驅美觀—」, 『慶應義塾大學

관점」혹은 아오키(靑木功一)의 「이상주의와 현실주의」라는 관점에서의 후쿠자와에 대한 파악은 그의 아시아론의 특징인 이중적 사고방식에 의한 그의 일관되지 않는 발언을 통일적으로 이해하려는 데서 비롯된다. 여기서 주목 할 점은 그의 대외사상에서의 아시아멸시와 침략적 요소는 탈아론에서 처음 나타난 것이 아니라 그 이전부터 국권의식과 관련해서 그 저류에 깔려 있었다는 사실이다. 이런 기본사상 속에서 그가 기대를 걸었던 조선개화파의 개혁실패소식과 서양열강의 침략을 실감케 하는 청국의 패전소식 등 국제정세의 급변이 그에게 국권에 대한 극도의 위협을 느끼게 한데서 나온 강경론이라고 봐야 할 것이다. 따라서 침략성을 내포한 국권 중시의 구조적 본질사상에는 변화가 없지만 이전부터 주창해 온 대외전쟁론, 무력중시론, 아시아간섭론 등의 대외론이 이제는 열강편에 선 제국주의적인 침략사상으로 보다 발전한 점을 간과 할 수 없다.

또한 「탈아론」발표 이후 전통적 '정한론'과 더불어 이제는 일본인이 후쿠자와의 문명화론을 근거로 삼아 우월의식을 가지며 조선 및 아시아에 대한 침략주의적 발상과 외교노선을 갖는 기점이 되었다는 점도 유의할 필요가 있다.

3. 청일전쟁 전 · 후기의 대외론

탈아론 발표 후 그가 조선 개화파에 대한 원조 혹은 조선진출을 잠시 멈추었다는 점에서 청국과의 경쟁에서 후퇴했다고 볼 수 있다. 사실 이 무렵 조선에서는 반청적인 급진파가 제거됨과 동시에 청국의 대조선정책이 더욱 강화되는 한편 조로밀약사건과 거문도점령사건 등 서양각국의 진출이 노골화 되었다. 1885년 4월에 영국의 거문도점령사건이 발생하자 그는 민감하

新聞硏究所年報』No. 10, 1978. 吉野誠,「福澤諭吉の朝鮮論」, 朝鮮史硏究會論文集, No.26, 1989. 崔德壽,「淸日 · 露日戰爭期 日本人의 朝鮮論硏究」, 高麗大學校 大學院 博士學位論文, 1987.

게 반응하였다.

> 그러므로 거문도의 지리를 살펴보면 우리의 대마 또는 오도와 직선거리로
> 불과 40리, 그 거리란 마주 부르면 응답할 정도의 거리에 지나지 않는다. 즉 우리
> 국토 밖 겨우 40리 이내로 다가와 마침내 우리 국토로 옮겨오는 일은 없을 것인
> 가 하는 것이다. 그리고 이와 같은 생각은 결코 가공의 상상이 아니고 유신 수년
> 전에 러시아 함대가 대마에 와서 그들의 깃발을 날린 적이 있다.[106]

조선을 둘러싼 서양세력의 등장이 영국의 거문도점령사건으로 현실화
한 것에 대한 우려의 표출이었다. 그리고 조선정부가 묄렌돌프를 내세워 영
국의 거문도점령에 항의한데 대해 다음과 같이 당부하였다.

> 금일 조선을 위하여 무엇보다도 양책이라고 생각하는 것은 우선 러시아와
> 전혀 그 이해를 달리하고 러시아가 조선을 취함으로써 가장 크게 손해를 입는
> 나라, 또한 능히 러시아를 대적하기에 충분한 힘을 가진 나라를 향하여 그 보호
> 를 구하고, 적어도 자국의 독립이 양립할 수 있는 데까지는 힘을 다하여 그 환심
> 을 구하는 일책이 있을 뿐이다. 그리하여 지금 이러한 국가가 어떤 나라인가라
> 고 묻는다면 영국이라고 대답할 수밖에 없다.[107]

즉 조선이 영국에 항의한 것은 영국과 러시아의 정책을 모르는 소치라고
비판하고 조선이 취해야 할 대외정책은 영국접근책임을 설명하였다. 그러
면서 그는 「조선인을 위하여 그 나라의 망함을 기뻐함」이라는 아주 극단적
인 내용의 사설을 게재하였다.

> 영국인이 거문도를 점령하여 섬 전체를 지배하에 넣고 전적으로 영국법을
> 시행하는 모습을 볼 때 거문도는 일구의 소망국이니 … 따라서 나는 조선의 멸

---

106) 「英露の擧動、掛念なき能はず」(1885. 4.13)『續福澤全集』제2권, p.46~48.
107) 「巨文島に關する朝鮮政府の措置」(1885. 6.27) 위의 책, p.60.

망시기가 멀지 않았음을 직감하여 조선정부를 위해서는 일단 조의를 표하지만 국민을 위해서는 축하하는 바이다.108)

이와 같이 일부분이라도 영국의 점령상태에 놓인 조선의 실상을 바라보면서 이제 그와 같은 정부를 가진 나라는 그 백성을 위해서 멸망하는 것이 낫다고 혹평하였다. 즉 조선을 이미 희망 없는 나라로 간주하여 탈아론보다 훨씬 냉철하고 과격한 주장을 하였다.

1894년 조선에서 동학농민전쟁이 발발하자 그는 다시 조선문제에 대해 적극적인 자세로 논조를 펼쳤다.

> …만약 우리가 이것을 등한시하며 상관하지 않을 때에 조선 정부는 위급한 경우 반드시 청국을 향하여 원병을 청할 것이다. …만약 支那의 병으로 조선의 내란을 진정시키고 그 정부의 자립을 돕게 된다면, 반도국의 진전은 점점 그 수중에 들어가 조선 정부의 실을 해하고, 그 결과는 동양에서 우리 국권의 소장에도 영향이 있을 것이 명백하다. 우리 일본 국민은 이 점에 착안하여 기회를 잃지 않도록 각오하는 것이 중요하다. …지나(支那)는 원래 조선을 속국시하여 항상 그 보호를 소홀하지 않기 때문에 …지나정부가 원병을 보낼 경우에는 일본도 역시 그들과 동 세력의 병력을 보내서 반드시 대등한 지위를 점하지 않으면 안 된다. 아무쪼록 당국자의 주목을 바라는 바이다.109)

즉 일본의 국권수호차원에서 청국과의 전쟁도 불사하다고 하며 오히려 일본정부의 강경방침을 선도하였다. 일본은 그해 6월 15일 각의에서 청국과의 전쟁을 결정하였는데 그 이틀 후인 6월 17일에 그는 「조선의 문명사업을 조장해야한다」라는 사설을 게재하여 일본군 주둔을 기회로 항구적으로 일본인의 생명과 재산보호를 위해 일본의 자본과 기술에 의한 건설을 제안하였다.

---

108) 「朝鮮人民のために其國の滅亡を祝賀する」 (1885. 8.13), 앞의 책, pp.67~68.
109) 「朝鮮東學黨の騷動に就て」 (1994. 5.30) 『續福澤全集』 제4권, pp.53~54.

서울·부산 사이의 전신선을 일본정부의 감독 하에 건설해야 한다.…다음
에 서울·인천 사이 및 서울·부산 사이의 철도를 부설하는 일이다.…조선의
진보를 위해 일본의 이해를 위해 서로 반드시 필요한 조치로서 이 기회에 일을
결정하는 것이 중요하다. 대체로 조선은 인교순치의 나라로서, 일본과 이해를
같이 한다면 이를 유도하여 함께 문명개화의 영역에 들어가서 세계에 독립의
체면을 완전히 세우는 것이 동양선진국을 자임하는 일본의 의무로서 결코 등한
시할 수 없다. 그러므로 일본인이야말로 비용과 노력을 아끼지 말고 스스로 그
임무를 담당하는 용기가 없으면 안 될 것이다.110)

즉 「탈아론」 발표로 조선 및 중국에 대해 단절을 선언하다시피 한 그가 조
선의 이웃임을 내세우며 조선의 문명개화는 일본의 의무라고 주장하였다.
문명화의 이름으로 다시 동양맹주론을 강조하였다. 다만 그 이전의 주장에
서는 문명화 대상에 청국도 포함시켰지만 여기서는 청국을 문명화 대열에
서 제외시켜서 조선과의 차별화를 시도하였다. 일본이 대서양제국과의 조
약개정을 통하여 서양제국대열에 진입함으로써 대외문제를 한꺼번에 해결
하는 방법은 이미 대청전쟁밖에 없다고 판단했기 때문이다. 또한 실제로 청
일전쟁이 발생하자 「일청의 전쟁은 문(문명)·야(야만)의 전쟁이다」라는
사설을 게재하였다.

전쟁은 실로 일·청 양국사이에 일어났지만 그 근원을 살피면 문명개화의
진보를 도모하는 자와 그 진보를 방해하는 자와의 싸움으로써 결코 양국 간의
전쟁은 아니다. 본래 일본국인은 지나인에 대하여 사원도 적의도 없다. …즉 일
본인 안중에 지나인 없고 지나국도 없다. 단지 세계문명의 진보를 목적으로 하
여 그것을 반대, 방해하는 자를 타도하는 일에 불과한 것으로써 사람과 사람, 나
라와 나라와의 일이 아니고 일종의 종교전쟁이라고 해야 할 것이다.111)

---

110) 「朝鮮の文明事業を助長せしむ可し」 (1894. 6.17) 앞의 책, p.61.
111) 「日淸の戰爭は文野の戰爭なり」 (1894. 7.29), 앞의 책, pp.170~171.

즉 그는 이 전쟁을 문명과 야만의 전쟁이며 종교전쟁으로까지 표현하며 관민일치해서 이 전쟁에 임하도록 여론을 선도하였다. 또한 승리가 가까워 지자 조선정부의 개혁 움직임에 대해서 적극적인 관심을 표명하였으나 개혁의 실질적인 내용에 대해서는 비판적인 자세로 일관하였다. 또 조선개혁의 당면정책으로 제시한 「조선의 개혁은 인순하지 말아라」112)라는 글에서 갑신정변 후의 망명자 박영효 등의 개화파 등용을 재차 강조하였다. 그가 이와 같이 급진개화파의 등용을 적극 주장한 것은 조선내정의 급격한 개혁을 바랬기 때문이었다. 그리고 청일전쟁에서 일본이 승리하자 반유교주의와 국권주의를 핵심으로 한 문명사상의 실현을 평생의 신념과 목표로 세웠던 그가 목표달성의 일대쾌거로 생각하여 훗날 다음과 같이 회고하였다.

> 청일전쟁에서의 관민일치의 승리는 유쾌하기도 하고 고맙기도 해서 말로 표현할 수가 없다. 살아 있었기 때문에 이런 좋은 구경을 하게 되는 것이다. 먼저 죽은 동지와 붕우(朋友)가 불행하다. 아 참으로 보이고 싶다고 나는 몇 번이나 울었습니다.113)

이 회고담에서 그가 얼마나 기뻐했는지를 알 수 있다. 청일전쟁을 수습한 시모노세키(下關)조약의 조인(1895년 4월 17일)과 동시에 쓴 「조선문제」라는 사설에서 「조선국은 문명면에서 사지가 마취되어 자동능력이 없는 병자와 같고 일본인은 그 마취중세에 대해 치료를 가하는 의사와 같다.」114)고 하며 그는 다시 문명화를 구실로 한 본격적인 조선간섭론을 전개하였다.

일찍이 일본의 국권확장을 위한 대외진출이라는 침략적 구조논리를 확립한 그는 그 목적을 효과적으로 달성하기 위한 상황논리를 문명화의 미명 아래 적절히 변화시키면서 표출시켰다.

---

112) 「朝鮮の改革に因循す可らず」(1894. 9.7), 앞의 책, pp.97~99.
113) 『福翁自傳』, 『續福澤全集』 제7권, pp.617~618.
114) 「朝鮮問題」(1895. 6.14), 『福澤全集』 제8권, pp.589~595.

제3장 유길준과 후쿠자와의 근대사상 비교

Ⅰ. 문명개화사상 비교

유길준과 후쿠자와는 성장기에 유교교육을 받음으로써 그것이 각자의 학문적 기초를 이루는 공통점을 가졌다. 그러나 각 가정에서의 봉건사회 신분상의 차이 때문에 유길준은 그 유교교육의 영향을 그가 개화사상 형성 후에도 그대로 견지하지만 후쿠자와는 서양문물 섭취과정에서 가치관의 전면전환을 이루어 이전의 유학적 가치관을 완전 부정한 가운데 문명사상을 형성했다는 점이다. 우선 양자의 문명 개화사상을 그들의 저서를 통해 비교해 본다.

유길준의 『서유견문』 절반정도는 후쿠자와의 『서양사정』의 영향을 많이 받았던 것을 알 수 있다. 예를 들어서 『서유견문』 17편에 병원, 빈원, 박물관등 서양의 여러 시설을 소개하는 항목이 있는데, 그 시설의 명칭, 순서, 내용까지 완전히 옮겨놓은 것도 있다. 그리고 나머지 절반은 유길준이 서양외유에서 직접 견문하고 이전부터 생각했던 것들이 서술되었다.

『서양사정』은 초판, 2판까지 합쳐서 20만권 이상이나 팔린 당시의 베스트셀러로써 『서유견문』이 그 후 정부의 금서로 취급되어 재판도 없이 1000

부만 자비로 출판하여 일반에게 판매되지도 않았던 상황과 대조를 이룬다. 유길준은 일본에 유학했을 때 그『서양사정』을 구입하여 열심히 읽었고 더욱이 미국이나 유럽을 유람했을 때에도 가지고 다녔으며 귀국하여 유폐생활을 할 때도 그 책을 가지고 있었을 것이다.

당시 조선에는 서양의 정치, 경제, 혹은 학문에 대한 연구 축적물이 거의 없는데다가 유길준은 연금상태에서 참고서적을 별로 갖지 못한 채 책을 써야 했으므로『서양사정』의 내용을 많이 옮긴 것은 부득이한 사정이라 할 수 있다.

그러나『서양사정』에는 없고『서유견문』에만 있는 것으로 제14편에「개화의 등급」이라는 항목이 있다. 이것은 서양의 제도와 관습을 소개한 것이 아니라 유길준의 개화관 즉 문명론을 피력한 것으로써 그의 중심사상이라고 할 수 있다. 다만 이 부분의 개화등급 표현방법도 후쿠자와가『서양사정』저술 후 그의 문명사상을 집대성한『문명론지개략』의 문명발달론[1]에서 시사 받은 것이지만 내용은 아주 독자적인 성격을 지녔다. 원래 후쿠자와의 이 개념도 서양의 기조(Francois Gyizot), 버클(Thomas Buckle), 스펜서(Hervert Spencer) 등의 서술을 통하여 자유주의사상과 사회진화론을 받아들인데서 비롯되었다.

그러므로 같은 서양문명사상을 수용하되 유길준이 형성한 개화사상은 그 자신이 서양제국을 직접 견문에서 얻은 것, 그가 다년간 생각했던 문제, 그리고 그의 전통적 가치관 등이 반영된 것이다.

유길준의 인류문명이 사회현상이 지극히 좋은 경지인 개화를 향해 미개, 반개, 개화라는 단계를 거쳐, 진보 발전한다는 논리는 후쿠자와의 야만, 반개, 문명단계로의 인류문명 발전론과 거의 유사하다. 양자 공히 서양의 문명진화론의 영향이라고 볼 수 있다. 다만 유길준은 개화의 최우선이자 중심은 오륜에 입각한 행실개화라고 했는데, 후쿠자와는 전술한 바 문명화에서 유

---

1)『文明論之槪略』,『福澤全集』제4권, pp.11~12.

교적 가치인 덕(德)을 아주 경시하였다. 즉 그는 지(知)와 덕(德)을 거론하면서 문명은 지와 덕의 산물이지만 그 창조과정에서는 지가 덕보다 비중이 크다고 하였다.[2]

이와 같이 그는 덕을 중요시했던 유학을 동양의 정체성의 원인으로 생각하였고 따라서 서양문명화를 위해서 전통사상의 잔재를 없애야 한다고 주장하였다.

후쿠자와는 그의 자서전 속에 「동양의 유교주의와 서양의 문명주의를 비교하여 볼 때 동양에 없는 것은 유형의 수리학과 무형의 독립심의 두 가지 점이다」라고 했는데 그가 수리학을 중요시하면서 그 속의 실증적인 실험정신과 전통사상인 유교정신을 대치하는 것으로 보았다.

전술한 바 그는 실학에서 공허한 한학(漢學)이나 유한적인 가학(歌學)을 배제시켰다. 이런 면은 유길준이 계승한 실학에서 허학이 아닌 이용후생과 연결되는 실용적인 학문을 주장한 것과 동일하다고 볼 수 있다. 그러나 그는 학문의 실용성만의 강조가 아니라 학문과 생활을 어떻게 연결시키느냐에 더 관심이 있었다. 그가 강조한 수리학은 수학적 물리학을 뜻하며 이것이 그의 학문의 기초가 되어 있다.[3] 따라서 유길준이 이어받은 전통사상의 '실학'과 후쿠자와가 말하는 '실학'은 그 중심적 학문영역에서 전자는 '윤리적' 후자는 '물리적'이라는 차이가 있었다. 후쿠자와는 저서 『문명론지개략』에서 문명의 외형인 물질문명 채용에 급급하지 말고 문명정신의 흡수가 더 중요하다고 강조했었다. 따라서 그가 물리학을 학문의 원형에 둔 것은 '윤리'와 '정신'의 경시가 아니고 오히려 새로운 윤리와 정신의 확립을 전제로 한 것이었다. 즉 자연과학이 만들어 낸 결과 자체보다도 근본적으로는 근대적 자연과학을 낳게 한 실험정신 등 인간정신의 자세에 관심을 두었다. 따라서 전통적 '윤리'의 실학과 '물리'의 실학의 대립이 동양적인 전통사상 속의 정신과

---

2) 위의 책, pp.132~133.
3) 「物理學の要用」(1882. 3.22), 『福澤全集』 제10권, p.4.

수학적 물리학을 만들어 낸 정신과의 대립으로 본 것이다.[4]

윤리·도덕을 핵심으로 한 실학의 자연관은 자연적 사물 속에 내재한 근원적 윤리성을 인식함으로써 인간관계를 규율하는 윤리(인·의·예·지·신)의 선천적 타당성을 한층 더 확인하는 것이 자연탐구의 목적이라고 보았다. 그러나 그가 강조한 바 물리학을 핵심으로 한 자연관은 사회질서의 선천성을 불식함으로써 '물리'의 객관적 독립성을 확보하려고 하였다. 즉 그는 독립자유의 정신과 수학적 물리학의 형성은 서양문명의 핵심으로 생각하였다. 따라서 그는 모든 사물은 실험을 통한 실증적인 결과가 나오기 전에는 어느 하나 그 자체로서 절대적 가치를 가질 수 없다고 보았다. 그의 물리학주의는 실험적 정신과 불가분의 관계에 있었고, 유길준과 같이 덕을 중요시하는 유교적인 실학과는 사고방식이 근본적으로 대치하는 것이다.

II. 정치사상 비교

1. 민권론

유길준의 민권론은 『서유견문』 제4편 「인민의 권리」에 서술되었지만 이것과 유사한 내용이 후쿠자와의 『서양사정』 2편 1권에 나온다.

유길준은 「인민의 권리」의 모두에서 「대개 인민의 권리는 그 자유와 통의(通義)를 말하는 것」으로 이 자유와 통의의 권리는 「모든 인민이 다 향유하는 것」이라고 기술하였는데 이 자유와 통의는 『서양사정』에서 'Liberty'와 'Right'를 번역하여 붙였던 말이고 이상의 설명도 후쿠자와의 설명을 거의 답습하였다. 그러나 몇 가지 점에서 다른 특성을 볼 수 있다.

우선 '통의'에 대해 살펴보면 후쿠자와는 'Right'를 「원래 정직이라는 뜻이다」라고 하여 「정리에 따라 인간의 직분을 행하여 사곡이 없는 뜻」이라고

---

4) 丸山眞男, 「福澤における實學の轉回」, 『東洋文化硏究』, 1947, 3월호.

한 후 더욱이 구할만한 이치, 일을 할만한 권리, 당연히 가져야 하는 것을 의미한다고 설명하였다.[5] 그 자신은『서양사정』에서 인민의 자유와 통의를 논한 부분에서는 권리라는 표현을 사용하지 않았으나 이 설명을 보면 유길준의 '통의의 권리'는 후쿠자와가 말하는 원래의 통의의 의미와 동일하다.

후쿠자와는『서양사정』외편을 저술한 후 3년 뒤에 쓴『학문의 권장』제2편 속에 '권리통의'란 말을「사람들이 그 생명을 중요시하여 그 몸과 몸에 지닌 물건을 지키고, 그 면목과 명예를 소중히 하는 대의다.」[6] 라는 설명을 했으며, 나아가「지두와 백성은 외양은 다르지만 그 권리는 다를 바가 없고 지두와 백성 모두가 아픈 것을 멀리하고 단 것을 취하는 것은 인간의 정욕이며, 다른 방해를 받지 않고 도달하고 싶은 데에 도달하는 것은 바로 인간의 권리다.」[7] 라고 하였다.「사람은 동등한 것」이라는 제목의 글 가운데의 이 설명은 생명, 재산, 명예 혹은 미국 독립선언의 행복추구에 관련되는 인권을 보편적인 것으로 규정한 것이다. 그러나『서양사정』에서 'right'를 '인간이 직분을 다하는 것'이라는 설명이나, 또 '일신의 통의'를「인간이 마땅히 다해야 할 직분」[8]이라는 해석, 그리고 이후 1878년에 출간한『통속민권론』에서 '권리'라는 말의 번역에서 '권'은 '분'과 같은 뜻이라고 설명한 것을 보면,[9]『학문의 권장』에서의 서술과는 통의와 권리의 용어사용상의 뉘앙스가 상당히 다른 것을 알 수 있다.

원래 후쿠자와는 'freedom', 'liberty'를 최초로 소개할 때부터,「자유라는 말은 하고 싶은 데로 방탕하며 국법을 두려워하지 않는 뜻은 아니다.」[10]라고 설명했는데, 원래 일본에 없었던 이 개념을「하고 싶은 데로 방탕함」과

---

5)『西洋事情』2編 卷之1「人間の通義」,『福澤全集』제1권, pp.2~3.
6)『學問のすゝめ』2編,「人は同等なる事」,『福澤全集』제3권 p.11.
7) 同上.
8)『西洋事情』2編 卷之1「人間の通義」,『福澤全集』제1권 pp.4~5.
9)『通俗民權論』,『福澤全集』제5권, p.42.
10)『西洋事情』初編 卷之1「備考」, 앞의 책, p.13.

동의어로 오해할 것을 가장 두려워하였다.[11] 그는『통속민권론』에서 '권(權)'의 설명을 하기에 앞서서 다음과 같이 언급하였다.

> 근래의 저술서나 번역서에 권리, 권한, 권력, 권리, 국권, 민권, 등의 문자가 참으로 많다. 그리하여 외국어를 잘하는 사람이나 널리 공부한 학자들은 그 의미를 이해하지만, 원래 중국이나 일본에서 이 말을 오늘날 통용하는 의미로 그대로 사용하는 것은 극히 드물기 때문에 보통사람들에게는 이해하기 어렵다. 그러나 이 말의 사용은 유행하여 거의 모든 사람들이 통용하게 되었고, 지금에 와서는 그 의미를 사람들에게 질문을 해 보아도 뭔가 어리석고 부끄럽게 느껴진다. 결국은 이를 이해하지 못하고 세상을 보내는 사람도 있다.…이 때문에 세상 일반사람이 잘못한 일이 생겨서, 쉽게 될 일도 되지 못하고, 신속히 없앨 수 있는 일도 없어지지 못하는 일이 많다. 한심한 일이다.[12]

즉 '권'이란 말을 권위 등의 용어로 사용해서 강한 자가 약한 자를 무리하게 위협하고 난폭하게 대하는 뜻이 아니며, 또 약자가 모여서 무리하게 무법한 일을 외치며 난폭하게 하는 뜻도 아니다.[13] 고 설명한 다음 '권'이란 '분(分)'으로 바꾸어서 읽을 수도 있는 것이다. 라고 설명하였다.[14] 이와 같이 '통의'나 '권리'에 관한 서술의 차이는 천부인권에 대한 생각이 달라졌다기보다는 천부인권론의 국민에 대한 전달에서 세상의 오해를 풀기 위한 설명의 역점이 변화했다고 볼 수 있다.

한편 유길준의 통의와 권리에 관한 설명을 보면, 앞에서 살펴본 바와 같이 통의는 '리(理)', '상경(常經)', '직분(職分)'이라는 요소를 포함한 것으로 설명하고[15]『서양사정』2편이나『통속민권론』의 설명에 가깝다. 그러나 유길준

---

11) 安西敏三,『福澤諭吉と西歐思想』, 名古屋大學出版會, 1995, p.232.
12)『通俗民權論』, 앞의 책, p.41.
13) 同上.
14) 위의 책, p.42.
15)『西遊見聞』,「人民의 權利」,『全書』I, pp.129~132.

의 이 설명은 천부인권론적인 'Right'와는 다른 방향성을 갖는 개념으로 볼 수 있다.

유길준은 통의와 자유의 관계에 대하여, 자유를 보존하는 것이 통의의 효용이라고 하였고.16) 또 통의에 대해서는『서양사정』과 같은 설명을 하였다. 즉 통의는 '천연'과 '인위' 다시 말해서 유계와 무계의 구분이 있고, '천연의 통의'는 천연적으로 생겨난 것으로 변하지 않고, '인위의 통의'는 사람이 지(智)를 가지고 법률을 세워 거기에 따라 진퇴하는 것이라고 하였다. 또 '무계의 통의'는 자신에게만 속하며 타와 관계가 없으며, '유계의 통의'는 세속에서 사람과 교제하고 상호관계를 갖는 것을 뜻한다고 정의하였다.17) 이러한 두가지 분류는 사람들 모두가 자기자신이 자연적으로 가지고 있다고 생각한 것과, 사회생활 속에서 나타난 것과의 구분이라고 할 수 있다.

'무계의 통의'는 '천부의 자유'라고도 하며, 유길준은 이 천부의 자유에 대비하는 개념으로『서양사정』과 같은 맥락으로 처세의 자유를 들어서 설명하였다. 즉 '처세의 자유'는 사람들이 이 세상에서 각자 인간신분에 따라 향유하는 것이며, 천부의 자유에 인위의 법을 보태서 그 본뜻을 변경시킴으로서 천하 보통의 이익을 도모하는 것으로 보았다. 그래서 이와 같이 법률을 만들어서 사람을 방탕하지 못하게 하는 것은 해당 범법자에게는 천부자유의 제한이지만 실은 처세의 자유를 늘리는 것이 된다고 설명하였다.18) 이 부분은『서양사정』의 내용을 거의 답습한 것이다.19) 그러나 유길준은 사람의 권리를 '무계' 즉 천연의 것이라며 무턱대고 사용하면 '금수의 자유'가 됨으로, 유계의 통의로써 짐작하여 그 과용의 폐해를 제한해야 한다고 주장하였다. 또 이것은 '야만의 자유'에 가까움으로 법률의 규제를 통해 현대인의 자

---

16) 위의 책, p.130.

17) 위의 책, pp.130~131.

18) 앞의 책, pp.132~133.

19)『西洋事情』2編 卷之1,「人間の通義」, 앞의 책, p.5.

유를 윤색해야 한다고 설명하였다.

> 법률의 근본적이 의도는 사람의 권리를 신중히 여기고 잘 보호하려는 것이다. 법률이라는 기능이 없었다면 권리도 존재하기가 반드시 어려웠을 것이다. 이렇게 생각해 본다면, 권리가 비록 천하 사람들이 저마다 가지고 있는 가장 귀한 보배라고는 하지만, 사실은 법률에 의지하여 그러한 현상을 보전하는 것이니, 사람의 권리는 법률이 만들어 준 것이라고 하더라도 잘못된 말이 아니다.
> 법률은 장수고, 권리는 병졸이다. 졸병이 장수의 명령과 절제를 따르지 않는다면 병졸의 본분을 지키지 못했다고 할 수 있다.[20]

즉 유길준은 후쿠자와의 설명에는 없는 법 중시의 독자적 설명을 덧붙였다. 다시 말해서 그는 천부적 자유인 '무계의 통의'는 사회관계에서의 자유인 '유계의 통의'와 각 신분에 따라 법의 범위 내에서 보호받는 '처세의 자유'에 따라서 법적인 권리로서 인정받는 것이라고 하면서, 인권 조정의 도구로서의 법률의 존재의의를 강조하였다. 이는 천부인권설에 대한 오해를 염려하며 그것을 피하기 위해 그가 서술한 부분을 유길준이 더욱 발전시킨 것이라고도 볼 수 있다.

이 부분에 대응하는 내용이 『서양사정』의 '영국인민의 통의'에 서술되어 있다.

> 천부자유의 버릴 것을 버리고 나서 일신에 남아진 바 자유다. 혹은 일신의 천부의 자유를 버리고 그 대가로 다시 얻은 것이 처세의 자유다. 이것은 몸을 편안히 보호하는 통의, 몸을 자유롭게 하는 통의, 사유를 보장하는 통의의 3종이다. 그리고 이 세가지 통의가 본래의 천부자유이기 때문에 이 세상에 살아가는 동안 사람으로서 누릴 수 있는 자유인 처세의 자유임으로 보호받는다.[21]

---

20) 『西遊見聞』, 「人民의 權利」, 앞의 책, pp.138~139.
21) 『西洋事情』 2編 卷之1 「人間の通義」, 앞의 책, pp.1~4.

이 내용은 블랙스톤의 『영국 법석의(法釋義)』22)의 소개에서 유래된다. 블랙스톤은 스스로 이 부분이 로크의 『시민정부론』에 의거한 것이라고 명시했음을 감안한다면 후쿠자와의 이 설명은 로크적인 국가관에 있는 법중시의 영향으로 볼 수 있다. 그러면 당초 그의 영향을 받은 유길준의 인권론도 원래 천부인권론을 주장하였지만 여기서는 로크적인 사회계약론에서의 인권론, 즉 사회를 전제로 한 개인이라는 시점에서 논했음을 유의해야 한다.23)

그러나 이 점을 고려해도 유길준이 법 중시의 시각에서 「세계만국을 살펴 보아도 법률을 만들지 않고 인민의 자유를 보호하고 일국의 독립을 조성한 것이 어디에 있는가」24) 라고 말한 부분과 후쿠자와가 「시험삼아 살펴 보라 세계만국 법률을 정하지 않고 인민의 자유를 잘 지키는가」25) 라는 부분을 비교할 때 양자의 방향성의 차이를 확실히 볼 수 있다. 즉 후쿠자와는 어디까지나 개인의 자유를 지키기 위해 있는 사회임에 비해서 유길준은 이 문제를 국가의 독립문제와 관련시켜서 논하고 있는 점이다. 즉 유길준의 민권론은 사회가 아니라 국가에서의 법률과 인간과의 관계를 문제삼는 독자적인 면을 보이고 있다.

유길준은 「통의와 자유는 그 조목을 세우는 것이 극히 곤란하다」고 전제하면서 「그 명백한 것을 열거한다」고 하여 생명의 자유 및 통의, 재산의 자유 및 통의, 영업의 자유 및 통의, 집회의 자유 및 통의, 언론의 자유 및 통의, 명예의 통의를 열거하였다.26) 이 개개의 자유를 설명하는 중에 그는 「국법이 금지하는 조례를 범하지 않는다면」 또는 「국금을 어기지 않을 때는」라는 유

---

22) William Black-stone, "Commentareson the Laws of England" vol. 1, 1765 The Clarendon Press, Oxford.
23) 國分典子, 「韓國에서의 西洋法思想 수용과 兪吉濬」, 『韓日關係史硏究』 제13집, 국학자료원, 2000, pp.122~123.
24) 『西遊見聞』, 「人民의 權利」, 앞의 책, p.132.
25) 『西洋事情』 2編 卷之1, 「人間의 通義」, 앞의 책, p.1.
26) 『西遊見聞』, 「人民의 權利」, 앞의 책, p.136.

보를 붙이고 있다. 유길준이 후쿠자와의 설명에는 없는 자유와 통의를 열거하며 설명한데 대하여『서유견문』을 저술했을 때 이미 만들어진 일본 메이지헌법의 법률의 유보사상이 수용된 것이 아니냐는 지적도 있다.27)『서유견문』의 저술시기와 관련해서 이 영향에 대해서는 단정 짓기 어렵지만 이 사고는 독일적인 법률의 유보사상과 유사하다는 견해도 있다.28) 과연 그가 법률의 유보사상을 어디서 수용했는지는 명확하지 않다. 그러나 이미 보았듯이 법률과 통의의 관계, 사회관계 속에서의 인권의 이해 등을 생각해 보면 그와 같은 유보를 붙이게 된 연유를 알 수 있다.

통의라는 말을 유길준이 '당연한 정리'라고 정의한 것처럼 오늘날 사용하는 의미에서의 권리인 'Right'보다는 오히려 주관적 권리와 객관적 법의 두 가지 측면을 가지고 있다. 여기에는 본래 주관적 권리에 내재하는 객관적 법에 의한 제약이 따른다. 이러한 성격은 권리에 대한 오해를 경계한 후쿠자와의 천부인권론에서 보이며 그것을 더 발전시킨 유길준의 법과 권리에 대한 견해에서 더욱 명확해진다. 이러한 견해는 독일법과 관련이 있다고도 볼 수 있는데 근본적으로는 유길준이 후쿠자와에는 없는 전통 유교도덕사상 중시의 자세가 있었기 때문이라고 볼 수 있다.

유길준의『서유견문』,「인세(人世)의 경려(競勵)」도 후쿠자와의『서양사정』외편 1권에 나오는「세상 사람들이 서로 격려하며 서로 경쟁하는 일」이라는 구절과 유사하면서도 그가 경제적 측면에 치중하여 각자의 사적이익의 조화를 강조한데 비해 유길준은 사적이익의 조화뿐만 아니라 '강기(綱紀)'하에서 '가르침이 있는 사람'이 실행해야 비로소 그 조화가 이루어진다는 도덕적 규범의 개재를 보이고 있다.

유길준의 독자적 법관념을 피력한『서유견문』,「법률의 공도」에서 그는 인간 사회의 행위준칙을 표현한 말로서 '기강(紀綱)'을 사용하였다.29) 이 '기

---

27) 田鳳德,「西遊見聞과 兪吉濬의 法思想」, 앞의 책, p.226.
28) 國分典子,「韓國에서의 西洋法思想수용과 兪吉濬」, 앞의 책, p.124.

강'을 유길준은 「법률은 여하한 기초에 임하든지 그 현존하는 때에는 그 나라의 기강이다.」[30] 고 법률 그 자체로 보았다. 예컨대 법률을 만드는 이유를 「교화가 못 미치는 바를 대비하는 것」[31] 이라 하고 「예의염치(禮義廉恥)의 사유(四維)를 보완하는 것」[32] 이며 또 「사단(四端)과 오륜(五倫)의 강기와 질서에 의해서 형성되는 것」[33] 이라고 주장하였다. 이와 같이 법률에 유교도덕을 보완 혹은 체현하는 성격을 부여함으로써 이는 통의나 자유에 반하는 것이 아니라 통의를 달성하기 위한 도구로 파악하였다. 즉 법 집행의 기준과 목적을 사단오륜의 기강확립과 진작을 위한 교화에 두었다. 이와 같이 법을 수단으로 한 윤리와 도덕의 실현 속에 민권확립을 이루려 했기 때문에 후쿠자와의 법논리 적용과는 차이가 있는 것이다.

그는 전술한 바 『서양사정』, 『학문의 권장』 서술시 천연의 민권론을 피력했었으나 그 후 급변하는 국내외 정세 속에서 정부를 위협할 정도의 민권신장에는 경계심을 가졌다. 그는 당초부터 '자유' 향유에 앞서서 스스로 자제하는 분한의식을 강조했었고 그것은 '권'은 '분'으로 바꾸어 읽을 수도 있다는 설명에서도 짐작할 수 있다. 그러한 의식의 반영이 지방행정에서의 정부와 국민의 분권주장에서도 볼 수 있다. 이는 정부권력과 민권의 조화를 꾀하여 후쿠자와가 시대적으로 일찍 착안한 독특한 방안이었다고 볼 수 있다.

그러나 그가 대외진출에 관심을 갖기 시작한 『통속민권론』 집필 무렵부터는 민권과의 조화보다는 노골적으로 국권을 위한 민권제한을 전개하기 시작하였다. 즉 문명화가 어느 정도 진척되고 국민의 지력이 향상될 때까지는 지자인 정부에게 치권을 위임하는 민권제한의 필요성을 강조하였다. 또한 그가 문명화의 공로와 주체를 사족에 두고 평민을 그 대상으로만 간주한

---

29) 『西遊見聞』, 「法律의 公道」, 앞의 책, p.292.
30) 同上.
31) 앞의 책, p.284.
32) 同上.
33) 『西遊見聞』, 「人民의 權利」, 앞의 책, p.147.

것도 그러한 의식의 표출이었다고 볼 수 있다.

유길준도 국민을 교화대상으로 보았다. 특히 참정권을 국민들의 교육 후까지 유보한다고 점진성을 보인 점은 유길준과 후쿠자와 양자에게 공통으로 보인 민권제한이다. 그러나 양자의 민권제한에 대한 시각에는 다소 차이가 있다. 그것은 유길준은 국법에 의한 인권제약 등 국권 위주의 민권론을 지녔으나 그 궁극적인 목적은 국민의 도덕교화에 있었다. 따라서 그는 도덕교화와의 병행 또는 조화 속에서 민권을 실현하고자 하였다.

이에 비해 후쿠자와는 민권과 국권 자체를 일찍이 대립개념으로 파악하여 국권을 위한 민권의 예속을 기도하였다. 그것은 그가 대외진출 혹은 대외침략에 눈을 돌렸을 때 국권확장을 위해서는 민권제한이 불가피하다고 판단했기 때문이다. 그리하여 그가 『서양사정』과 『학문의 권장』 집필시 보였던 본연의 보편적 민권론자의 모습에서 『통속민권론』과 『통속국권론』의 동시출판 시기부터는 후퇴과정의 시작이었다. 그리고 『시사소언』 집필시에는 전술한 바 「천연의 자유민권론은 정도며 인위의 국권은 권도다」라고 하였다. 그리고 「나는 권도에 따르는 자다」라고 자칭하면서 국권을 위한 인위적인 관민조화론, 내안외경론, 대외전쟁론 등의 민권억제론을 주장하였다. 따라서 유길준과 후쿠자와 양자에게 유사하게 보인 민권제한은 그 목적과 방향성에서 본질적 차이가 있었다.

유길준은 후쿠자와로부터 적지 않는 영향을 받고 집필한 『서유견문』 속의 천부인권론과 자연법사상을 이후에도 그의 전통가치관과 연결, 조화시켜서 변함없이 국민교화에 진력했던 모습을 볼 수 있다. 나아가 천부인권론을 국제외교에도 적용하여 천부국권론을 내세워 세계평등주의도 주장하였다. 이렇듯 그가 서양자연법사상에서 얻은 이상적이고 긍정적 측면을 잘 수용하여 여기에 전통유교사상을 연결시켜서 그의 민권론에 반영시켰다.

그러나 후쿠자와는 당초에는 서양의 자연법적 민권론을 일본에 소개하였지만 차차로 그 본연의 모습에서 이탈하여 권도인 국권확장론에 예속된 민권론을 주장한 것이다.

2. 국권론

유길준과 후쿠자와의 국권론의 특색은 양국이 놓인 국제환경의 차이에 기인한 만국공법의 적용의식 차이에서 나타난다. 유길준의 「방국의 권리」는 『서유견문』 중에서도 상당히 독자적인 견해를 피력한 글이다. 여기서 그는 나라의 독립을 확보하기 위해서는 서양세계에 공인된 만국공법체제에 들어가서 대외적인 자주권을 인정받는 것이라고 주장하였다. 그러나 전통적으로 조공관계를 유지해 온 청국과의 문제가 저해요인으로 상존했었다. 그래서 그는 당시 조선에 대해 지나치게 간섭을 강화시켰던 청국과의 관계를 양절체제라고 비판하고 중공국과 속국의 차별화를 시도하며 대외자주권을 확보하려고 하였다.

유길준이 「방국의 권리」에서 자연법적인 천부국권론에 입각한 국가의 기본권을 주장하였고 공법체제하의 세력균형을 활용해서 자주권을 확립하고자 했기 때문에 국제사회에 통용했던 공법의 원론적 자세와 이상을 강조하였다. 그러나 그가 약육강식적 국제사회의 현실 속에서 공법의 무력한 측면을 몰랐던 것은 아니다. 청일전쟁 이후에 그도 후쿠자와와 유사한 만국공법 불신을 피력하기도 하였다. 그러나 그의 국권론에서는 그와 같은 국제현실을 인지하면서도 오히려 국제사회에서의 '신의'를 주장하며 공법과신이라고 할 수 있을 정도로 지나치게 공법 원칙론을 강조하였다.

이에 비해 후쿠자와는 당초 『서양사정』과 『학문의 권장』에서는 만국공법이 국제사회의 기본원칙임을 강조하고 국가평등주의를 피력했었다. 그러나 그 후 약육강식의 국제현실 속에서 공법의 무력함을 갈파하며 『통속국권론』에서 「백권의 만국공법은 수문의 대포에 비길 수 없다.」고 하였다. 즉 공법과 공법질서를 경시한 대외국권론을 펼쳤는데 그것이 유길준과의 큰 차이점이었다고 볼 수 있다.

일본은 원래 조선과는 대외관계의 과거사가 달랐기 때문에 당시 대외적
인 국권확립에서 조선과 같은 종속관계의 방해요인이 없었다. 일본은 그보
다 개국시 미국 등 서양제국과 맺었던 불평등조약을 개선하고 서양세력의
침략을 물리칠 수 있는 확고한 독립국이 되는 일이 더 시급한 과제였다. 따라
서 후쿠자와는 국권확립을 위한 목표를 오로지 서양열강에 치중할 수가 있
었다. 유길준과 후쿠자와는 문명개화와 부국강병을 위해 서양을 공통목표
로 삼았지만 그것을 달성하기 위한 대외국권확립의 방향과 양상이 양국이
놓인 국제관계의 차이 때문에 달라질 수밖에 없었다.

유길준과 후쿠자와는 양자 공히 국권론자로 부를 수 있다. 다만 그들이 주
장한 국권 내면에 담긴 성격과 내용에 차이가 있다. 즉 양자 모두 서양문명을
도입하고 사상형성과 근대화를 추진하는 과정에서 문명주의자 혹은 근대
주의자로서의 변화와 변신을 보였지만 그 변신의 속도와 내용이 달랐다.

유길준의 저서인 『경쟁론(競爭論)』과 『세계대세론(世界大勢論)』[34]을 살
펴보면 그를 국권확장론자로 볼 수 있는 내용이 있다. 특히 『경쟁론』의 마지
막 부분에서 「국위를 만방에 진광하고 국광을 사해에 조요한다」라는 표현
이 그랬다.[35] 이에 대해 그것은 단순한 부국강병론의 과장적 비유라는 뜻을
넘어서 조선대국화의 방향을 모색했다는 견해도 있다.[36] 그러나 이 견해의

---

34) 『世界大勢論』, 『全書』 III, pp.4~121.

35) 「일국의 문명을 進하며 일국의 부강을 成하여 국위로 하여금 만방에 진광하며 國光으
로 하여금 四海에 照耀함을 余等이 希願하노라」 『競爭論』, 『全書』 IV, p.60.

36) 「이러한 경쟁정신의 무조건적 칭양(稱揚)은 현실의 약육강식적 세계상황 속에서 조선
은 승자가 되어야 하며 힘이 정의(正義)이며 인도(人道)는 정의가 아니다. 따라서 힘이
없는 자는 악(惡)이다라는 명제를 도출하였다. '競爭論'에 관한 한 인도에 대한 동정의
토로(吐露)는 안보이고 약자 편에서의 발상, 즉 현실적으로 침략을 받고 있는 아시아
입장에서의 구미열강에 대한 비판정신은 전혀 볼 수가 없다. 따라서 유길준은 승자의
입장=구미열강 편의 선택을 시인하고 있는 것이고 여기서 그의 논리는 스스로 구미
열강의 현실적 침략행위를 합리화하는 결과를 초래하여 더 나아가 조선도 구미열강
과 같이 해야 한다는 결론을 내린 것이다.」(趙景達, 「朝鮮における大國主義と小國主
義の相剋」 앞 논문집, p.67).

타당성 여부는 좀 더 검토할 필요가 있다.

　이『경쟁론』에서 후쿠자와의『통속국권론』과『시사소언』의 영향이 있는 것이 사실이다. 즉 이들 저서를 본 유길준이 그 내용에 자극 받아 일본에 대한 대항의식에서『경쟁론』을 서술해서 그런 표현이 나왔다는 견해도 있다.[37] 만약 그의 저작목적이 '경쟁의 정신과 기력'을 강조하는 것이었다면 유길준이 약소국에 대한 동정을 같이 언급하기란 참으로 어려웠을 것이다. 그러나 후쿠자와의 두 저서와 유길준의『경쟁론』은 그 전체적인 문맥에서 보면 양자의 취지가 전혀 다르다.

　후쿠자와의 양 저서의 취지는 민권보다 국권을 중시하고, 국권확장을 위한 경쟁심과 보국심을 강조하며, 전쟁의 긍정과 '내안외경'을 위한 힘의 양성 및 일본의 동양맹주론 등이 그 핵심내용이다.

　그러나 유길준의『경쟁론』은 그 취지가 경쟁의 정신을 강조하는 것이지만 그 목적은 인민의 지덕의 증진과 복지, 농공상업의 발전, 천하국가의 보전과 교육의 중시, 문명의 진취와 국가교제의 확장, 국가 간의 선의의 경쟁과 타인과 타국의 장점의 도입 등이 그 핵심내용이다. 전술한 바『경쟁론』 말미의 구절이 그냥 침략주의적 대국주의로 연결시키기 어려운 점은 그의 다른 저서를 통해서도 알 수 있다. 즉 유길준은 같은 시기에 서술한『세계대세』, 「자유대략(自由大略)」에서 '국권확장을 위한 양병'을 주장하였다. 그러나 여기서 국권확장의 뜻은 해외진출이나 대외침략과는 전혀 무관하다.

　즉 양병의 목적은 치외법권, 관세자주권의 수호이며 국권확장의 목적은 일국의 주재권, 독립권, 동등권의 삼대권을 유지 보호하는 것을 의미했다.[38] 또 이 논지의 말미에 국제법 속에서도 평시 국제법 만을 설명하였다.[39] 이렇듯 유길준이 표현한 '국위'나 '국광'은 침략전쟁을 부정한 터 위에

---

37)　金鳳珍, 「東アジア知識人の國際秩序觀」, p.320.

38)　「仰夫 我國人은 外國法律을 從ᄒ지 아니치 못ᄒ고 外國人이 我國에 在ᄒ 者ᄂ 其稅을 任意高低ᄒᄂ 權이 有ᄒ되 我國에서ᄂ 他國에 計較ᄒ며 議論ᄒ야」, 「自由大略」, 『全書』 III, pp.91~93.

서의 자국의 독립보전을 위한 『국권앙양』이며 「만방에 진굉하여 사해에 조
요한다」라는 말은 서양국제질서의 현실적 측면인 권력정치, 제국주의를 부
정한 조선전통의 도의 표현이었다고도 볼 수 있다.40)

　이에 비해 후쿠자와는 일찍이 동양의 유교적 인연을 끊고 근대화 즉 서양
화의 도식 아래 철저하게 서양중심의 근대화를 단행했었다. 따라서 그는 서
양근대문명의 긍정적 측면을 적극 받아들이는 것과 동시에 현실적 측면도
처세와 국권을 위한 명분하에 아무 저항 없이 받아들여서 서양열강대열에
침입하기를 갈망하였다. 그래서 그는 서양을 목표로 한 국권확장을 염두에
두었고 그 목적을 효과적으로 달성하기 위한 수단으로 약소국 조선을 문명
화의 구실 하에 침략대상국으로 삼았다. 그가 『민속국권론』에서 정한론을
통한 애국심 고취와 국민단합의 사례를 들면서 국민의 국권의식화에는 '대
외전쟁론'이 가장 효과적이라는 생각을 피력했었다. 그리고 『시사소언』에
서는 그 이전의 방편론의 단계를 지나서 실제적 행동론을 주장하였다. 즉 국
내는 안정시키고 밖의 아시아에서 열강과 경쟁하는 내안외경론을 펼쳤다.
이때부터 이미 후쿠자와의 국권론은 대외간섭과 침략으로 연결된 기본방
향을 설정한 것이다.

　그러나 유길준은 서양근대문명의 긍정적인 측면을 수용하는 반면 부정
적 측면을 반문하면서 조선의 유교가치관을 복합시키고 소화하려고 하였
다. 따라서 유길준의 국권론의 특색은 대외팽창이나 침략주의와는 다른 오
히려 열강의 제국주의적인 침략에 대처하고 국가독립을 지키기 위한 것이
었다.

　서양중심적인 모습을 지닌 후쿠자와는 조선을 비롯한 아시아제국에 대
해 당초부터 멸시론으로 일관하였다. 그리고 서영제국과 대등한 근대국가

39) 「금일은 昔時같이 무명한 군사를 起하지 못하나니 공법으로 준거하여 事機를 推察하
　　고 또 평시는 양국의 친목을 保持하기를 위하여 각종법률을 설립하여 相守, 相遵하니
　　左에 其 대략을 기하노라」, 「自由大略」, 위의 책, p.99.
40) 金鳳珍, 앞의 논문, p.321. 國權을 擴張ᄒ고ᄌᄒᄆ 兵力을 養치 아니홈이 可치 아니ᄒ니

건설을 목표로 세운 그의 국권론은 결과적으로 일본을 맹주로 한 아시아식 민지화로의 길을 여는데 선도적 역할을 하였다. 이와 같이 후쿠자와의 국권론은 팽창적이며 대국적인 침략주의의 성격을 지녔다. 그러나 유길준의 국권론은 서양에서 영향 받은 바 국가의 자주독립을 위한 천부국권론을 고수하며 세계평등주의를 주창했었고 전통유교사상에 입각하여 국제사회에 '신의'를 묻는 평화주의를 내세웠다.

3. 정체론

정체론에서 유길준과 후쿠자와는 서양의 입헌군주제를 모델로 삼았고 특히 영국의 그것을 군민공치하는 균형정치의 이상으로 생각한 것도 유사하다. 그러나 그들은 서양정체인 입헌군주제와 동양의 전제군주제와의 비교와 적용방식에서 차이를 보였다. 유길준은 서양의 입헌군주제를 서양문명의 핵심으로 보았다.[41] 즉 이 정체로 인해 오늘날 서양이 부국강병을 이룰 수 있었다고 보고 그 정체의 도입과 구현은 그가 바라는 개화를 달성시키는 궁극적 정체로서의 의미가 있었다. 그러나 후쿠자와는 정치론에서 서양의 입헌군주제를 마땅히 도입해야 할 선진국 정체로 파악했지만 유길준과 같이 문명의 핵심으로는 보지 않았다.

유길준과 후쿠자와의 전제군주제와 입헌군주제에 대한 시각차를 비교해 보면 유길준의 전제군주제에 대한 견해는 다음과 같다.

> 현명한 임금과 어진 신하가 국정을 행하여 공평한 도의를 힘써도, 그 덕화와 은택은 그 임금과 신하가 살아 있는 한때에 그친다. 훌륭한 규칙과 정치는 그러한 사람들이 사라지는 것과 동시에 없어져 버린다. 만약 폭군이나 간신이 국권을 잡으면 도리에 벗어난 정령과 잔혹한 법률을 가지고 사사로운 욕심을 마음대

---

41) 츠키아시(月脚達彦)는 「유길준의 立憲君主政體는 단순한 政體문제만이 아니고 文明論으로서의 의미를 갖는다.」고 주장하였다(月脚達彦, 「朝鮮開化思想の構造」, 『朝鮮學報』 154号, 1995).

로 부려서, 못하는 짓이 없게 된다. 그러므로 비록 태평한 시대를 맞는다고 하더라도 국민들의 성격이 활발치 못하게 되고, 정부를 남의 나라같이 여겨 나라를 걱정하는 성의가 없을 뿐더러, 나라에 위급한 사태가 생겨도 알지 못하게 된다. 그들이 경영하는 것이라고는 일신의 정욕만 충족시킬 뿐이다.[42]

즉 전제군주가 패란한 정령과 잔혹한 법률로 사적으로 권력을 남용하기가 쉽다고 지적하였다. 이에 비해 서양의 입헌군주제에 대해서는 다음과 같이 설명하였다.

정부에서 정한 제도는 임금과 국민이 함께 지켜 감히 이를 범하는 사람이 없고 훌륭한 법과 아름다운 제도를 새로 정하면 임금과 국민이 함께 지키기 때문에, 폭군과 간신이 서로 만난다고 하더라도 포학한 정치나 가혹한 법령을 자행할 수가 없다. 국민들은 저마다 직업을 안정시키고 일에 힘써 한집안의 영화를 꾀할 뿐만 아니라, 사람마다 자기 나라를 소중하게 여겨 진취적인 기상과 독립적인 정신으로 정부와 마음을 같이 하고 힘을 합하여, 나라가 부강해질 기회를 도모하고 문명할 수 있는 규범을 강구한다.[43]

유길준의 입헌군주제의 이해의 요점은 사(私)에 대한 공(公)의 우위성 실현에 있었고 그 결실로서 민심을 정부에 집결시키고자 하였다. 입헌군주제는 군주정치가 공적인 것을 제도적으로 보장하는 것이며 그 밑에서 처음으로 안민이 실현되어 인민각자는 일신의 정욕인 사적인 부분을 배제하고 자업에 충실하며 바르게 경려하면 사회의 부를 증진할 수 있다고 보았다. 따라서 유길준의 정체론은 입헌 그 자체보다도 인민의 수양에 무게가 실어져 있었다. 그러나 후쿠자와는 일본을 제외한 과거 동양의 입군전제정체와 서양의 입헌정체를 비교하면서 설명하기를 「입헌전제정체는 군주 개인의 마음이 만기(萬機)를 통제하고 좌우하며 군주의 마음이 바로 법률이 됨으로 군심의

---

42) 『西遊見聞』, 「政府의 種類」, 앞의 책, p.170.
43) 앞의 책, p.169.

명암은 바로 한 국민의 안위에 영향을 미친다. 이에 반해 군민공치의 입헌정체에서는 일국 최상의 권리를 헌법에 귀속시키기 때문에 정치운동의 평균을 얻을 수 있는 정체다.」[44]라고 동양의 전제정치는 군주가 임의대로 법률까지 통제하지만 서양의 입헌군주제는 군주와 국민이 서로 견제하며 균형을 이루는 이상적인 정체로 보았다. 이 점은 유길준과도 유사하다. 그러나 후쿠자와는 중국과 조선에 존재한 동양적 전제정체와 일본의 에도시대 막번체제를 아주 차별화 하였다. 즉 동양의 전제군주제와 서양의 입헌군주제와는 군주의 독단정치와 군민간의 균형정치라는 점에서 근본적 차이가 있었으나 오히려 과거 일본의 막번 체제하의 균형정치는 서양의 군민 균형정치와 유사했다고 분석하였다. 따라서 역사적으로 균형정치의 전통과 관습을 가진 일본은 서양 입헌군주제의 수용과 적용을 다른 동양나라보다 훨씬 쉽게 할 수 있다고 확신하였다. 이렇듯 후쿠자와는 유길준과는 달리 서양의 입헌정체를 이상적인 정치제도서만 파악하고 도입하려 한 것이다.

한편 유길준은 입헌군주제 속에서도 「영국의 정체가 세계제일이라」[45]고 하였다. 또한 그는 군권의 제한이나 의회, 삼권분립에 대해 언급하면서도 영국의 입헌군주제의 군주권을 삼권 위에 군림하는 '삼대강(三大綱)의 원수'[46]라고 하며 당시 영국 군권을 실상과는 달리 더 강력한 것으로 인식하고 『서유견문』에서도 그와 같이 설명하였다.

또한 유길준은 서양의 입헌군주제와 조선의 선왕제도의 공통점으로 군주의 군림과 세습이라는 점을 우선 파악하였다. 따라서 선왕제도에 서양입헌군주제의 균형정치만 도입하면 그것이 바로 선왕제도의 이상적 도달점이 된다고 확신하였다. 단지 유의할 점은 유길준이 서양 입헌군주제를 실상대로 인식 못하고 자의적으로 해석하여 변용된 모습으로 도입하려 했던 점

---

44) 「國會の前途」, 『福澤全集』 제6권, pp.272~273.
45) 『西遊見聞』, 「政府의 種類」, 앞의 책, p.171.
46) 위의 책, p.165.

이다.

이에 비해 후쿠자와는 영국의 입헌군주제 하의 군주권 제한을 그대로 파악했었다. 그러나 그는 이 제도를 일본에 도입하면서 군주 즉 천황의 역할을 극대화 시키려 하였다. 즉 영국과 같이 단순히 군림만 하는 군주가 아니고 일본천황을 도덕·정치·경제·사회·군사·문화 등 모든 영역을 초월하여 국민을 하나로 통합할 수 있는 신성한 정신적 지주로 세움으로써 강력한 국가정체를 이루려 하였다. 이는 천황의 신격화 작업이며 일군만민체제라고도 할 수 있고 후쿠자와가 일관해 온 국권주의에 기인한 것이라고도 볼 수 있다.

유길준의 입헌군주제론은 군주권의 사적제한과 동시에 군주권의 공적 강화로 집약할 수 있다. 즉 군주권의 제도화에 의해 중앙에서의 왕실과 척족의 전횡을 배제하고 동시에 지방의 사족과 향리 층의 전횡도 억제하려 하였다. 이것은 국가에 의한 일원적 지배를 달성하려는 당시의 정치적 과제의 반영이었다고도 볼 수 있다. 또한 군주의 권위강화는 당시 현안이었던 조선과 청국의 종속관계에서 청국황제와 조선국왕의 대등성을 주장하는 의미도 포함했었다.

따라서 유길준과 후쿠자와의 일군만민체제 구상이 외적 모습은 유사하나 유길준의 입헌군주제론은 그 정체가 교화에 의한 국민의 도덕적 수양과 직결된 것임을 알 수 있다.

후쿠자와는 천황을 모든 영역을 초월한 절대적인 자리에 세워 놓았다. 그것은 오로지 그의 목적이 천황을 중심한 강력한 국가체제 확립에 있었기 때문이다. 따라서 극단세력이 집권하여 천황의 권위를 가지고 편향된 국내외 정책을 감행할 경우 일본국가자체도 극단적인 방향으로 갈 수 있는 위험성을 안게 된 것이다. 실제로 일본은 후쿠자와의 의도대로 근대천황제국가를 확립하였지만 그 후 천황 이름 하의 대외전쟁과 침략을 감행한 것이다.

한편 유길준의 유교적 도덕주의를 핵심으로 구상한 근대입헌제국가는 실현되지는 못했지만 일본근대국가와 대비되는 비 침략적이고 평화적인 모습이었음을 짐작할 수 있다.

Ⅲ. 경제사상 비교

1. 농업론

유길준도 후쿠자와도 근대화와 부국을 위해서 농업은 변함없이 중요한 분야임을 인식했었고 또한 그 개혁의 필요성도 강조하였다. 특히 양자는 양국 공히 전근대 봉건시대부터 내려오는 전통적 토지제도인 지주 전호(소작인) 관계를 비판하며 그 개혁 방안을 제시하였다.

유길준은 그가 영향을 받은 실학사상에서 토지평등을 지향한 균전론이 천도와 인정에도 맞다고 평가하였지만 실질 적용은 당시 조선의 현실에 적합하지 않다고 판단하였다. 그래서 토지사유제를 전폐하지 않고 균전론의 취지를 살리며 소작인의 부담을 경감시킨 도조법(賭租法)을 제시하였다. 이것은 토지몰수에 따른 지주들의 원성의 부작용 방지와 지주들의 부를 근대화를 위한 정부시책에 활용하고자 한 그의 점진적 개혁의 일환이었다.

후쿠자와도 봉건시대부터 내려오는 토지사유제의 폐단을 절감했으며 정부가 토지를 모두 몰입해서 국민일반의 공유로 나누는 것이 바람직하다고 보았지만 서양제국의 사례와 시급한 변화를 피하기 위해 일단 그 유보를 제안하였다. 다만 그 개선책으로 유길준과는 달리 오히려 지세를 가중시켜서 그간 지주가 소작인에게 받던 몫을 정부가 모두 거두는 방안을 제시하였다. 그는 에도막부 시대 이래의 실례를 들면서 지조를 경감해준 지역은 소작인의 부담은 변한 것이 없고 지주들의 부만 늘었기 때문에 국부를 늘리기 위해서는 지세를 가중시켜야 한다고 주장하였다. 또한 전통적 지주·소작인 관계 속에 일본적인 가족정서가 있었음을 인정하면서도 그것이 문명화와는 대치한다고 비판하였다.

유길준과 후쿠자와는 토지사유개혁에 대한 경감과 가중이라는 방법상의 차이가 있었다. 그것은 유길준이 전통유교사상에 입각해서 농민의 부담을 줄이려는 의식이 있었는데 비해 후쿠자와는 아예 빈농인 소작인의 입장은 도외시 한 채 지주를 압박해서 국부에 연결시키려 한 국익 우선주의의 차이라고 볼 수 있다.

또 근대적인 농업운영과 기술개발분야에 대한 언급에서는 유길준은 농업학교, 농업실험장 설치를 통한 새 영농, 시비법의 개발 등을 농민에게 제시하였다. 후쿠자와는 농민이 무지에서 깨어나 교육과 실험을 통한 농법의 연구개발정신이 필요하다고 역설하였다. 나아가 유길준은 산지를 개발하여 유실수나 다목을 심고 양잠업과 목축업도 장려하였다. 이중 양잠업의 개발이 견사수출에 매우 유리하다고 보았는데 이것은 이미 중국과 일본에서 으뜸 수출품으로 둔갑된 선례에서 자극받았다고 사료된다. 후쿠자와도 쌀농사에만 집착하는 농민의 자세를 시정하고 세계 속에서 일본만이 생산할수 있는 양잠업, 차 등의 증산을 통한 수출품개발을 적극 권장했는데 이점은 양자의 농업개혁론에서 유사한 관심분야였다고 볼 수 있다.

2. 상공업론

유길준과 후쿠자와의 경제사상에서 상공업론은 핵심분야라고 할 수 있다. 양자 공히 부국문명화에 있어서 상공업발전을 강조하며 여러 방안을 제시하였다. 그러나 여기서도 전통유교사상을 견지하면서 서양의 자유방임주의를 도입하려한 유길준과 순수 자본주의경쟁논리로 산업화를 시도한 후카자와와의 차이를 볼 수 있다.

유길준은 먼저 조선시대 이래의 상업천시를 불식하여 근대국가 입국의 대본인 공인적 자각심을 가지고 상인들이 상업에 임해야 한다고 강조하였다. 또 이를 위해서는 자기 이익 추구만이 아닌 신, 의, 지의 행실개화를 돈독히 하여 그 터 위에서 상업발전을 도모해야 한다는 상업도덕주의를 주장하였다.

그러나 후쿠자와는 문명개화사상에서 이미 유교적 도덕주의와 서양문명화를 대치개념으로 보았기 때문에 상공업론에서도 유길준과 같은 도덕주의는 없었다. 그는 일본인의 성품 혹은 우수한 기술성 속에 상공업발전에 적합한 요소를 찾아내서 이를 최대한 활용하여 서양제국의 산업경제 수준에 조속히 도달하려고 모색하였다.

이와 같은 차이는 산업생산과 연결된 국제무역에서도 알 수 있다. 유길준이 서양에서 근대산업화를 지향한 자본주의 자유방인주의를 받아들인 점은 후쿠자와와 같았다. 그러나 그 틀 속에서 유길준이 유교적 도덕주의를 국제무역에 적용하여 상호 간의 정직과 신용을 강조한 것과 자국생산품 보호를 위한 관세법의 국제협약 필요성을 주장한 점에 차이가 있다.

즉 후쿠자와는 전술한 바 방적업 등을 발전시키는데 적합한 일본인의 순량함, 청결심 등의 천부적 특성을 높이 평가하였다. 그리고 그와 같은 요소가 이미 생산량 증가의 구체적 수치에도 나타나 있음을 지적하며 해관세의 전폐를 주장하고 보호무역을 부정하였다. 이와 같은 후쿠자와의 자세는 앞으로의 일본의 산업경제발전에 대한 자신감에서 나온 것으로 그 한 예로 면산업에서는 영국도 추월할 날이 멀지 않았다고 확신했었다. 이렇듯 후쿠자와는 유길준과는 달리 전통유교사상에 대한 집착 없이 순수 서양자본주의 논리를 그대로 답습하여 외국과의 경쟁에도 자신이 있었다.

유길준의 경제사상에도 보이는 유교적 도덕주의는 그의 근본사상으로서 오늘날까지도 이어지는 약육강식적 자본주의 경쟁체제에 대해 시사하는 바가 크다고 할 수 있다. 그러나 당시 근대산업화가 시급한 시점에서 도덕주의를 중시한 유길준의 경제사상을 후쿠자와와 비교할 때 자립적 경쟁심 혹은 근대산업화 추진력에서는 뒤지는 요인이 되었다는 점도 부정할 수가 없다.

일본은 그 후 후쿠자와의 경제사상의 틀 속에서 산업경제가 비약적으로 발전하였다. 그러나 거기에는 유길준인 강조한 도덕주의는 없었다. 일본의 근대산업화는 그 후 침략전쟁과 연결되어 더 큰 이득을 보는 침략적 자본주의경제로 진행되었음에 유의할 필요가 있다.

Ⅳ. 대외사상 비교

유길준의 대외사상의 기저에는 조선이 어떤 식으로 국제사회에서 자주독립을 공인 받고 국권을 확립하느냐는 의지가 늘 깔려 있었다. 유길준이 일본에 유학했을 무렵 일본은 문명개화, 식산흥업, 부국강병의 근대화정책이 상당한 성과를 올리고 있었고 민권론자로 등장한 후쿠자와도 이미 『통속국권론』, 『시사소언』 등의 저작과 『시사신보』의 여러 논설을 통하여 국권확장 즉 아시아 진출을 외치고 있었다. 유길준의 대외사상에도 이러한 일본의 상황과 후쿠자와의 국권론의 영향이 있었을 것이다. 그러나 전술한 바 유길준 저술의 『국권』과 「방국의 권리」의 내용은 자국의 독립을 지키기 위한 '방국의 권리'이며 자연법적인 천부국권론에 입각한 국가의 기본권을 강조한 것에 불과하지 국권확장과 침략성은 없었다. 그의 『중립론』저술과 외교사무의 관여도 국가의 기본권을 지키기 위한 것이었다.

조선에서의 청국의 압도적 우위와 간섭을 막기 위해 조선조정은 러시아와의 밀약을 도모했지만 청국의 방해와 영국의 견제로 실패로 끝났다. 아직 국내체제가 흔들리는 조선의 현실은 열강의 각축장이 되어 자국의 독립마저 위태로운 정세였다. 그래서 유길준의 『중립론』은 조선주변의 현실적 상황인식에 입각하여 구상한 것이다. 그러나 이 『중립론』은 공개되지 않았고 청국은 물론 청국 영향 하의 조정의 관심도 끌지 못했다. 조선과 통상조약을 맺은 지 얼마 안 된 서양열강과 앞으로 통상조약을 교섭하려는 서양열강도 청국을 맹주로 한『중립론』을 반기지 않았다. 또한 청국에 기선을 제압 당한 일본은 정부의 일부관료와 민간언론에서 조선중립을 둘러싼 일시적인 논의는 있었지만 이미 조선 침략정책을 세운 일본정부는 적극적으로 추진할 의사가 없었다.

또한 무엇보다도 이『중립론』은 정치, 외교면에 치중한 나머지 조선의 경제적 예속화를 노린 주변강국의 제국주의적 경제주권침탈에 대해서는 속수무책이었다.

당시 청국은 전통적 조공관계에 만족하지 않고 조선이 자주독립국가로서 자유행동을 하는 권리를 속박하고 있었다. 유길준은 '영약삼단'사건에서 외교문서를 세 번이나 작성하여 청국정부에 조회문을 보냈다. 그는 만국공법을 인용하여 조선의 자주외교를 옹호하였다. 이렇듯 그는 조선에 대한 청국의 실질적인 영향력을 의식하면서 조선의 국권보호를 위해 최선을 다하였다.

이런 상황 하에서 그의 국권보호의 가장 큰 위협이었던 청국세력을 제거하는 기회를 청일전쟁시의 갑오개혁에서 잡는데, 이 개혁 추진과정에서 취한 대일 의존적 태도는 이후 계속해서 그의 친일성 논란을 야기한다. 유길준이 이와 같은 일본관을 갖게 된 것은 일본유학시절부터 문명화의 실체를 일본에서 목격했기 때문이다. 그리고 청국의 영향을 제거하고 급진적인 문명개화와 부국강병을 추진하기 위해서는 가까운 일본을 모델로 할 수밖에 없었던 점을 들 수 있다. 또한 갑오개혁은 내외정세의 복잡한 상황 속에서 일본의 군사력에 의존해 추진할 수밖에 없다고 판단했다.

유길준은 일본이 정의와 도의를 지키는 진정한 우방으로서 조선의 문명화의 지원국이 되어 주기를 원했다. 그러나 일본은 시종일관 조선에 대해 그들의 이해관계에 입각하여 움직였다. 이점은 침략적 입장을 선도한 후쿠자와의 대외사상에도 잘 나타나 있다.

서양중심주의자였던 후쿠자와는 처음부터 반유교주의에 입각하여 조선 및 아시아에 대해 멸시관으로 일관된 침략적 대외사상을 펼쳤다. 그는 조선에 대하여 문명화를 명분으로 한 동양맹주론, 혹은 탈아론 등의 상황논리의 변화를 보였지만 일찍이 대외진출과 침략이 국권확립에서의 최대효과임을 체득한 그는 이 구조논리 속에 일관된 조선정책을 펼쳤다.

이렇듯 유길준은 후쿠자와 및 일본의 조선에 대한 문명화 지원 부분만 주목했지 침략성은 잘 파악하지 못하고 오히려 여기에 호응하기도 해서 친일적이라는 비판을 면하기 어려운 큰 오류를 범했다.

유길준의 이와 같은 일본관은 적지 않는 애국계몽운동가들의 시각에도 반영되었다. 즉 힘이 있는 일본에 전면 대결하는 자살행위보다는 애국계몽운동에 의한 실력양성이 현실적 국권회복의 최선의 수단이라고 판단하였다. 이는 결국 일본제국주의와의 타협을 가져와 침략을 방치하는 결과를 초래했다고도 볼 수 있다.

V. 결 론

유길준과 후쿠자와 유키치는 19세기 서세동점의 대변동기의 계몽적 사상가였다. 그들 사상 속에 양국 근대화의 방향성과 근대국가의 모델이 내재되었다고 해도 과언이 아니다.

유길준과 후쿠자와는 양국 전근대시대에 같은 유교사상의 토양 속에서 교육을 받으며 성장하였다. 이 영향이 이후로 양자가 구축한 학문과 사상체계의 기초에 깔렸다고 할 수 있다. 그러나 유길준은 당시 조선의 사회신분상 학문을 숭상하는 전형적인 양반가문에 태어나 성장기에 받은 유학교육의 긍정적 영향을 받아 그것을 그대로 간직하였다. 그 후 일본, 미국, 유럽으로의 유학과 외유 속에서도 견지했었다.

한편 후쿠자와는 에도말기 태어났으며, 가정은 당시 일본에서의 지배계

층인 무사였으나 말단 하급무사였다. 특히 아버지의 문벌봉건제도하의 신분적 고충을 실감한 그는 유학교육을 받았지만 그 문벌제도를 사상면에서 뒷받침한 유교를 아버지의 적으로 간주하여 철저히 증오하였다. 그래서 그가 외유 후 형성한 문명사상에는 반유교주의를 내세웠고 평생 그것을 관철하였다.

양자의 이 출발부터의 기본적 차이가 안으로 반근대적 봉건체제를 타파하고 밖으로 서양문물을 도입하려는 문명개화사상의 유사성에도 불구하고 사상적 본질에서 큰 차이를 보였다.

유길준과 후쿠자와의 관계는 다른 조선의 개화사상가와는 달리 사제지간이었다. 그래서 유길준이 그에게 많은 영향을 받은 것이 사실이며 어쩌면 개화사상의 본질면도 영향 받을 수 있었을 것이다. 그러나 같은 서양문물을 접하고 체험했음에도 불구하고 그들은 전통사상관에서 상극적 차이를 보였고 그것은 그들의 문명개화사상과 정치사상 및 대외사상에서도 볼 수 있다.

유길준은 문명개화의 최우선이자 중심은 오륜에 입각한 행실개화라고 보았는데 후쿠자와는 문명화에서 유교도덕을 아주 경시했다. 그는 동양의 유교주의와 서양의 문명주의를 비교하여 동양에 없는 것이 유형의 수리학과 무형의 독립심이며 그 중 수리학 속의 실증적인 실험정신이 전통사상인 유교정신과 대치되는 것으로 보았다. 따라서 그는 서양문명화를 위한 반 유교주의를 철저히 내세웠다. 그러나 유길준은 문명개화를 전통적인 유교사상과 복합시키면서 추진하려 했기 때문에 후쿠자와와는 큰 차이를 보인 것이다.

정치사상인 민권론에서 유길준과 후쿠자와가 공히 국권 위주의 민권론을 내세운 부분은 유사하다. 그것은 조선과 일본이 공히 주변 열강의 압박 속에 나라의 독립과 국권확립이 시급한 과제였기 때문이다. 그러나 민권 구현의 시각에서 차이를 보였다.

유길준은 민권을 도덕적 교화와의 조화 속에서 구현하고자 했었다. 국민의 도덕적 교화 후의 정치참여라는 그의 민권제한은 '제한'만 놓고 보면 후쿠자와와도 유사하게 보인다. 그러나 그는 민권과 국권을 대립개념으로 보지 않았다. 이에 비해 후쿠자와는 일찍이 민권과 국권을 대립개념으로 파악하여 국권을 위해 민권을 예속시켰다. 특히 그는 대외침략에 눈을 돌리면서 국권확립을 위해서는 민권제한이 불가피함을 확신하였다. 이렇듯 후쿠자와가 『서양사정』과 『학문의 권장』 집필 시에 보였던 민권론자의 모습은 『통속민권론』과 『통속국권론』의 출판 시기부터는 변화를 보이기 시작하였다. 그리고 『시사소언』 집필 시에는 「천연의 자유민권론은 정도며 인위의 국권은 권도다」라고 주장하면서 「나는 권도에 따르는 자」라고 고백하여 국권을 위한 인위적인 관민조화론, 내안외경론, 대외전쟁론 등을 피력하며 민권제한을 강조하였다. 따라서 유길준과 후쿠자와의 민권제한은 그 목적과 방향성에서 본질적 차이가 있었다.

유길준이 후쿠자와로부터 많은 영향을 받으며 집필한 『서유견문』에서 그는 천부인권론과 자연법사상을 피력하였는데 이후 일관되게 전통유교가치관과 절충하면서 국민교화에 진력했던 모습을 볼 수 있다. 나아가 천부인권론을 천부국권론으로 한 차원 올려서 세계평등주의를 주창하였다. 이렇듯 그는 서양의 자연법사상에 전통적 유교사상을 접목시킨 민권론을 펼친 것이다. 이에 비해 후쿠자와는 당초 서양의 자연법적 인권론을 그대로 일본에 소개하였지만 그 후 권도인 국권론에 예속된 민권론을 펼치게 된 것이다.

유길준은 후쿠자와의 저서인 『서양사정』과 『학문의 장려』에서 천부인권론을 접하였고 그 영향도 많이 받았다. 그러나 자유·평등관과 법 논리에서 전통유교사상과의 절충을 시도하였다. 그리하여 법을 수단으로 한 덕화속의 민권보장이라는 독자적인 민권론을 펼쳤다. 이에 비해 후쿠자와는 서양인권론 도입과정에서 유길준과 같은 전통사상과의 절충을 하지 않았다. 오히려 당초 주장한 인권론에서 후퇴하여 차차로 그의 사상적 본색인 국권을 위한 민권제한을 강조 한 것이다.

국권론을 비교해 보면 우선 양국의 역사 속의 대외관계의 구조차이가 전제조건으로 있었다. 따라서 유길준은 청국과의 관계 설정을 고민하면서 국권을 세워야 하는 어려움이 있었지만 후쿠자와의 경우 그런 부담이 없었다.

후쿠자와는 일찍이 동양 유교와의 인연을 끊고 근대화는 곧 바로 서양화라는 도식 아래 철저하게 서양 중심적 근대화를 단행했었다. 따라서 그는 서양근대문명의 긍정적 측면을 적극 수용함과 동시에 부정적 측면까지도 처세와 국권을 위한다는 면목으로 아무 저항 없이 수용하여 서양열강 대열에 진입하기를 갈망하였다. 그는 서양을 모방한 국권확장을 염두에 두었고 그 목적을 효과적으로 달성하기 위한 수단으로 약소국 조선을 문명화의 명분으로 침략시하였다. 그가 『민속국권론』에서 '정한론'을 통한 애국심 고취와 국민단합의 사례를 들면서 국민의식을 국가로 집중시키는 데는 적국을 선정한 '대외전쟁론'이 가장 효과적이라는 생각을 가지고 있었다. 그리고 『시사소언』에서는 국내는 안정시키고 국외인 아시아에서 열강과 경쟁하자는 '내안외경론'을 펼쳤다. 이때 이미 후쿠자와가 설정한 일본의 기본방향은 제국주의적 대외침략이었다.

이에 비해 유길준은 서양문명 도입 속에서도 흔들림 없이 동양적 가치관의 우수성을 확신하고 지키려고 하였다. 그리고 만국공법의 평등주의를 전통가치인 예(禮)를 중심한 만국평등관으로 지양하였다. 따라서 청국과의 종속관계의 근절은 주장하였고 서양의 실상이었던 만국공법에 어긋난 강대국과 속국의 예속관계의 모순까지 지적하며 비판하였다.

즉 그는 서양근대문명의 긍정적 측면을 수용하는 한편 현실적 문제점을 반문하면서 조선의 전통적 유교가치관으로써 수정하려 한 것이다. 따라서 유길준의 국권론은 대외팽창이나 침략주의와는 본질적으로 달랐으며 오히려 열강의 제국주의적인 침략에 대처하고 국가의 독립을 지키려는 데서 나온 사상이었다.

서양 중심주의자인 후쿠자와는 조선을 비롯한 아시아제국에 대해서 늘 멸시관으로 일관하였다. 따라서 그런 의식 속에서 확립한 국권론은 아시아에 대한 배려는 없었고 오로지 서양제국과 대등한 국력을 확립하고 서양근대화된 후의 일본이 아시아의 맹주가 되어 아시아를 침략하고 식민지화 하는 길만 열어 준 것이다. 그것은 후쿠자와가 일찍이 국제사회에서의 공법의 무력함을 인식하였고 정도인 본연의 자유민권론보다 권도인 인위적 국권론을 따르겠다고 결단했을 때부터 이미 제국주의적 침략주의의 방향성이 설정된 것이다.

이에 비해 유길준의 국권론은 서양에서 영향 받은 바 국가의 자주독립을 위한 천부국권론을 고수하며 세계평등주의를 주창했었고 전통·유교사상에 입각하여 국제사회에 '신의'를 묻는 평화주의를 내세웠다. 그러나 그의 지나친 공법과신은 당시 국제사회에서의 공법 구속력의 한계를 볼 때 너무 비현실적인 측면을 지닌 점도 부정할 수 없다.

유길준은 정체론에서 서양의 입헌군주제와 조선의 선왕제도에서 군주의 군림과 세습이라는 공통점을 인지하였다. 그래서 조선의 선왕제도에 서양의 입헌군주제의 균형정치만 도입하면 바로 선왕제도로서 이상적인 도달점에 이른다고 확신하였다. 그러나 여기서 유의할 점은 유길준이 서양입헌군주제를 실상대로 파악 못하고 자의적으로 해석하여 도입하려 했던 점이다.

이에 비해 후쿠자와는 영국의 입헌군주제하의 군주권 제한을 그대로 파악하였고 이 제도 도입에서 군주 즉 천황의 권위와 역할을 유길준이 구상한 군주의 위상보다 훨씬 극대화 하려고 했다. 즉 영국과 같이 군림만 하는 군주가 아니고 일본천황을 도덕, 정치, 경제, 사회, 군사, 학문 등 모든 영역을 초월한 최고의 자리에 올려 놓으려 하였다. 다시 말해서 국민을 하나로 통합할 수 있는 신성(神聖)한 정신적 중심자리에 세워서 강력한 국가정체를 이루려 하였다. 이것은 천황의 신격화 작업이자 일군만민체제라고도 볼 수 있고 여기에는 천황 중심의 강력한 국가체제를 이루려 한 후쿠자와의 국권주의가 일관되고 있다.

유길준의 입헌군주제론은 군주권의 사적제한과 동시에 공적인 군주권의 강화로 집약할 수 있다. 즉 군주권의 제도화에 의해 중앙에서의 왕실과 척족의 전횡을 배제하고 동시에 군주를 향한 권력의 형식적 집중을 통해 지방사족과 향리 층의 전횡을 억제하는데 그 목적이 있었다. 이는 당시의 정치적 과제인 국가에 의한 일원적 지배의 달성이라고 볼 수 있다. 또한 군주권의 강화는 당시 청국과의 종속관계 속에서 청국황제에 대한 조선국왕의 대등권을 주장하는 의미도 있었다.

따라서 유길준과 후쿠자와의 일군만민체제 구상이 외적 모습은 유사하나 내용은 달랐다. 즉 유길준의 입헌군주제론은 그 정체가 교화에 의한 군주와 국민의 도덕적 수양이 요구되었던 반면 후쿠자와의 경우는 오로지 강력한 국권확립에 목적을 두고 천황을 모든 영역을 초월한 절대적 자리에 세우려 한 점이다. 따라서 극단적인 집권세력이 천황의 명과 권위를 가지고 편향된 정책을 감행할 경우 일본국가 자체가 극단적 방향으로 가는 위험성을 갖게 된 것이다. 사실 일본은 이후에 천황 명령 하의 무모한 아시아침략과 전쟁을 감행하였다.

그러나 유길준이 구상한 군권의 제도화와 국민교화를 핵심으로 한 입헌군주제론은 서양입헌군주제를 모델로 하여 군권 제한적이며 국민교화를 목표로 한 정체론이었다. 따라서 후쿠자와가 구상한 군권 강화를 통한 침략적인 국가와는 다른 형태의 평화지향적인 근대입헌제국가를 구상했다고 볼 수 있다.

경제사상을 살펴보면 유길준은 농업론에서 실학사상의 영향을 받아 토지평등을 지향한 균전론이 천도와 인정에도 맞는 제도라고 판단하였지만 현실적으로 당시 조선에서는 실현이 불가능하다고 보았다. 그래서 그 취지를 살린 도조법을 제시하여 점진적 개혁 속에 농업 근대화를 시도 하였다.

이에 비해 후쿠자와는 일본에서 전근대시대부터 지속되어 온 토지사유제의 폐단을 지적하면서도 사유제 자체를 없애는 것보다는 국익 증가에 초점을 맞추는 방책을 제시하였다. 즉 지주의 농민에 대한 가중과세가 예상되면서도 지주에 대한 지세를 더욱 올려서 국익을 늘리고자 하였다. 여기서 전통유교사상에 입각하여 농민의 고충을 없애려는 유길준과 일반농민의 처지는 무시하고 국익에만 중점을 둔 후쿠자와와의 차이를 볼 수 있다.

상공업론에서 유길준은 서양경제론의 자유방임주의를 도입하되 국가사정에 따른 간섭의 필요성을 주장하였다. 또한 국제무역에서의 정직과 신용을 강조하며 자국생산품 보호를 위한 관세법의 국제협약 체결을 천명하였다.

후쿠자와는 일본인의 산업화에 적합한 순량함, 청결심 등의 천부적 특성을 높이 평가하면서 그 특성을 살린 일본상공업의 비약적인 발전을 확신하고 해관세의 전폐를 주장하며 보호무역을 부정하였다.

유길준과 후쿠자와의 경제사상의 특색을 살펴 볼 때 유길준은 농업론이나 상공업론에서 유교적 도덕주의를 관철하며 근대산업화를 모색하였으나 후쿠자와에게는 그 같은 도덕주의가 없었다. 특히 그는 농업론에서 농민입장보다 국익우선을 강조하였고 상공업론에서는 일본국민의 상공업에 적합한 자질을 발견하며 이에 대한 자신감을 배경으로 보호무역을 부정한 순수자본주의 경쟁론을 주장하였다.

유길준의 근대산업화 구상에도 불구하고 조선은 끝내 근대산업화에 실패하고 일제 강점 하에 놓이게 되었다. 반면 후쿠자와의 예측대로 일본은 근대산업화에 성공하였고 오늘날 세계굴지의 경제대국이 되었다. 그러나 일본 근대산업화의 방향은 특히 2차대전까지는 전쟁에서 승리하여 이익을 챙기는 침략전쟁과 연결된 자본주의노선이었으며 오늘날 일본에서도 아직 후쿠자와가 강조한 경제우선주의가 살아있는 모습을 볼 수 있다.

이런 점에서 도덕적 가치관을 결여한 후쿠자와의 경제사상과는 달리 서

양의 자본주의논리 도입 속에서도 신(信)·의(義)·지(智)를 핵심으로 한 도
덕주의를 끝까지 일관한 유길준의 경제사상을 오늘날 시각에서 다시 재평
가 해야 할 필요가 있다고 보는 것이다.

대외사상을 보면 유길준이 저술한 『국권』과 「방국의 권리」의 핵심내용
은 자국의 독립을 지키기 위한 '방국의 권리'를 주장하며 자연법적인 천부국
권론에 입각한 국가의 기본권을 강조하였다. 따라서 국권확장, 대외진출과
같은 침략성이 없었다. 오히려 그는 열강 속에서 외교의 묘를 살려서 주권을
지키려한 『중립론』을 저술하였다. 또한 국가의 기본권을 지키기 위해 직접
외교사무에 관여하기도 하였다. 다만 이 『중립론』은 정치·외교에만 치중
한 방안으로서 주변강국의 경제적 주권침탈에 대해서는 전혀 언급이 없었
던 점을 지적할 수 있다.

서양주의자였던 후쿠자와는 당초부터 반유교주의에 입각하여 조선 및
아시아에 대해 멸시론으로 일관한 대외사상을 펼쳤다. 그는 조선에 대해서
문명화를 명분으로 동양맹주론을 펼치다가 갑신정변 후에는 서양제국주의
를 답습한 탈아론을 주장하였다. 일찍이 대외진출과 침략이 국권확립에 최
대효과를 본다는 것을 체득한 그는 이 구조논리를 가지고 조선에 대처하였
다. 그러나 유길준은 후쿠자와와 일본의 조선 문명화에 대한 지원 부분만 주
목하고 침략성을 간과함으로써 한편으로는 친일적이라는 비판을 받게 되
었다.

유길준의 이러한 일본관은 일부 애국 계몽운동가들의 시각에도 반영되
었다. 즉 힘이 있는 일본에 전면 대결하는 자살행위보다는 애국계몽운동에
의한 실력양성이 현실적 국권회복의 최선의 수단이라고 판단한 점이다. 이
런 사고는 결국 당시 일본과의 타협과 그 침략을 방치한 결과를 초래했다.

결론적으로 한일 양국의 근대화과정 시기에 살았던 유길준과 후쿠자와
의 사상행보에서 양국의 근대화를 향한 몸부림과 성패 및 문제점에 대해 살
펴보고자 한다.

유길준은 전통 유교사상 계승과 시세와 처지를 중시하는 자세로 특히 국민의 정치참여를 주장하면서도 국민의 교화 후의 정치참여라는 제한성을 두었다. 이 점은 근대화과정에서 민족전체의 역량이 결집되어야 할 결정적 시기를 놓침으로써 근대 독립국가를 이루지 못한 원인을 초래했다고 볼 수 있다.

그러나 후쿠자와는 일찍이 정도를 벗어나 국권에 민권을 예속시키는 권도주의를 선택하고 그가 의도한데로 국민을 강력한 국가주의로 뭉치게 하는데 성공하였다. 즉 일본의 근대화과정에서 대내외적으로 국민의 결집이 필요할 때 관민조화, 내안외경을 주창함으로써 국민을 한 방향으로 결집시키는데 앞장섰다. 결국 후쿠자와의 문명사상은 그 침략성이 문제가 되지만 일본을 근대국가로 만드는 데는 성공하였다.

한편 유길준이 서양근대사상 도입과정에서 전통사상 중시와 서양문명과의 융합을 시도한 점은 아주 독자적이며 평가 받을 수 있다. 그러나 서양열강과 뒤이어 제국주의 국가가 된 일본 등에 둘러싼 국제환경 속에서 조선의 근대국가로의 변화가 시급히 요구될 때 그 전통에 집착했던 시기 만큼 근대화의 속도를 늦추는 원인이 되버린 점도 묵과 할 수가 없다.

이 같은 이유 등으로 유길준의 근대사상은 당시 조선을 독립된 근대국가로 이끌지는 못하였다. 그러나 유길준의 근대사상은 그 후 일제강점기를 거쳐서 오늘날의 한국근대화를 이룬 근대학문과 사상의 시초의 역할을 하였다. 그리고 특히 서양문명의 뿌리가 되는 기독교의 도덕성과 전통사상인 유교의 도덕성의 공통점을 발견하여 스스로가 기독교신앙을 수용하면서 '동서도(東西道)의 융합'을 시도한 점은 아주 높이 평가 받아야 한다.

유길준과 후쿠자와의 사상행보는 당시 양국의 근대화와 그 성패를 가르는데 일정한 영향을 주었다. 그러나 오늘날 시각에서 볼 때 일본의 근대화는 성공시켰지만 일본을 국권확장과 침략주의 일색으로 이끌어 간 후쿠자와는 근대화 공로에 대한 높은 평가 만큼 일본에 오늘날까지도 과거 역사의 반성과 청산이라는 큰 부담을 안겨 주었던 점 비판받아 마땅하다. 그러나 근대 서양의 부정적 측면을 제외하고 이상적 측면을 전통 유교적 가치관과 조화 시켜서 도입하고자 최선을 다한 유길준은 그가 가진 한계성에도 불구하고 오늘날 한국이 가야 할 방향성에 대해 시사하는 바가 아주 크며 다시 평가받 아야 한다고 사료된다.

제4부 근대일본의 기독교사상과 「한일론(韓日論)」
-우치무라 간조(內村鑑三)를 중심으로-

I. 서 론

우치무라 간조(內村鑑三:1861~1930)는 기독교 사상가이면서 일본 근대 사상사에서 중요한 방향제시를 한 예언자적 인물이었다.

우치무라는 젊어서 삿뽀로(札幌) 농학교에서 과학과 종교를 통하여 서양문명의 진수를 접하였고, 더 나아가 4년간의 미국유학을 통하여 동서문화의 일본에서의 접촉의 의의를 깊이 통찰하였다. 그러나 그의 서양문명 수용의 특성은 일반 메이지시대의 선각자들의 경우와 달랐다. 그것은 그가 서양의 과학과 물질문명에만 관심을 두지 않고, 동시에 서양종교도 수용하면서 생애를 걸쳐 깊이 탐구한 점이다. 이와 같이 우치무라가 처음부터 과학과 종교를 스스로의 내면문제로서 동시에 취급한 점이 그의 서양문명 수용의 독자성과 깊이를 더하였고, 당시 종교만을 문제시했던 다른 메이지시대 기독교 선각자들과도 다른 점이었다.

우치무라가 기독교에 입문한 삿뽀로 농학교 시절부터 평생을 걸쳐 모색한 것은 우선 어떠한 기독교가 인류를 구원할 수 있는가 라는 것이었고, 다음에 일본의 천직이 무엇이냐는 문제였다.[1] 즉 그는 일본을 초월해서 인류를 구원해야 할 기독교의 새 형태를 계속 추구하였고 또 천직을 깨달음으로써 일본이 세계를 위해 가야 할 길을 찾았다. 이것이 그의 진정한 애국이었고 또 그가 넓은 세계관에 바탕을 두고 모색했다는 점에 그 특색이 있었다.

또한 우치무라를 주목하는 점은 이와 같은 독특한 사상배경에서 나온 그의 예언자적인 일본관과 조선관이다. 그는 근대일본의 역사행보 속에서 평생 일관된 애국심으로 일본인 및 일본사회에 대한 관심과 비판을 소홀히 하지 않았다. 또 그의 일본관과 깊이 연관되는 조선관도 당초 천직을 가진 일본으로서 조선을 시혜대상국으로만 보다가 후에는 큰 변화를 일으킨다.

그리고 우치무라는 러일전쟁시에 강력한 반전평화운동을 전개한 인물이다. 그의 반전평화사상에는 그의 독자적 기독교사상과 국가관 세계관이 내포되어 있다. 그리고 그의 기독교사상과 평화사상은 조선인 김교신(金敎臣), 함석헌(咸錫憲)에게까지 큰 영향을 주었다. 그것은 그의 사상이 당시 대부분의 일본인이 가진 편협한 국가주의와는 다른 인류애에 바탕을 둔 보편성을 지녔기 때문이다. 따라서 늘 일본지식인의 약점으로 지적되는 보편성의 결여와는 차별화된 우치무라 간조의 기독교사상과 평화사상이 지닌 현대적 의미는 아주 크다고 볼 수 있다.

우치무라에 대한 한국 측의 연구로는 일제기 그의 조선 제자인 김교신과 함석헌공저로 펴낸 단행본과[2] 김교신의 글[3]이 있다. 여기서는 우치무라의 무교회주의와 순수애국심에 대하여 높이 평가하며 이에 자신들이 많이 감화되었음을 고백하였다. 반면에 이 시기 김인서(金麟瑞:1894–1964)의 「일본 제국교회의 무사적 맥락을 가진 우치무라와의 교섭이 민족적 양식에 거친다」[4]라는 비판적인 글도 있다. 그러나 이 우치무라론에 대하여 김교신은

---

1) 關根正雄 編著, 『內村鑑三』, 淸水書院, 1973, p.6.

2) 金敎臣, 咸錫憲 共著, 『內村鑑三先生와 朝鮮』, 1940.5.

3) 金敎臣, 「내가 본 內村鑑三先生」, 『聖書朝鮮』 제94호, 1936년 11월 1일, 「內村鑑三先生」 동잡지 제136호, 1940.5.1, 聖書朝鮮社.

4) 金麟瑞, 「無敎會主義者 內村鑑三氏에 對하여」, 『神學指南』, 1930, 7월호.

「우치무라에게 유일한 선생을 발견하고 대심(太甚)하였던 아갈이 의유되었다」5)고 고백하기를 서슴치 않았다. 또한 최근에는 우치무라의 조선관 해석에 대하여 언급한 서정민의 글이 있다. 그는 우치무라의 조선관을 그 전제로서 '친일본·비민중적' 성향이 있다고 지적하고 특히 한국병합 직전 우치무라가 조선에서의 성령강임을 인지한 후 찬사로서 서술한 '행복한 조선국론'에 대하여 부정적 견해를 펼쳤다.6) 일본에서의 우치무라의 사상과 행동에 대한 연구성과 및 논평은 아주 많다. 그것은 우치무라의 일본 근대사에서 차지하는 비중의 크기 때문이라고 본다. 먼저 이와 같은 근대 일본에서의 우치무라의 역할에 대해 쓴 마츠자와(松澤)의 글7)이 있고, 또 우치무라의 제자들이 주로 쓴 단행본들이 있다.8) 이들 저서에서는 그의 신앙심과 애국심 또 기독교사상과 행동을 그의 전 생애를 통해서 높이 평가하고 있다. 한편 우치무라의 기독교가 비민중적 성향의 한계성을 지녔다는 비판적인 글9)도 있다. 그리고 우치무라의 사상과 행동에 대해 1907년 전후 그가『성서지연구(聖書之研究)』에 몰두하기 이전과 이후의 평가에 시기적 차이를 둔 견해도 있다. 우선 1907년경까지의 주된 긍정적인 평가는 다음과 같다.

그의 수제자인 야나이바라 다다오(矢內原忠雄)는 우치무라의 역사적 역할에 대하여, 구일본과 신일본, 동양일본과 서양제국, 신과 인간의 연결이라는 면에서 평가하였고,10) 정치사상가인 도오야마 시게키(遠山茂樹)는 우치

---

5) 金敎臣, 「內村鑑三論에 答하여」, 『聖書朝鮮』 1930, 8월호.
6) 즉 그는 우치무라의 '행복한 조선국론' 속에서 강조된 데로 그것이 단순한 은혜의 역사만은 아니었고 곧 민족의 수난을 값으로 주고 바꿀만큼의 행복으로서 한국민중과 한국의 전체 크리스챤에게 작용할 수 없었다고 비판하였다.
   徐正敏 「內村鑑三의 韓國觀과 그 解釋問題」, 『水邨朴永錫敎授華甲紀念 韓國史學論叢』下, 1992.
7) 松澤弘樹, 『近代日本と內村鑑三』, 日本の名著 38, 中央公論社, 1971.
8) 森有正, 『內村鑑三』, 弘文堂, 1953.
   政池仁, 『內村鑑三』, 三一書店, 1953.
   關根正雄, 앞의 책.
9) 土肥昭夫, 『內村鑑三』, 日本基督敎團出版局, 1962.

무라가 주장한 "무사도적 기독교"는 기독교신앙과 구미적 교양과 무사적 기질의 삼자의 완결적인 조화로서 거기서 오는 인식과 행동의 흔들림 없는 통일은 확실히 메이지정신의 가장 건강한 모습이라고 평가하였다.11) 또 이에나가 사브로(家永三郎)는 일본사상사에서의 그의 위치에 대하여 같은 시기의 문명론자인 후쿠자와 유키치와 비교해도 근대정신의 체득과 표현에서 우치무라는 후쿠자와보다 수보 앞섰다고 평가하였다.12) 그러나 1907년경 이후 만년까지의 평가에서는 이전시기를 평가한 이에나가도 우치무라의 사회의식과 행동이 현저하게 후퇴했다고 비판하였다.13) 그러나 이같이 시기별로 평가의 차이를 두는 데 대해 이시다 유우(石田雄)는 우치무라의 사상을 일본의 특수적 상황 속에서 전개한 역사적 발전을 그 연속성 속에서 파악하지 못했다고 지적하였다.14) 또 일본에서 우치무라와 조선에 관한 연구로서는 그의 조선문제에 대한 태도를 다룬 논문15)과 그의 조선관의 변화과정

10) 矢內原忠雄, 「日本の思想史上における內村鑑三の地位」 鈴木俊郎 編, 『內村鑑三と現代』, 岩波書店, 1962, pp.3~6.
11) 遠山茂樹, 「內村鑑三に心うたれる理由」, 鈴木俊郎 編, 『回想の內村鑑三』, 岩波書店, 1961, pp.112~113.
12) 家永三郎, 「日本思想上の內村鑑三」 鈴木俊郎 編, 위의 책, pp.118~119.
구체적으로 이에나가는 우치무라가 후쿠자와의 문명개화에서 이루지 못한 별개의 신천지를 개척했다는 점에서 후쿠자와 이상의 역사적 의의를 지녔다고 하였고, 후쿠자와가 일찍이 관민조화사상을 내세워 이토 등 번벌거두와 손을 잡아 타협을 했던데 비해 우치무라는 철두철미 명치 정부를 규탄하여 추호도 타협하지 않았다는 점 등을 제시하였다. 그래서 쇼와(昭和) 일본의 대파탄이 대국적으로 보아 명치 이후의 후쿠자와적 라인에 의한 발전 속의 누적된 모순의 폭발이었다고 생각한다면 그러한 발전에 대해 항상 비판적 태도를 취하고 별개 구상하의 일본 근대화 노선을 시사한 우치무라의 예언자로서의 의의가 대단히 크다고 하였다.
13) 家永三郎 위의 책, p119.
14) 그는 "독립"이라는 개념을 중심으로 우치무라의 사상의 발전을 정통과 이단이라는 시점에서 파악하였고, 그렇게 함으로써 우치무라의 신격화와 영웅시를 막을 수 있고 또 과소평가의 오류도 시정할 수 있다고 하였다.
石田雄, 「內村鑑三における "獨立"の意味」, 『思想』 639号, 1977년 9월.
15) 佐藤全弘, 「朝鮮問題と內村鑑三」, 『內村鑑三硏究』 5号, 1975년 12월.

과 조선기독교인과의 관계를 다룬 것16) 그리고 그의 조선인 제자에 대한 영향에 초점을 둔 논문17) 등이 있다. 이들 조선관련 논문에서는 조선에서의 우치무라의 긍정적 위치를 평가하였다.

이와 같은 종래의 우치무라에 대한 연구성과를 토대로 하여 먼저 그의 기독교사상의 특색을 살피고 또 일본국천직론에 입각한 일본론과 조선론을 그 변화추이를 중심으로 비교, 검토하고자 한다.

또한 왜 암흑기 일제시대 비지배국의 조선인에게까지 그의 기독교사상이 긍정적인 영향을 줄 수 있었는지. 그리고 우치무라가 부러워하는 조선관 형성에 그들 친구 및 제자들이 어떤 역할을 했는지 살펴보고자 한다.

Ⅱ. 우치무라의 사상형성

우치무라 출생 직전의 10년간은 일본이 서양열강의 개국요구에 굴복하고 구일본의 해체가 빠르게 진행되었던 시대였다. 1853년 6월 펠리가 국서를 들고 내항한 이듬 해인 1854년 3월에 일미화친조약이 체결되었고 1858년 6월에는 일미통상조약이 조인되었다.18)

그러나 이 시기 일본의 제도나 물질문화의 표면적인 이행과는 달리 막부측의 무사들 사이에서는 여전히 무사도와 유교사상이 그들의 정신생활의 모두를 강하게 지배했었다. 1861년 우치무라는 이러한 무사의 한사람인 조슈(上州) 다카사키번사(高崎藩士) 우치무라 요시유키(內村宜之)의 장남으로 에도 고이시카와(小石川)의 번저 내에서 태어났다. 아버지는 시대에 대한 통찰력이 뛰어난 지도력 있는 인물로서 번정(藩政)의 근대화 등에 중요한 역할을 했었다.19) 이와 같은 가정에서 우치무라는 일찍이 유교적 교육을 받았다. 5

---

16) 高崎宗司, 「內村鑑三と朝鮮」, 『思想』 639号, 1977년 9월.
17) 澤纓, 「內村鑑三の愛國思想と韓國基督教」, 『內村鑑三研究』 18号, 1977년 1월.
18) 井上淸, 『日本の歷史』 中, 岩波新書, 1971, pp.83~86.

세 때 「대학(大學)」을 읽기 시작했었고, 그 후 중국 여러 성현의 교훈도 배웠다. 8세때 메이지유신을 맞이했지만 유교사상의 정신적 지배는 새 시대에 들어와도 용이하게 무너지지 않았다.

따라서 그는 시대의 급변에도 불구하고 여전히 아버지가 준 엄격한 유교교육에 의해 유교적, 무사도적 윤리를 철저히 체득했다.[20] 여기서 "무사도에 접목한 기독교"를 표방하는 기초가 마련되었다. 그리고 우치무라가 받은 유교적 감화의 하나는 주군에 대한 충성이다. 그것이 그에게는 이후 나라에 대한 충성 즉 철저한 애국심으로 나타났다. 또 그의 어머니는 일본 고유의 야오요로즈노가미(八百萬神)들에 대한 신앙을 가졌던 부인으로서 우치무라에게 많은 종교적 감화를 준 것으로 사료된다.[21]

이와 같이 아버지의 유교교육과 어머니의 종교적 감화 속에서 그는 어릴 때부터 종교적 감수성과 유교적 윤리 그리고 소박한 애국심이 배양되었다. 1873년 재개혁에 의해 우치무라의 아버지도 약간의 공채를 받고 번을 물러나게 되었다. 이때 우치무라 나이 13세였는데, 일가는 도쿄로 상경하였다. 유능한 번의 관리였던 아버지는 우치무라를 정치가로 키우려고 생각하여 장차 대학에서 법학 공부를 시키기에 앞서 영어학교 '아리마(有馬)학교'에 입학시켰다. 1년간의 영어습득 후 이듬해 당시 인재가 많이 모인 동경외국어학교에 입학시켰다. 그러나 우치무라는 자기가 법학에 맞지 않음을 깨달아 고민하던 중 한 계기가 마련되었다. 그것은 1877년 6월 그가 최상급에 재학 중이며 개척사 실무를 맡아 있던 인물이 내교하여 삿뽀로(札幌) 농학교 제2기 관비모집을 위한 연설에서였다. 그는 이 연설에서 강조된 개척자정신에 감명을 받고 또 관비라는 조건으로 아버지도 설득시켜서 입학을 결심하였

---

19) 關根正雄, 앞의 책, p.13.

20) 「내 집은 원래 유교의 집으로서 아버지는 儒者였고 나 또한 어린시절부터 孔孟의 서적에서 배우고, 지금도 아직 암송할 수 있는 구절이 있다」, 「教會와 聖書」 1915년 7월, 『聖書之硏究』, 『內村鑑三選集』4, (이하 『選集』) 岩波書店, 1990년, p.165.

21) 關根正雄, 앞의 책, p.14.

다. 그의 나이 17세였다.

이 삿뽀로 농학교는 홋카이도(北海道)개척을 위해 관립으로 신설된 학교로서 당시의 다른 학교와는 달리 주로 미국인 교사를 통한 개척자정신과 그것을 뒷받침하는 실용과학을 교육했다. 그는 이 농학교에서 실용과학적으로 훈련된 학문을 배웠고, 정신적 변혁에서 가장 중요한 기독교와 접하였다. 당시 삿뽀로 농학교 교사였던 클라크는 청교도적 윤리에 기초를 둔 교풍을 만들었다. 그는 전도의 집념이 강한 사람으로서 윤리교육은 기독교외에는 있을 수 없다는 생각을 가지고 개척장관 이었던 구로다 기요타카(黑田淸隆:1840-1900)의 반대를 무릅쓰고 기독교교육을 실시했었다.[22] 그는 지참한 성서를 학생 전원에게 나누어 주고 매일 수업에 앞서서 성서강의를 하는 등 그는 전 생활을 통해 기독교에 의한 학생교화와 선도에 전력하였다. 그는 1기생들에게 그가 만든 '금주금연의 서약서'와 '예수를 믿는 자의 서약'에 서명하도록 하였다. 우치무라 등 2기생이 농학교에 도착했을 때는 클라크의 귀국 후였지만 신앙이 고양된 1기생의 기독교인들은 금방 신입생에게 입신을 권유하여 클라크가 남긴 서약서에 대한 서명을 요구하였다. 처음에는 완강히 저항하다가 친구들이 한둘씩 항복하는 상황에서 그도 마지막 고립상태에 못 이겨 서명을 하여 입신하였다.[23]

'예수를 믿는 자의 서약'에 서명한 2기생 중 1년 후 세례를 받은 자는 15명 중 우치무라를 포함한 7명이었다. 이 7명은 상급생의 집회를 모범으로 한 '작은 교회'라고 불리는 소집회를 가졌다. 이들은 이 작은 교회에 대하여 동일의 권리와 의무를 갖도록 하여 예배사회와 목사임무를 돌아가면서 하였다. 우치무라는 이 시기 이 작은 교회의 여러 모임을 통하여 자력으로 신앙심을 키웠다.[24] 이와 같이 클라크가 세운 형식에 좌우되지 않는 정신주의적인

---

22) 關根正雄, 앞의 책, p.22.

23) 앞의 책, p.23.

24) 앞의 책, pp.24~25.

기독교파악은 메이지초기 미개지였던 삿뽀로라고 하는 지리적, 역사적 조건 속에서 형성되었다. 또한 훗날의 무교회기독교의 주장의 맹아도 이 작은 교회에서 생겼다고 볼 수 있다. 1881년 7월 우치무라 21세 때 삿뽀로 농학교를 졸업함과 동시에 작은 교회는 해산하고 새로운 교회에 합쳐졌다. 그것은 당시 삿뽀로에서도 미국 선교사간의 전도경쟁이 도를 지나쳤기 때문이다. 이에 환멸을 느낀 우치무라 등 이상주의적 급진파는 자기들이 각 교회를 탈퇴하여 합동의 장인 신교회를 만들려고 노력하였다. 이후에 그는 다음과 같이 회고하였다.

> 기독교를 믿었을 때 우선 첫째 결단한 것은 기독교를 믿지만 외국인한테는 돈은 한푼도 받지 말자. 기독교를 믿어도 외국에 있는 무슨 파 무슨 교회라는 것과는 일체 관계를 끊고 우리들 일본인은 일본인으로서 기독교를 믿자. 일본국의 옷을 입힌 기독교를 이 나라에 보급하자라는 생각을 가졌습니다.[25]

1882년 1월 합동으로 성립된 이 신교회는 '삿뽀로 독립교회'라는 이름으로 탄생하였고 이 교회는 교파에서 독립된 일본 최초의 일본적 교회였다. 이 독립교회의 특징은 첫째 교파주의에 의한 동창신도의 분열과 경쟁이 불가하고, 둘째 번잡한 예배의식을 배제하고, 셋째 국내 복음전도는 외국에 의존하지 말고 내국인의 의무임을 주장하였다. 따라서 신교회의 조직은 아주 간단하여 농학교 1기, 2기생의 졸업생 5명이 위원이 되어 관리를 맡아서 목사를 고용하지 않았고 이들 5명이 교대로 단에 섰다. 이에 대해 그는 다음과 같이 피력하였다.

> 메이지초년에 농학교의 청서생(青書生)이 피와 눈물을 가리고 구축한 삿뽀로교회는 일본에서 최초의 독립교회였다. 따라서 기독교와 독립을 존중하는 인

---

25) 內村鑑三, 『聖書之硏究』1902년 12월, 山本泰次郎 編, 『內村鑑三信仰著作全集』19, (이하 『全集』) 教文館, 1964, p.84.

사로서 여기에 대해 깊은 동정을 가질 수밖에 없다. 삿뽀로 독립교회는 작았지만 일본인이 그 자력과 교의에서 외국전도회사에 의존하지 않는 기독교회 건설의 가능성을 세계를 향해 증거해야 할 대문제였었다. 그것은 이 교회가 바로 설수 있느냐가 일본의 모든 독립교회의 운명에 큰 영향을 미치기 때문이었다.[26]

우치무라가 교회독립에 열성적이었던 것은 교회에 대한 반항보다는 본질적으로 독립이 신앙의 자유를 위해 가장 중요한 요소라는 신념에서였다. 삿뽀로농학교 졸업 후 우치무라는 규정에 따라 홋카이도 개척자 관할관리가 되었으나 적성에 맞지 않음을 깨닫고, 또 신앙과 인생의 고민도 겹쳐서 1884년 11월 미국행을 결심하였다. 그는 도미 후 처음 경제적 이유 때문에 백치원(白痴院) 간호인으로서의 자선사업부터 시작하였다. 그는 거기서 자선사업의 실체를 몸서 체험하면서 그 시기 그가 가졌던 감상적 기독교에서 의지적, 윤리적 정신에 의해 문제를 해결하려고 노력하였다. 그러나 그곳에서 일이 여의치 않자 학문탐구를 위해 아마스토대학에 입학하였다.[27]

우치무라가 배운 아마스토대학은 당시 미국이 남북전행 후 자본주의 급성장하에 세상이 물질과 기계문명 또 금력만의의 퇴폐풍조에 빠져 있을 때 그런 세속풍조와 격리된 뉴잉글랜드 고유의 퓨리턴적 학풍을 가지고 있다. 따라서 그 학풍은 보수적이고 지육보다 덕육을 사업보다 주의를 지식량보다 단련을 중요시하고 권위에 의존하지 않는 독창적 인물의 육성을 목적으로 한 소수정예주의의 대학이었다. 그는 특히 이 대학에서 실리 총장한테서 직접적인 감화를 받아서 신앙상의 재발견을 하였고, 전도를 자기의 천직으로 자각하고 일본을 위한 일의 사명감을 가졌다. 1887년 7월 아마스토대학을 졸업한 후 그는 신학교에 가서 신학연구에 몰두하였다. 그러나 그는 당시 미국에서의 전도가 돈과 연결되어 직업화 된 모습을 보고 크게 실망하며 1888년 5월 신학교를 중단해 귀국하였다.[28] 그는 미국체재 3년 동안에 신앙

---

26) 「札幌獨立教會」 1900년 11월, 『聖書之研究』, 『全集』 18, pp.46~47.
27) 關根正雄, 앞의 책, pp.38~44.

생활의 진전도 있었지만 반면 비기독교적인 미국문명의 현실에 큰 충격을 받았다. 그것은 전도의 직업성 외에도 성명(聖名)남용, 도박, 편중정치, 계급차별, 종교계의 교파대립 등 미국사회의 부정적 측면을 목격했기 때문이다.

III. 우치무라의 기독교사상의 특색

1. "불경사건"과 우치무라의 기독교사상

1887년 전후부터 메이지초기의 서양문화 일변도의 시기는 지나고 서서히 국가주의 색채가 짙어지는 가운데 우치무라를 둘러싼 소위 "불경사건"이 발생하였다. 메이지 번벌정부는 언론삼법으로 비판세력을 탄압한 후에 근대국가의 기틀을 세우기 위한 대일본제국 헌법을 1889년 2월 11일에 발포하였고 1890년 10월 30일에 국민교육의 기강확립을 위해 교육칙어를 선포하였다. 이 배경에는 메이지유신 이후 근대화추진 속에서 국민 중견층의 성장과 자유민권운동의 전개 및 서구시민사회의 논리와 윤리의 도입 등으로 내부적으로는 봉건윤리가 상당히 침식된 상황을 들 수 있다.

이런 상황 속에서 메이지정부는 침식된 봉건윤리의 재확립과 그들의 정치적 권위를 유지하기 위해 천황제 강화의 필요성을 절감하였다. 그것이 바로 천황의 신격화였다.29) 당시 추밀원 의장이었던 이토 히로부미(伊藤博文)는 1888년 6월에 제국헌법초안을 추밀원에서 심의할 때 회의에 앞서서 자기 소신을 표명하였다. 여기서 그는 「헌법정치가 자리 잡은 서양에서는 국민정신의 '기축'으로서 기독교가 있지만 일본의 종교는 약체라서 그 역할을 제대로 못하고 있다. 따라서 일본에서 기축이 될 수 있는 존재는 오직 황실

---

28) 앞의 책, pp.38~44.
29) 隅谷三喜男, 「近代日本の成立と基督教」, 武田淸子 編, 『明治宗敎文學集』(二), 1975년, pp.415~416.

뿐이다.」30)라고 단정하였다. 이와 같이 명치정부는 천황제를 정치적 질서의 중심이자 궁극목적인 동시에 국민의 정신적, 윤리적 규범의 원천으로 세웠다.

이 일은 당시의 정치권력자가 고안한 것이지만 소위 인간을 신으로 하는 경향이 일본민중 속에 존재하고 있었기 때문에 그것을 토양으로 해서 성립될 수 있었다고도 볼 수 있다. 그런 속에서 우치무라는 명치정부가 의도한 인간신격화의 방향은 유일신을 믿는 그로서는 근본적으로 용인할 수 없는 문제였다. 그의 이같은 사상적 전제가 "불경사건"의 근저에 있었다.

사건 발단은 교육칙어가 선포된 이후 정부가 이것이 일본교육의 기초이며 학교의 대본이라고 강조하며 명치천황이 직접 서명한 '진서(辰署)'를 각 학교에 배포하면서부터 시작하였다. 우치무라가 봉직한 일고(一高)에서도 1891년 1월 9일 시업식에 앞서서 교육칙어의 봉독식이 있었다. 봉독에 앞서서 '진서'에 대한 봉배의식이 있었는데 우치무라는 이때 봉배를 거부하였다. 이유는 봉배는 종교상의 행위로서 유일신을 믿는 그는 '진서'에 대한 경의는 표할 수 있으되 결코 봉배까지는 할 수 없었다. 결과적으로 그는 당시 메이지정부가 추진한 국민에 대한 천황신격화의 강요를 기독교인의 양심으로 거부한 것이며, 비틀어지는 천황제근대화 노선에 대한 진실한 애국자로서의 전인격적 항거였다.31)

우치무라의 봉배거절은 큰 문제가 되었다. 일고(一高)의 과격한 학생은 물론이고 일부 국수주의 사상을 가진 교사들은 기독교인 우치무라를 '고쿠타이(國體:국체)'에 맞지 않는 인물이라고 배척하였다. 전국의 신문이 이 내용을 취급하였고 그에 대한 비난은 전국적으로 고조되었다. 이 사건은 객관적으로 유일신교인 기독교의 천황신격화에 대해 고의적인 부정으로 비추었다. 이처럼 우치무라 개인에 대한 비난이 차차 기독교 그 자체에 대한 비난으로

---

30) 關根正雄, 앞의 책, p.57.
31) 앞의 책, pp.60~63.

확산되었다. 즉 국수주의자, 불교도, 신도의 신봉자들은 기독교가 일본의
국체에 맞지 않는 불충불효의 가르침으로서 일본의 안녕질서를 문란시키
고 나라를 망친다고 주장하였다.32)

이 사건은 이후 종교와 교육의 문제로까지 논쟁이 확대되었다. 도쿄대학
교수 이노우에 테츠지로(井上哲次郎:1855-1944)는 1892년 10월 잡지『교육시
론(敎育時論)』에서 기독교를 비판하였다.

> 첫째 일본의 교육원리는 교육칙어를 기초로 해야 한다. 둘째 교육칙어는 국
> 가주의를 기본원리로 하며 충효주의를 중핵으로 한다. 셋째 그러나 기독교는
> 세계주의이며 사랑에는 차별 없다고 하기 때문에 일본을 특별이 사랑할 일도
> 없다. 그리고 또 천황 위에 신이 존재하고 그리스도가 존재한다고 하여 부모의
> 생명보다 신의 계율을 중요시하기 때문에 충효주의에 위배된다. 넷째 따라서
> 기독교는 교육칙어의 정신에 반하며 우리 일본의 교육원리와 충돌한다.33)

이 담화가 소위 "교육과 종교의 충돌" 사건의 발단이 되었다. 문제는 이러
한 논쟁이 진행되는 사이 기독교인은 천황에 대하여 항상 불경(不敬)을 행하
는 난신적자이며 기독교는 일본의 국체와 대치한다는 견해가 점차 국민 속
에 침투한 점이다.

이러한 논쟁 속에서 우치무라는 1893년 3월『교육시론』285호에서 「문
학박사 이노우에 테츠지로(井上哲次郎)군에 보내는 공개장」을 제시하여 이
노우에가 공평하고 완전한 자료를 가지고 자기 소론을 펴야 하는데 태만하
여 사실과 다른 내용을 기술하였다고 반박하였다.34)

우치무라는 15년 후인 1930년 8월에 이 '불경사건'에 대하여『만조보(万朝
報)』에 게재한 글에서 다음과 같이 회고하였다.

---

32) 앞의 책, p.66.
33) 「宗教と教育との關係に對する井上哲次郎氏の說話」, 1892년 10월, 『教育時論』.
34) 內村鑑三, 「文學博士 井上哲次郎君に送る公開狀」 1893년 3월, 『教育時論』 285호.

불경사건을 통해 이노우에 테츠지로(井上哲次郎)를 대표하는 일본인 대부
분이 나를 불경한(不敬漢)이라 하여 사회적으로 매장하였다. …… 당시 文部省
(문부성)은 나의 봉배거부를 '교과서사건'이라는 이름으로 대사건화 하여 문명
세계를 향해 일본국의 체면을 크게 손상시킨데 대해 큰 슬픔을 금할 수 없다. 일
본국 문부성은 약한 나 하나를 불경으로 배제하면서 그 슬하에 백수십명이나
되는 나 이상의 대불경한을 양성하여 국치를 세계에 노출시킨 책임을 면할 수
없을 것이다. …… 그들의 도덕관념은 의례적이지 실천적이지 않다. 그것은 공
격당한 나의 불행이 아니라 이러한 천박한 도덕관념은 국민의 최대불행이
다.35)

그의 천황에 대한 존경심은 평생 변하지 않았다. 그러나 그의 신앙은 인간
을 신으로 만드는 천황제와는 결코 타협할 수가 없었다.

2. 무교회주의

무교회주의 기독교는 그의 독립성의 귀결이라고 할 수 있다. 우치무라가
1905년 12월에 오사카(大阪)의 한 강연회에서 행한 "나는 어떻게 하여 기독
교인이 되었는가"라는 주제의 강연에서 다음과 같이 연설하였다.

나는 어떻게 해서 기독교신도가 되었는가? 그렇다 나는 세례를 받고 기독교
신도가 된 것이 아니다. 세례는 나를 기독교신도로 만들 힘이 없다. 또 나는 교회
에 가입해서 기독교신도가 된 것도 아니다. 그 성찬식 견신례(堅信禮)는 나를 기
독교신도로 할 수가 없다. 나는 또한 대가에 접해서 기독교신도가 된 것도 아니
고 대저술을 읽고 기독교신도가 된 것도 아니다. 내가 기독교신도가 된 것은 결
코 사람과 교회에 의한 것이 아니다.36)

여기서 그는 당초 기독교인이 된 동기에 대하여 언급하면서 결코 교회와

35)「不敬事件と教科書事件」1903년 8월,『萬朝報』,『全集』24, p.164.
36)「余は如何にして基督信徒となりしか」1905년 12월,『聖書之研究』,『全集』19, p.93.

사람에 의한 것이 아님을 강조하였다. 그의 독립심이 가장 구체적으로 나타
난 무교회주의의 맹아는 전술한 바 소위 '작은 교회'에서 시작하여 합동으로
이루어진 삿뽀로 독립교회에서 찾을 수 있다. 그러나 그가 이 무교회라는 사
상을 굳히기 시작한 것은 호쿠에츠(北越)학교 봉직 직후부터이며[37] 글로 직
접 표현하기 시작한 것은 1901년『무교회(無敎會)』라는 잡지를 간행했을 때
부터다. 그는 이 잡지에「무교회론」이란 글을 실었다.

> "무교회"라고 말하면 무정부나 허무당과 같은 어떤 피괴주의의 책자같이 생
> 각하지만 결코 그것은 아니다. "무교회"는 교회 없는 자의 모임이다. 즉 집 없는
> 자의 합숙소라고 말할 수 있다. 즉 심령상의 양육원이나 고아원 같은 것이다.
> "무교회"는 '무'는 없다고 해석해야 하며「없는 것으로 한다」거나「무시한다」
> 라는 뜻은 아니다. 돈이 없는 자, 부모 없는 자, 집이 없는 자 모두 가련한 자가
> 아닌가. 그래서 세상에는 교회가 없고 무목의 양이 많다고 생각하여 여기에 소
> 책자를 발간하였다.

그는 우선 '무교회'는 당시 사회배경 하에서 나타난 허무주의 혹은 무정부
주의와 다른 심령상의 양육원과 고아원이라고 오해를 불식하였다. 즉 무교
회의 '무'는 없앤다 혹은 무시한다는 뜻이 아니며 새롭고 건설적 개념임을
설명하였다. 이어서 그는「외형만 중시하는 자들을 축출하고 마음속을 탐
색하는 자를 규합해서 여기에 무교회란 대교회를 만들려고 생각한다. 진정
한 교회는 실은 무교다. 천국에는 교회라는 것이 없다. 로마나 런던에 있
는 어떤 훌륭한 교회당도 우리 이 대교회에는 미치지 못한다. 무교회 이것이
유교회다. 교회를 안 갖는 자가 실은 제일 좋은 교회를 갖는 자다.」[38]라고 하

---

37) 1888년 5월에 미국에서 귀국한 우치무라는 이전부터 요청이 있었던 호쿠에츠(北越)학
교에 6월부터 근무하였다. 그러나 그가 미국에서 체득한 성서중심의 전도신앙과 애국
심과 독립정신에 의한 행동원리 때문에 외국선교사는 물론 동포 기독교인과도 충돌하
여, 결국 배척을 당해 사직하였다. 이 무렵부터 무교회에 대한 사상을 굳혔다. 1892년에
비로서「나는 무교회가 되었다」라는 말을 쓰기 시작한다. 關根正雄, 앞의 책, p.55.

면서 당시 교회에 소속된 교회들이 흔히 형식적이고 외형에만 좌우되는 모습을 질타하며 그가 세우고자 하는 무교회는 진정 마음 속으로 부터 진리탐구를 하는 자들의 내적이고 심령적인 대교회라는 것을 강조한 것이다.

우치무라는 무교회주의를 16세기 루타의 종교개혁을 보다 발전시킨 제2의 종교개혁이라고 주장하였다. 루타는 원래 로마 카톨릭 교회에 대해 구원은 제도적인 예배와 율법적인 제도에 의한 것이 아님을 주장하며 종교개혁을 일으켰다. 그러나 그는 루타의 종교개혁은 저지된 운동으로 끝났다고 보고 당시 교회의 도덕적 부패와 신앙의 자유에 대한 제한 또 구원에 대한 교회의 권위주의에 반발하여 제2의 종교개혁의 필요성을 통감하였다.

또 그는 '프로테스탄트주의'를 논리적 귀결까지 관철시키기 위해서는 교회에서 모든 교회주의의 흔적을 없애야 한다고 생각하였다. 그래서 성서에 표출된 교회관에 돌아옴으로써 새로운 교회의 모습을 모색한 것이 기독교 아나키즘으로 불리는 무교회주의다

그러면 왜 우치무라가 이러한 무교회주의를 주장했는가를 살필 때 그의 강한 독립성도 있었지만, 그가 본 당시 교회의 실상이 문제였다. 즉 「내가 본 바로는 교회 내에서 모든 죄악이 싹트고 있다. 질투, 분쟁, 사기, 악념, 참언, 비방, 불손, 교만, 배약, 부정, 무자비 등 바울이 이방인의 죄로서 열거한 죄는 그 가장 격렬한 행태로서 오늘날의 기독교회 내에 존재한다.」[39]고 교회를 아주 부정적으로 보았다. 또 그는 「교회란 어떠한 곳이냐」라는 제하에서 다음과 같이 주장하였다.

첫째 교회란 이 세상이 가다고 하면 가라고 하고 이 세상이 부다고 하면 부라고 한다. 이 세상이 전쟁을 가라고 하면 열심히 가라고 하고 이 세상이 평화를 강조하면 뒤질세라 이것을 주장한다. 둘째 교회는 사람이 비경에 섰을 때는 세상과 같이 그를 냉대하고 그가 세상에 받아들여질 때는 그는 우리편의 사람이라

38) 「無教會」1901년 3월, 『無教會』, 『全集』18, pp.86~88.
39) 「私が見た今日の基督教會」 1907년 11월, 『聖書之研究』, 위의 책, p.55.

고 세상을 향해 자랑한다. 셋째 교회는 자기에 이익이 되는자는 누구나 이용한
다. 학자를 이용하고 상인을 이용하고, 때로는 무교회주의자도 이용한다. 교회
와 그 지도자는 의리의 관념이 결여된 자로서 나는 이런 교회를 인정할 수가 없
다.[40]

이렇듯 그는 교회의 죄악상에 아주 극도로 실망하였다. 그는 격동하는 국
제정세와 일본사회 속에서 당시 일본교회가 이기주의와 기회주의로 사회
에 타협하는 모습을 보고 그의 양심과 윤리의식으로는 도저히 용납할 수가
없었다. 그래서 원래 삿뽀로 시대부터 서양기독교 및 선교사에 대한 독립의
식이 강했던 그는 서양기독교에 대한 독립뿐만 아니라 아예 교회자체부터
의 독립을 꾀하게 되었다. 그것이 바로 무교회주의다. 즉 기존교회들이 아주
중요시했던 교회건물, 형식적 예배, 교직제도, 세례, 만찬의식 등 교회의 형
태와 조직, 의식에는 일체 구애받지 않고, 오로지 성서연구를 통해 진리를
깨달아 신과의 만남을 이루는 무교회의 심령적 교회를 모색하였다. 그러나
이런 뜻을 가진 사람들이 모이게 되면, 아무리 형태와 조직을 부정해도 조직
성이 발생하기가 쉬운데[41] 이에 대해 우치무라는 「무교회주의의 전진」이
라는 글에서 무교회주의의 타당성을 설파하였다.

무교회는 적극적으로 유교회가 되어야 한다. 그러나 재래의 교회에 돌아가
는 것이 아니다. 교회 아닌 교회가 되어야 한다. 즉 교회를 필요하지 않는 자의
영적단체가 되어야 한다. 이러한 단체가 다시 교회가 되기 쉬운 것은 내가 충분
히 인정하는 바다. 그러나 그런 경우 바로 이것을 깨뜨려야 한다. …… 교회도
또한 생물과 같아서 그 무서워해야 할 점은 결정(結晶)이다. 무교회주의는 일면

---

40) 「敎會とはいかなるところであるか」, 1911년 1월, 『聖書之硏究』, 위의 책, pp.57~ 58.
41) 이 부분에 대해 이시다(石田雄)는 「역할분화를 포함한 인간의 집단을 조직이라고 한다
면 이 무교회의 집단에도 지도자 우치무라 그 추종자라고 하는 최소한의 역할분화
가 포함되어 있기 때문에 "조직 없는 조직"이란 형용모순이 된다」라고 하였다. 石田
雄, 앞 논문 『思想』 639호, p.1340.

결정한 교회의 파괴다. 다른 일면은 산 교회의 건설이다. 그래서 무교회가 결정
해서 다시 교회가 되었을 때는 무교회주의로서 이를 깨뜨려야 한다. 그리스도
왕국은 이와 같이 해서 발달한다.[42]

그는 영적단체가 바로 교회가 되기 쉬움을 인정하고 결정의 무서움을 지
적하였다. 즉 교회의 결정이 생기면 바로 무교회주의로 끊임없이 깨뜨려야
한다고 주장하였다. 이것은 그의 무교회주의를 해석할 때 아주 어려운 부분
이다. 당시 교회를 부패의 온상으로 본 그는 교회되기를 스스로 부정한 영적
단체도 교회화 하면 부패될 가능성이 있다고 보았다. 그래서 집단이 부패하
면 스스로 이를 끝까지 파괴한다는 그의 주장을 일종의 "영구혁명"의 논리
라고 해석하는 견해도 있다.[43] 그의 끝없는 이상주의가 현실적으로는 실현
되기가 어려움을 지적할 수 있다.

3. 유교적, 무사도적 기독교사상

전술한 바 우치무라는 무사집안에서 태어나 아버지의 유교적 교육을 받
아서 일찍부터 유교적, 무사도적 윤리를 체득하였다. 그는 기독교인이 된 후
에도 자신이 지닌 이런 소양에 긍지를 가졌으며 또 행동의 좌우명으로 삼았
다. 그리고 서양선교사 보다는 오히려 선인 유학자에게 배우는 자세를 잃지
않았다.

> 유자(儒者)는 유교를 가지고 뜻을 세웠다. 그 경전은 소위 사서오경이다. 그
> 들은 이 경전을 가지고 수신하고 나라를 다스려 하였다. 그리하여 그들 나름대
> 로 그 사업에서 성공하였다.
> 기독교복음의 뜻을 세워서 성서연구에 몸을 바쳐, 그 전파를 업으로 하는 우
> 리 또한 경전에 익숙한 사람으로서 유자와 동일한 자다. 그렇다면 어찌 유자를

42) 「無教會主義の前進」 1907년 3월, 『聖書之研究』, 앞의 책, p.102.
43) 石田雄 앞 논문, 앞의 책, p.1340.

모방해서 우리의 목적을 이룰 수 없다고 할 수 있겠는가. 유자는 동양인의 교사다. 그러면 동양인에게 그리스도의 복음을 전하고자 하는 우리는 복음적 유자로서 뜻을 세워서 교회에 의존하지 않는 자립의 성서학교를 일으키고 교회, 전도회사의 봉급을 받지 않는 순전한 독립 촌락전도자가 되어야 한다. 참으로 유자에게 배우는 일은 선교사에게 배우는 것보다 훨씬 고귀하다. 우리들은 기독교신자가 되었다고 해서 서양인이 될 필요는 없다. 전도자가 되었다 해서 선교사를 모방할 필요도 없다. 우리들은 유자가 경서에 의해 뜻을 펼쳤듯이 성서에 의해 뜻을 펼쳐야 한다. 유자가 사원과 신사에 의존하지 않는 것처럼 우리 또한 교회에 의존하지 말아야 한다.44)

이렇듯 우치무라는 서양으로부터 정신적으로나 경제적으로 완전 독립된 고유의 기독교를 모색하였고, 그 모습을 복음적 유자라고 표현하였다. 즉 과거 유교의 선각자들이 사원 등의 울타리 없이 경전만 가지고 충분히 뜻을 펼쳤듯이, 좋은 전통을 이어받은 동양의 기독교인들이 서양인과 같을 필요는 없다는 것이다. 차라리 유자의 모습을 배워서 교회에 의존하지 않고 오로지 성서에만 의존하는 무교회적이고 성서 복음적인 기독교인이 되어야 한다고 강조하였다. 같은 주제를 가지고 1915년 5월, 도쿄(東京)조선기독교청년회에서 그는 조선 기독교인에게 다음과 같이 강연하였다.

무릇 기독교는 두 부분이 있다. 하나는 교회고 하나는 성서다. 기독교는 이 둘을 떠나서 설명할 수가 없다. 교회가 없으면 성서가 없고 성서가 없으면 교회가 없다. 그러나 성서를 잘 배우면 교회는 스스로 발전하지만 성서를 소홀이 하면 교회는 해골같이 된다. 일본에서 유교는 위대한 감화력이 있었으며 만약 그것이 없었다면 나라가 멸망했을 것이다. 일본뿐 아니라 중국과 조선은 원래 유교국이었다. 찬송가 없이 회당도 없이 오직 경서를 배움으로써 위대한 감화력을 얻은 것이다.

이미 경서를 통해 유자가 될 수 있었던 우리들이 생명의 책자인 성서를 통해

---

44) 「寧ろ儒者に倣ふべし」 1915년 7월, 『聖書之研究』, 『選集』 4, pp.202~203.

기독교인이 안 될 수가 없다. 만약 조선인이 이전에 孔孟의 책자에 접하듯이 성
서에 접한다면 조선은 무서운 나라가 될 것이다. 일본 또한 이와 같이 된다면 참
으로 위대한 나라가 될 것이다.[45]

즉 교회와 성서의 상관관계를 논한 뒤 중국, 조선, 일본에서의 유교의 역
사적 가치를 평가하고 나아가 유교의 경서를 통한 감화력을 오늘날의 기독
교에 잘 적용하여 성서적 기독교인이 될 것을 역설하였다. 과거 조선이 유교
의 경서를 강독하는 자세가 좋아서 오늘날도 그와 같은 자세로 성서를 잘 소
화하면 무서운 나라가 된다고 예언하였다. 또한 무사도와의 관계에 대해서
는 다음과 같이 언급하였다.

> 무사도는 일본국 최선의 산물이다. 그러나 무사도 그 자체에 일본국을 구하
> 는 능력이 없다. 무사도의 대목(台木)에 기독교를 접목하면 세계 최선의 산물이
> 되어서 여기에 일본국 뿐만이 아닌 전 세계를 구원하는 능력이 생긴다. 지금 기
> 독교는 서양에서 망해가고 있다. 그러나 물질주의에 사로잡힌 미국이 이를 부
> 활시킬 능력이 없다. 그래서 신은 일본국이 최선을 다해서 그 성업을 이루기를
> 바라고 있다. 일본국 역사에 깊은 세계적 의미가 있었다. 신은 이천년의 오랜 세
> 월을 걸쳐서 세계의 오늘날과 같은 상태에 대처하려고 일본국에 무사도를 완성
> 시키신 것이다. 세계는 기독교에 의해서 구원받는다. 그리고 무사도에 접목된
> 기독교에 의해서 구원받는 것이다.[46]

여기서 그가 표현한 '무사도의 대목'이라는 것은 무사도를 지탱한 봉건적
사회체제를 뜻한 것이 아니라 무사도의 정신을 말한 것이다. 즉 그가 무사도
정신 속에서 높이 평가했었던 덕목은 독립심과 충성심, 의리와 정직 그리고
금전멸시 등이다. 그래서 그는 그가 존경한 사도 바울에 대해서도 「유태인
으로서 예수 그리스도의 제자가 된 바울은 진정한 무사로서 무사도의 정신

---

45) 「教會と聖書」 1915년 7월 10일, 『聖書之研究』, 『選集』 4, pp.194~197.
46) 「武士道と基督教」 1916년 1월, 『聖書之研究』, 『全集』 22, p.191.

을 체험한 사람이었다. 그는 독립심이 강하고 금전을 천시하고 주군에 대한 충성심이 강했기 때문이다.」[47]라고 훌륭한 무사됨의 그 이유를 설명하였다. 이와 같이 그가 높이 평가한 무사도정신에 접목된 기독교라면 물질물명에 사로잡힌 미국 및 세계를 구할 수 있다고 확신하였다.

Ⅳ. 우치무라의 일본론

1. 청일전쟁 전·후의 일본론

'불경사건'으로 우치무라의 고뇌와 혼란이 이어졌던 다음해인 1892년 4월 15일에 그는 당시 진보적 잡지인 『리쿠고잡지(六合雜誌)』에 「일본국의 천직」이라는 글을 실었다. 그가 기독교에 입교한 후 줄곧 모색하며 하늘의 뜻으로 생각한 일본사명론이다.

> 일본국 본토는 오른손으로 구미의 문명을 취하고 왼손으로 중국 및 조선에게 이를 전수하는 위치에 있다. 일본국은 참으로 공화적인 서양과 군주적인 중국과의 중간에 서서 기독교적 미국과 불교적 아시아의 중매인의 위치에 있다. 동양국민 중 일본인만 구미문명을 이해할 수 있고 또 문명국민중 일본인만 동양사상을 가지고 있다. 이상세계에서도 상법계에서와 같이 일본국은 동서양양의 중간에 서는 징검돌로서 귀납적인 서양과 연역적인 동양 사이에 있는 중매인이다.

즉 동양과 서양의 중매인으로서의 지리적 위치나, 양문화에 대한 이해도 오직 일본만이 할 수 있는 역할임을 강조하였다. 또한

> 우리가 서양의 법률, 종교, 정치 등을 채용해서 동양재래의 공기로 양성한 후

---

47) 「武士の模範として使徒パウロ」1920년 10월, 『太陽』 26권 11호, 『選集』 4, p.219.

바로 서양제국이 이것(동양화된 서양문화)을 편리하게 이용할 수 있도록 해야
한다. 또 구미에 대하여도 우리는 단순한 수납자의 위치에만 설 것이 아니라 한
번 그들 문명을 흡수하여 이것을 변경 개량하면 또한 그들에게도 이로운 길을
걷게 하는 일이다.48)

라고 하며 일본이 서양문명화에만 급급하던 시기에 그의 양양중매론은 서
양문명의 동양전파만이 아니고 동양화된 서양문명을 다시 서양으로 전파
하는 의미도 포함시켰다. 그는 동양문명에 대한 자부심을 가지고 서양문명
에 임했으며 동서양양(東西兩洋)문명의 장점을 혼합한 이상적인 문명형태를
이루려 하였다. 그것이 동양정신과 결합된 독자적 기독교사상이라고 할 수
있는 소위 유교적, 무사도적 기독교다. 우치무라의 '일본국의 천직'이라는
사명론은 이후 그의 일본론의 기저가 되는 내용이다.

　청일전쟁이 발발하자 '일본국의 천직'이라는 사명론을 주창한 그는 이 전
쟁을 의전으로 평가하였다. 즉 1894년 8월 23일호에 영문논문「조선전쟁의
의」라는 글을 발표하였다.

　　　동양에서 승성으로 소망된 조선은 지금 아직도 음성의 하나에 불과한 존재
　　다. 그녀를 구출하기 위해서는 백백 해를 보는 것보다 명확한 폐허에서 그녀를
　　탈출시키기 위해 우리가 강하게 그녀(조선)를 간섭하는 일이 우리가 갖는 신선
　　한 인국의 권리다. 동양의 진보주의의 전사인 일본의 조선유도는 미합중국이
　　시초에 우리를 문명의 광명으로 인도한 것과 마찬가지다.49)

　즉 우치무라는 일본사명론에 입각하여 일본이 동서양의 중매인으로서
개국 초에 미국이 일본에 실행하였듯이 강력한 대조선 간섭을 주장하였다.
이때의 그는 본심으로부터 이 전쟁을 조선의 독립과 문명화를 위한 사명감

---

48)「日本國の天職」1892년 4월,『六合雜誌』,『全集』24, pp.20~22.
49)「朝鮮戰爭の義」(「日淸戰爭の義」라는 제하의 번역문을 1894년 9월『國民之友』에 게
　　제)『全集』21, pp.121~128.

과 의리로서 옹호했었다. 그러나 전쟁이 끝나고 일본이 조선에 대한 노골적인 제국주의노선을 드러내자 그는 아주 실망하여 의전론을 펼쳤던 것을 후회하였다. 전쟁 후 그가 친구 벨에게 「의전은 약탈전에 가까운 것으로 변하고 그 정의를 외쳤던 예언자는 지금 지옥 속에 있습니다.」50)라는 내용의 편지를 보낸 데서도 알 수 있다. 그런 와중에 1895년 10월, 명성황후(1851~1895) 시해사건이 발발하자 크게 분노하며 "시세의 관찰"이라는 글을 올렸다. 그 집필동기에 대하여 그는 「삽시간에 조선 경성에서 일본인 대실태의 비보에 접한 나는 비분을 억제할 길 없어서 결연 집필하여 일주일에 걸쳐서 쓴 내용을 "시세의 관찰"이라는 표제로 정리한다.」51)라고 하며 그의 의분에 찬 마음을 다음과 같이 피력하였다.

> 인국의 독립을 부식한다고 하여 간벌을 움직여 성공한 후에는 자국의 강대화만 일삼고 약소국을 못 일어나게 하는 국민은 위선자다. 또 근대일본외교의 실리주의에 찬 실태를 볼 수 있다. 즉 그들은 청일전쟁은 의전이라고 주창했었다. 그러나 나 같은 바보가 그들의 선언을 말 그대로 받아들여서 나의 서툰 영문으로 "청일전쟁의 의"라는 글까지 써서 세계에 호소하니 일본의 정치가와 신문기자는 마음속에서 웃고 말하기를 「좋아 그는 아주 정직한 자다」고 하면서 의전이라는 것이 명분뿐인 것을 그들 식자도 공언했던 바다. 전쟁이 끝나고 전승국이 되자 그 주안점이었던 이웃국의 독립은 뒷전으로 가고 신영토의 확보 신시장의 확장에만 전 국민의 관심을 집중시켜서 오로지 전승이익 챙기기에 급급하다.52)

이와 같이 그는 조선의 독립은 명분뿐이고 일본의 국익확대에 실제목적이었던 청일전쟁의 본질을 파악 못한 스스로를 한탄하였다. 그리고 정치인,

---

50) 山本泰次郎 譯補, 『內村鑑三, D.C Belに送った自敍傳的書翰』 第27信, 1895년 5월 22일 新教出版社, 1949년, pp.151~152.
51) 「改版 『警世雜著』 付にする自序」 1900년 5월, 『警世雜著』, 『全集』 24, p.90.
52) 「時勢の觀察」 1896년 8월, 『國民之友』, 『全集』 24, pp.63~66.

언론인은 물론 일본인 전체가 의롭지 못한 국익위주의 모습에 대하여 분노
하였다. 즉 전전에는 천직을 받은 일본이 조선의 독립과 문명화를 진심으로
바랬고 그 방법으로 전쟁까지도 옹호했었다. 그러나 전후에 천직을 받은 나
라의 모습은 없고 국익우선의 방향으로만 가는 일본에 대해 강하게 비판하
였다. 그리고 다시 「일본은 세계에 대하여 큰 책임을 지고 있고 세계 또한 일
본에 의존한 바가 크다. 동양과 서양의 중간에서 서자(西者)를 초청하고 동자
(東者)를 변론하여 전자의 난폭함을 무마하고 후자의 혼미함을 풀어서 양자
를 통합할 수 있는 자는 일본국민 외에는 없다」[53]고 천직을 일본의 책임을
변함없이 펼쳤다.

> 우리는 구미제국에서 이미 부패의 징조를 보인 기독교를 채택하여 그것을
> 일본에서 다시 부활시켜서 신생명을 만들고 세계에 재전파하는 천직을 가지고
> 있다. 그러니 무엇 때문에 고생해서 그들의 조강(糟糠)을 팔고 또 이 땅에 그들의
> 교회와 청년회와 공려회(公勵會)를 모방해서 영국 혹은 미국 종교를 그대로 이
> 식하고자 하는가. 기독교는 인류의 종교로서 영국인 혹은 미국인의 종교가 아
> 니다. 우리는 기독교를 취하여 우리의 종교로 만들어야 한다. 외국적 종교는 우
> 리에게는 필요 없다.[54]

즉 그는 일본이 독자적인 비서양적 기독교국이 되어서 그것을 세계에 전
파하는 것이 천직이라고 생각하였다. 그러나 일본이 좀처럼 천직을 수행할
수 있는 내외적 모습을 갖추지 못한데 대해 크게 실망하였다. 특히 외교문제
와 관련해서 「일본인은 강적에 대하여는 일치단결 못하는 백성이다. 그들
은 조선 및 중국에 대하여는 거국 일치하여 강하게 대처하면서 영국인, 미국
인, 혹은 러시아인에 대하여는 용기 있게 행동 못하고 무책임한 언사만 펴서
당국자만 비난한다.」[55]라고 외교에 임하는 비굴한 국민자세를 비판하였

---

53) 「世界の日本」 1896년 9월, 『世界之日本』, 앞의 책, pp.29~30.
54) 「日本を救うの基督教」 1899년 5월, 『東京獨立新聞』, 앞의 책, p.183.

다. 또 일본내부사회의 실상에 대하여는 '지옥'이라고까지 극언하였다. 즉
「오늘날 일본사회는 지옥이라고 해야 마땅하다. 선이란 선은 어디에도 볼
수 없고 악이란 악은 무슨 일이든지 할 수 있는 나라가 일본이다」[56]라고 주
장하였다. 그는 일본의 이 같은 모습의 책임이 메이지집권층에 있다고 보고
'이종(二種)의 일본론'을 펼쳤다.

> 귀족, 정치가, 군대를 대표하는 일본은 반드시 망한다. 내가 항상 예언하는
> 일본국의 멸망이란 이 일본을 가리켜서 하는 말이다. 그와 동시에 망하지 않는
> 일본이 있다. 그것은 근면정직한 평민의 일본이다. 내가 충실하고자 함은 이 불
> 구불멸의 일본에 대해서다. 귀족, 정치가, 투기꾼의 일본에 대해서는 분노와 증
> 오만 있을 뿐이다.[57]

우치무라에 대하여 비 민중적 성향을 가졌다는 견해[58]가 있는데 좀 더 자
세히 검토할 필요가 있다고 본다. 사실 그는 막말기 평민이 아닌 지배층인
무사출신으로서 유교 및 무사도정신에 긍지를 가졌던 것이 사실이다. 그러
나 긍지는 가졌지만 결코 무사신분 자체를 자랑하지는 않았다. 오히려 메이
지 번벌정부 집권층에 대하여는 '불경사건' 이래 일관해서 비판적이었고 절
대로 타협하지 않았다. 그래서 집권층의 일본은 멀지 않아 망할 것이고 근면
정직한 평민의 일본은 망하지 않는다고 주장하였다. 그는 '천직'을 수행하는
일본의 주체는 집권층이 아닌 평민으로 생각하고 그들에게 희망을 가졌다.
따라서 교화의 희망도 평민에게 걸었다. 그리고 이와 같이 일본이 '천직'을
수행 못하는 근본원인이 기독교를 제외한 채 근대화를 추진한 데에 있다고
보았다.

---

55) 「日本における外交の困難」1900년 1월, 『東京獨立新聞』, 『全集』 24, p.131.
56) 「現世の地獄＝日本」 1900년 10월, 『萬朝報』, 앞의 책, p.138.
57) 「二種の日本」 1901년 11월, 『萬朝報』, 앞의 책, pp.156~157.
58) 徐正敏, 앞의 글, 앞의 책.
   土肥昭夫, 앞의 책.

일본국에 한 큰 어려움이 있다. 그것은 일본인이 기독교를 수용하지 않고 기독교적 문명을 수용한 점이다. 기독교적 문명이란 말 그대로 기독교에 의해서 생긴 문명이다. 따라서 기독교를 배우지 않으면 이해할 수 없는 문명이다. 그런데도 일본인은 기독교적 문명을 채용하면서 그 근본이며 원인이며 정신이며 생명인 기독교 그 자체를 수용 하지 않았다. 기독교를 제외한 대의정체, 자유제도는 마치 영혼이 없는 육신과 같다. 기독교 없는 기독교적 문명은 결국은 일본국을 멸망시킨다. 따라서 바로 지금부터 서양문명의 진수인 기독교 그 자체를 채용해야만 한다. 이것이 일본국이 취해야 할 가장 명백한 방침이다.[59]

그는 서양문명의 근본이며 생명인 기독교를 제외한 반쪽 서양화 및 근대화가 오늘날 일본에 큰 어려움을 초래했으며 결국 이대로 가면 일본이 망한다는 예언을 하였다. 그래서 이 그릇된 근대화의 방향을 바로 세우기 위해서 지금부터라도 문명의 진수인 기독교를 수용해야 한다고 역설하였다.

우치무라는 당초 청일전쟁전에서 발표한 "일본국의 천직"에서 동양과 서양의 중재론을 펼쳤고, 청일전쟁을 이 사명을 다하기 위한 '의전'으로 찬동하였다. 그러나 전쟁 후의 일본이 침략적인 방향으로 가는 것에 대해서는 과감하게 비판하였다. 그러면서 기독교 수용과 그 기독교를 동양화해서 다시 서양에 전파해야 한다는 그의 '일본국천직론'을 지속적으로 펼쳤다.

2. 노일전쟁 시기의 일본론

1902년 2월 우치무라는 『萬朝報』지상에 「영일동맹에 관한 소감」[60]을 발표했다. 서양문명의 선진국인 영국은 남아전쟁에서 자유, 독립전사를 억압하여 불의의 나라가 되었으며 따라서 일본이 영국과 동맹을 맺는 것은 불의

---

59) 「日本國の大困難」 1903년 3월, 『聖書之研究』, 『全集』 24, pp.184~192.
60) 「日英同盟に關する所感」 1902년 2월, 『全集』21, pp.235~240.

한 나라와의 동맹을 의미한다고 주장하였다. 그리고 청일전쟁 때와는 달리
러일전쟁 때는 개전 전부터 다음과 같은 '전쟁폐지론'을 펼쳤다.

> 나는 노일 개전반대론자 뿐만 아니고 전쟁 절대폐지론자다. 전쟁은 사람을
> 죽이는 것이다. 사람을 죽이는 것은 큰 죄악이다. 큰 죄악을 범하면 개인도 국가
> 도 영원히 이익을 거둘 수 없게 된다. 세상에는 전쟁 이익을 설득하는 자가 있다.
> 그렇다. 한때 나도 이러한 우를 범한 사실을 시인한다.…일본국은 이 전쟁에서
> 뭇슨 이익을 얻었을까? 청일전쟁 승리 후 그 목적이었던 조선의 독립은 약화되
> 고 오히려 중국 분할의 단서가 되고 일본 국민의 분담은 크게 증가되고 그 도덕
> 은 크게 타락하여 동양전체를 위태로운 지경에 빠지게 하였다.61)

우치무라의 이 전쟁폐지론은 그가 청일전쟁 때에 전쟁의 본질을 파악한
체험에서 나온 말이다. 즉 전쟁은 해는 있어도 이가 없음을 통감했었다. 청
일전쟁의 목적인 조선의 독립은 오히려 위태롭게 되었고 전승국 일본의 도
덕은 부패하여 교전상대국은 굴복시켰으나 국내의 황란자(荒亂者)를 지 못
했기 때문이다. 같은 시기의 미국 서반전쟁에서도 이긴 미국은 대외적으로
강대국이 되었으나 국내에서는 그 사회의 부패와 타락이 현저하다고 보았
다. 그래서 그는 전쟁은 반드시 폐지되어야 한다는 일념으로 반전평화를 주
장하였다.

> 전쟁은 원래 파괴성을 갖는다. 타를 파괴하면서 동시에 자기도 파괴당한다.
> 전쟁에 의해서 국비는 소모되고 국민은 비참한 빈궁이 극에 달하고 우수한 인재
> 를 많이 잃게 되고 덕성을 양성하는 교육은 미자격자에 맡겨진다. 이러한 상태
> 에서는 국가의 참된 부흥을 이룰 수 없다. 인류 역사는 전쟁의 이익을 가르치지
> 않는다. 뿐만 아니라 전쟁은 전쟁을 낳으며 전쟁으로 평화에 도달하고자 하는
> 일본 및 세계의 정치가의 견해는 미신일 뿐이다.62)

---

61) 「戰爭發止論」 1903년 6월, 『萬朝報』, 『全集』 21, p.27.
62) 「戰爭廢止論」, 1903년 6월, 위의 책, p.27.

우치무라는 평민신문 발간과 더불어 유세를 통해 반전평화운동을 전개하였다. 노일개전 후에도 되풀이되는 신문발매금지, 투옥 등의 탄압 속에서도 반전주장을 멈추지 않았다. 전쟁이 국민의 이익과는 무관함을 강조하였다. 그러나 권력에 대해 생활이익을 지키려는 의식과 권력에 대한 저항의식을 결여한 국민 속에 쉽게 침투하지는 못했다. 국민은 국가의 영광을 자기 일로 생각해서 생활의 불만을 해소하고 또 전승으로 인한 국가팽창에서 생기는 어떤 이익을 기대하면서 전쟁방향으로 타협하며 이끌려갔다.

그는 러일전쟁 후 일본의 영토가 확장되는 반면 세계의 비판여론이 집중되는 일본에 대하여 다음과 같은 마음을 토로하였다.

> 노일전쟁이 끝나고 3년 사이 세계의 여론에서 하늘 높이 올랐던 일본국은 지금 저승 밑장까지 끌어 내려졌고 간신이 만주와 가라후토(樺太)까지 팽창한 야마토(大和)민족은 지금 세계 각국 어느 곳에 가도 그 입국을 거절당하고 있다. 예언에 유하는 내말이 거의 적중하는 것을 보고 내 고국을 위해 슬프다.63)

노일전쟁 후 천직을 갖는 일본이 가야할 길을 이탈한 채 국제여론의 비판 속에서도 침략적 야욕을 펼친데 대해 그는 예언자적 입장에서 탄식하였다. 근대화의 출발이었던 메이지시대가 끝나고 다이쇼(大正)시대가 열리자 그는 다음과 같이 새 시대에 희망을 거는 글을 올렸다.

> 메이지, 이것을 해석하면 문명의 치세다. 물질적으로 일본을 서양화시킨 것이 명치의 사업이었다. 일본은 그 사업에는 현저하게 성공하였다. 그러나 물질문명만으로 나라가 서지 않는다. 식산, 공업, 군비, 법률 밑에 강한 도의가 있어야 한다. 다이쇼(大正) 이것을 해석하면 큰 정의다. 그래서 메이지 후에 온 다이쇼시대에 일본인은 정의의 건설에 종사해야 한다. 일본국이 이 새 시대에 요구되는 인물은 이토 히로부미공(伊藤博文公)과 같은 큰 정치가가 아니다. 루터와

---

63) 「『よろず短言』自序 第二」 1908년 7월, 『全集』 24, p.170.

같은 대신앙인, 칸트와 같은 대윤리학자다. 일본인은 다이쇼 연간에 종교적으로 또 도덕적으로 위대해져야 한다.[64]

그는 일본이 보다 종교적이고 도덕적으로 변화하여 천직을 수행하는 나라가 되기를 기대하였다. 하지만 자본주의화가 더욱 촉진되고 물질문명의 폐단으로 부패가 더욱 심해진 다이쇼(大正)시대의 일본 사회에 더욱 실망하였다. 그래서 그 시기 일본을 강타한 관동(關東)대지진을 그는 엄숙한 신의 심판, 무서운 천벌로 보았다. 즉 「지진 이전의 도쿄시민은 너무 타락했기 때문에 그들은 당연히 받아야 할 천벌로 느꼈을 것이다.」[65] 또한 「일본국의 화려한 도시의 상징이었던 도쿄는 멸망했다. 신문이나 잡지에 보도된 지진 이전의 도쿄의 (부패한) 모습을 볼 때 이 재해가 정말 우연히 발생한 것이 아님을 알 수 있다.」[66]고 하였다.

이같이 그는 일본의 사회적 부패현실에 실망하면서도 아직 일본인 교화에 대한 기대와 희망을 잃지 않았다. 그래서 관동대지진 직후 오래 전에 썼던 바 있는 「일본의 천직」[67]이라는 같은 제하의 글을 실었다. 여기서 그는 「일본의 천직은 무(武)에도 없고 경제에도 없다. 오직 종교에 있다」고 하면서 「불교가 인도에서 멸망하고 유교가 중국에서 쇠퇴한 후 일본이 잘 계승해서 발전시켰듯이 이제는 구미에서 버려진 기독교를 일본이 잘 수용, 부흥시켜서 새 형태로 만들어 세계에 전파해야 한다.」고 일본국의 천직을 다시 강조하였다.

그러나 그의 만년이 되어도 더욱 심해지는 사회부패와 방향성을 잃은 일본에 대하여 드디어 멸망을 예언하였다. 「회고삼십년」[68]에서 그는 「일본의

64) 「明治と大正」 1912년 10월, 『聖書之研究』, 『全集』 24, p.171.
65) 「天災と天罰および天惠」 1923년 10월, 『主婦之友』, 『全集』 22, p.301.
66) 「末日の模型」 1923년 10월, 『聖書之研究』, 『全集』 24, p.43.
67) 「日本の天職」 1924년 11월, 『聖書之研究』, 위의 책, p.52.
68) 「回顧三十年」 1929년 3월, 『聖書之研究』, 『全集』 19, p.135, p.137.

정신계, 사상계, 외교계, 경제계 모두가 서리를 맞아 시드는 겨울과 같다. 우리는 지금까지 일본에 도덕적인 기초를 세우기 위해 노력을 해 왔다. 아주 어려웠고, 그 성공을 단언할 수 없었다. 그러나 어려움을 두려워하여 일본을 그냥 방치했다면 오늘날과 같은 타락상이 더 일찍 나타나서 멸망해버렸을 것이다.」라고 하면서 그의 뜻과는 너무 다른 방향으로 가는 일본에 대해 드디어 그 앞날의 멸망을 예언하였다. 그의 이와 같은 예언은 그의 사망 후 발발한 중일전쟁 및 제2차세계대전의 패전으로 일본제국이 멸망함으로써 적중되었다. 일본의 멸망까지 예언한 그의 기독교사상과 행동이 그 시대 일본의 양심이었음을 알 수 있다.

V. 우치무라의 조선론

1. 청일전쟁 전·후의 조선론

우치무라가 조선에 대해 처음으로 언급한 것은 전술한 바 영문으로 발표한 「조선전쟁의 의」[69]였고, 이 때 그는 조선을 아직 음성에 불과한 존재로 인식하였다. 또 이 글의 번역문을 게재한 「국민지우(國民之友)」에 발표한 글[70]에서도 「반도정부에서 암우, 폭악. 야만의 무리를 구축함과 같이…민씨의 횡행을 증오하며 조선을 보호하기 위해 청국에 대처해야 한다.」고 하면서 이 전쟁이 의전(義戰)임을 강조하였다. 그것은 일본국의 천직이라는 사명론에 따라 조선을 문명화의 대상으로 보았기 때문이다. 이 시기의 우치무라의 조선론과 비교할 수 있는 사상가로서 후쿠자와 유키치가 있다. 그도 일찍이 일본간섭에 의한 조선의 문명화를 주장했으며 이 전쟁을 「문명과 야만의 전쟁」[71]이라고도 표현하였다. 이같이 조선을 문명화의 대상으로 인식한

---

69) 「朝鮮戰爭の義」(「日淸戰爭の義」),『國民之友』, 앞의 책.
70) 「日淸戰爭の目的如何」 1894년 10월,『國民之友』,『全集』21, pp.137~139.

것은 유사했으나 조선에 대한 그들의 근본적인 시각차이가 청일전쟁 후에 확실이 드러났다. 즉 후쿠자와는 시사신보에서 「안중에는 조선인이 없다. 오로지 조선의 문명개진만 있을 뿐이다. 이같이 각오하여 전후좌우를 살피지 않고 한시라도 속히 착수하여 신면목을 개척해야 한다.」[72)고 조선인을 무시한 채 조선문명화의 명분 아래 일본국익만 추구하는 그의 침략성을 볼 수 있다.

이에 비해 우치무라는 조선을 위한 독립과 문명화는 뒷전으로 하여 국익만 챙기는 일본을 비판하면서 전쟁 후에 「의전론」을 철회하였다. 그는 진심으로 "의로움"을 추구했으며 후쿠자와와는 대조적인 모습을 보였다. 이후에 우치무라는 후쿠자와를 「천하가 그의 공로에 현혹되어서 그의 해독을 인정 못하고 있다. 금전이 바로 실권이라는 것이 그의 복음이다. 그로 인해서 배금종은 부끄럽지 않은 종교가 되었다. 또 그로 인해서 덕의는 이익의 방편으로서만 귀중한 것이 되었다.」[73)라고 비판하였다. 그는 메이지일본의 문명화에 큰 영향을 준 후쿠자와와의 본질적 차이를 천명하였다. 그러나 이 시기 아직 우치무라도 일본을 조선문명화의 기수로 보는 시각에는 변함이 없었다.

1900년에 출판된 『흥국사담(興國史談)』 속에서 우치무라는 「역사는 인류진보의 기록이다. 그래서 진보에 관계없는 인종은 역사적이라고 볼 수 없다. 지나인과 조선인도 멀지 않아 역사적 인종이 될지 모르지만 지금은 아직 그 명예의 자리에 서 있지는 않다.」[74)라고 이 시기 조선을 아직 비역사적인 민족으로 인식하였고, 기독교 교화도 부진하다고 보았다. 즉 「정치와 종교」라는 글에서 「물질주의 일변도의 중국, 조선, 일본에서 정치는 입신이고 종교는 은퇴. 중국인과 조선인의 눈에는 이와 같이 보이기 때문에 우리들은 단

---

71) 福澤諭吉, 「日淸の戰爭は文野の戰爭なり」 1894년 6월 17일, 『時事新報』, 『讀福澤全集』 第4卷, pp.170~171.

72) 「破壞は建築の手始めなり」 1894년 11월 17일, 『時事新報』 위의 책, p.124.

73) 「福澤諭吉翁」 1897년 4월, 『萬朝報』, 『全集』 21, p.228.

74) 「興國史談」 1900년, pp.162~166.

연 종교를 선택하고 정치를 배척해야 한다. 우리들은 종교의 명예와 위엄과 실력을 이들 육욕적인 동양인에게 몸소 가르쳐 주어야 한다.」[75]고 하였다. 또 「평화의 실익」이라는 제하에서 다음과 같이 주장하였다.

> 만약에 전쟁에서 잃은 대신 여기에 4억엔(億円)의 돈을 평화사업에 소비한 다고 가정해 보자. 그 효과란 참으로 클 것이다. 우선 그 중 5천만엔(千萬円)을 가지고 조선을 경영하고 한편으로 경성(京城)에서 평양을 거쳐 의주까지 또 다 른 한편으로 경성에서 원산을 거쳐 두만강 하구까지 철도를 건설할 수 있다. 또 한 나머지 5천만엔을 사용해서 경상도 충청도 등 인구가 희박한 곳에 일본농민 의 이주를 꾀하고 반도 내 어느 곳이든 일본인의 사회를 만들 수가 있다. 조선에 대한 노국의 친입을 막는 방법은 이것보다 좋은 것이 없다. 1억엔을 가지고 조선 을 실제적으로 일본소유로 하고……[76]

이 시기 그는 아직 조선을 일본국 천진론에 입각하여 문명화 대상국이며 비역사적인 민족이며 평화적 경영대상국으로만 인식하였다.

2. 노일전쟁 시기의 조선론

노일전쟁 후 일본은 조선과 한일보호조약을 체결하여 실질적으로 정치, 외교, 경제적인 독립을 박탈하고 보호국으로 전락시켰다. 이런 상황 속에서 우치무라는 조선에서의 기독교선교의 확산과 조선인의 깊은 신앙심에 대 한 보고를 받고 그의 조선인식은 크게 전환하였다. 이때에 「행복한 조선국」 이라는 글을 게재하였다.

> 조선국에 엄청난 성령강림이 있었다고 들었다. 행복한 조선국은 지금 정치

---

75) 「政治と宗敎」 1902년 7월, 『聖書の硏究』, 『全集』 21, p.205.
76) 「平和の實益」 1903년 9월 1일호, 『萬朝報』, 『內村鑑三全集』 11卷, 岩波書店, 1981, p.381.

적 자유와 독립을 상실하였지만 대신 성령의 자유와 독립을 획득하였다. 오래
전 동양문화의 중심으로서 그 문화를 해동섬나라까지 전파시킨 그녀가 지금 다
시 동양복음의 중심이 되어서 그 빛을 사방에 방출하기를 바란다. 신은 조선국
을 경멸하지 않으시고 신은 조선인을 사랑하신다. 그들에게 군대와 군함을 주
시지 않았지만 그보다 더 강한 능력인 성령을 하사하셨다. 조선국은 실망할 필
요가 없다. 예전에 유태인이 정치적 자유를 상실하면서도 그 신종교가 서양제
방을 교화하였듯이 조선국도 정치적 독립을 상실한 지금 새로운 신의 복음에
접하였고 복음화 된 조선은 동양제국을 교화할 수 있을 것이다. 나는 조선국에
새 성령이 강림했음을 전해 듣고 동양장래에 큰 희망을 가졌다. 참으로 사람의
사념을 초월한 신의 섭리의 위대함에 놀라지 않을 수가 없다.[77]

그는 조선이 과거 동양문명의 중심이었으며 그 문명을 일본에 전파했듯
이 조선이 오늘날 주권은 상실하였지만 당시 새 종교인 기독교를 서양에 전
파한 유태민족과 같이 동양교화의 중심이 될 수 있다고 확신하였다. 이 글에
대해서는 진정한 조선인의 고통을 외면한 위로의 말에 불과하다는 비판적
인 견해도 있다.[78] 그러나 대부분의 일본지식인들이 한국병합에 찬성하고
침략적인 멸시론을 전개한 이 시기에 근본적으로 다른 조선관을 가진 그에
게 주목할 필요가 있다. 일본이나 조선이나 그 나라의 교화를 평생의 궁극목
적으로 삼은 그는 이때에 '사람의 사념을 초월한' 조선에 대한 '신의 섭리'를
인식하였다. 따라서 단순한 위로의 말이 아니고 그는 놀라움 속에서 조선에
대한 새 발견을 한 것이며 오히려 높이 평가해야 할 부분이다. 1909년 「조선
국과 일본국」이라는 글에서는 더욱 그 인식이 깊어진다.

최근 조선국의 경성재류중인 내 친구인 미국선교사한테서 온 편지에 「우리
들 재류외국선교사 전체의 세론에 따르면 조선국은 아마 일본국보다 먼저 기독
교국이 될 것이다」라는 내용이 있었다. 나는 이소식에 접하고 처음은 아주 기뻤

---

77) 「幸福の朝鮮國」 1907년 10월, 『聖書之硏究』 앞의 책 15권, p.209.
78) 徐正敏, 앞의 글, 앞의 책.

고 또 나중에는 아주 슬프기도 했지만 간신이 마음을 평정시켜서 내 신에게 감
사하였다. 나는 이 소식에 조선국을 위해 아주 기뻐하였다. 그 나라는 지금 실체
적으로 국토를 상실하고 정부를 잃고 독립을 잃고 가장 불쌍한 상태에 놓여 있
다. 그래서 은혜 많은 신이 그들 조선인의 지상손실에 대하여 영적인 재산으로
보답하였다. 일본인의 신은 또한 조선인의 신이기도 하다. 그는 우리에게 후하
고 그에게 박할 리가 없다. …… 일본국은 과거 수십 년간 지상에서는 많은 것을
얻었다. …… 그러나 물질을 얻은 일본국은 영적으로 많은 것을 잃었다. 그 사기
는 날로 쇄퇴했고 그 도덕은 날로 타락하였다. 또한 그 사회는 날로 붕괴하고 있
다. …… 나는 신이 오히려 조선국은 구하고 일본국은 버리지 않았나 생각하였
다. …… 이렇게 생각하니 정신적으로 암흑한 일본을 떠나서 전도가 희망찬 조
선에 가서 스스로 외국선교사의 한사람이 되어 그 교화를 도울까도 생각했다.
…… 나는 그나마 내가 사랑하는 이 일본국에 머물기로 결심하였다. 나는 보다
전도지로서는 어려운 이 일본국을 내 평생의 전장으로서 선택하기로 결정하였
다. ……

　그리하여 조선국도 구원되고 일본국도 구원되어서 양국이 구원의 신에 의
해 서로 화합하여 평화는 후지산(富士山) 꼭대기에서 장백산(長白山) 꼭대기까
지 이르러 그도 기뻐하고 우리도 기뻐하면 서로의 소리를 합친 찬미의 노래를
부를 수 있을 것이다.[79]

　이 글은 기독교인 우치무라의 조선과 일본에 대한 바른 시각이자 그의 진
정한 평화사상이라고 볼 수 있다. 그의 일본이 문명화의 책임이 있는 나라
조선이라는 인식은 사라졌다. 대신 조선에서의 "성령강림"을 인지하고 소
위 "신의 섭리"를 자각하면서 나온 글이다. 그가 순간 일본을 버리고 조선선
교를 생각할 정도로 조선을 부러워한 것이다.
　1910년 일제의 한국강점이 이루어지자 그는 「영토와 영혼」이라는 글을
잡지에 게재하였다. 즉 「나라를 얻었다고 기뻐하는 백성 있고 나라를 잃었
다고 슬퍼하는 백성이 있다. 그러나 기뻐하는 사람도 한 순간이고 슬퍼하는

79) 「朝鮮國と日本國」 1909년 12월, 『聖書之研究』, 『全集』 24, pp.194~197.

사람도 한 순간이다. 오래 못가서 둘 다 공히 주 앞에 서서 그 행위에 따라 심
판 받는다. 사람이 만약 전 세계를 얻어도 그 영혼을 상실하면 무슨 소용이
있고 또 만약 우리 영토를 팽창하고 전 세계를 차지해도 내 영혼을 잃으면
무슨 소용이 있느냐.」[80)]고 일본침략으로 인한 영토팽창자체를 근본적으로
부정하였다. 그러나 조선교화는 진전되고 일본교화는 멈추어 있기 때문에
그로서는 일본교화가 보다 선결과제였다. 따라서 일본이 침략주의를 포기
하지 않는 한 일본교화는 불가능하다고 본 것이다.

한국병합 후에도 우치무라는 조선총독부의 비호아래 조선전도를 추진
한 일본조합기독교회의 한국병합 찬성론과 우월적 태도에 대해서도 강하
게 비판하였다. 즉 조합기독교 측은 「한국병합은 신의에 의한 것이고 조선
인민을 위한 유일한 행복의 길이다. 따라서 동화를 촉진하는 것은 기독교인
의 당연한 사명이다.」[81)] 라고 조선인을 무시한 채 우월의식 속에서 추진하
는 조선전도가 마치 일본의 사명같이 역설하였다.

이에 비해 우치무라는 도쿄조선기독교청년회의 강연에서 「조선과 일본
의 문제도 일선인 서로가 좋은 기독교인이 되는 길밖에 없다.」고 하면서 지
근한 예로 그의 아주 가까운 마음의 벗인 김정식(金貞植:1862–1937)에 대해 언
급하였다. 즉 「말이 잘 통하지 않는 우리도 같은 그리스도 안에 있기 때문에
마음 깊은 곳을 서로가 잘 이해할 수 있다. 일본인도 조선인도 모두가 우리와
같이 되면 참된 합동을 이룰 수 있다.」고 하였다.[82)] 우치무라와 김정식과의
관계는 1906년 11월 김정식이 조선기독교청년회 총무에 취임했을 때부터
시작하였다. 구한국 경무관을 지냈던 김정식은 우치무라를 "기독교적 인류

---

80) 「領土と靈魂」, 1910년 9월, 『聖書之硏究』, 앞의 책, p.1.

81) 1910년 8월 23일 한국병합조약이 조인되고 이어서 29일 조선총독부가 설치되어서
   조선의 완전식민지화가 실현되자 일본조합교회는 공연이 조선동화정책협력을 표명
   하여 「韓國拼合と 韓人傳導」라는 제하의 9월 1일부 사설을 발표하였다. 여기에 관해
   서는 松尾尊允 『日本組合基督敎會の朝鮮傳導』 참조, 『思想』 529号 1968년 7월, 『基督
   敎世界』.

82) 「敎會と聖書」, 『選集』 4, p.194.

애를 실현한 인물"로 평가하였다. 특히 '105인사건' 때는 우치무라는 7천여 원을 들여 고베(神戶)의 영자신문 등에 고발기사를 싣게 하여 구미여론에 호소하였다. 김정식은 이 사실을 환기시키면서 「우치무라씨는 일조(日朝)간의 민족적, 정치적 차별 없는 기독교주의에 의한 절대적인 정의와 인도를 주창하였다.」[83]고 평가하였다. 이와 같이 그는 당시의 조합기독교회의 조선에 대한 태도와는 달리 일본인도 조선인도 같은 동등한 형제라는 입장에서 "참된 합동융화"를 강조함으로써 일제가 현실적으로 진행시킨 "일선동화" 정책을 비판하였다. 그리고 그는 오랜 미국친구 벨(D.C Bel)에게 보낸 서한에서도 일제강점에 대해 다음과 같이 언급하였다.

> 나는 일본의 조선병합은 필경 폴란드 하나를 합병한 것이며 결국 이를 완전히 소화하기는 어렵다고 걱정이 됩니다. 그들 중에는 훌륭한 기독교인이 있고 정신적으로는 원칙적으로 일본기독교인보다 훨씬 뛰어납니다. 그들 중에는 내 좋은 친구가 수명 있습니다. 우리들은 서로 진심으로 사랑하며 '인종문제'는 개재하지 않습니다.[84]

그는 먼저 일제의 조선강점을 폴란드와 비교하며 실패할 것을 예언하였다. 그리고 조선친구의 신앙심의 깊음을 알리고 또 그들과 신앙적 형제로서 또 마음의 벗으로서 평등하게 잘 교제하는 모습을 전하였다. 그의 이와 같은 조선인 인식은 가까운 신앙친구와 또 그를 따르는 조선인 제자들과 좋은 교제를 하면서 만년이 될수록 더욱 깊어졌다. 즉 그가 67세 때 서술한 「회고삼십년」이란 글에서 「참으로 일본인의 애국심 감퇴는 심각하다. 이점에서 조선인이 훨씬 내지인(일본인) 보다 낫다. 내가 성서연구회에서 애국을 논할 때 손에 땀을 쥐며 열심히 듣는 자는 조선학생이며 일본 내지학생은 아니다.」[85]라고 그에 호응하는 조선인 학생의 애국심을 높이 평가하였다.

---

83) 金貞植 「內村鑑三氏を追憶す」, 金教臣, 咸錫憲 공저, 앞의 책, p.54.
84) D.・C Belに送った書簡 第94信, 1917년 4월 19일, 앞의 책, p.342.

이러한 그의 조선인에 대한 긍정적 자세와 독특한 기독교사상, 그리고 강력한 애국심에 감화되어 제자가 된 조선청년들이 있었다. 이들은 1919년 3·1독립운동 직후 일본에 유학하고 서로 전후해서 그의 성서연구회에 출석한 김교신(金教臣),86) 함석헌(咸錫憲), 송두용(宋斗用), 유석동(柳錫東), 정상훈(鄭相勳), 양인성(楊仁性)의 6명이다. 이들은 우치무라 문하에 있으면서 1925년부터 <조선성서연구회(朝鮮聖書研究會)>를 만들었고 조선에 귀국하여 1927년 7월에 조선어로 된 유일한 무교회주의 기독교잡지인『성서조선(聖書朝鮮)』을 창간하였다.87)

창간사에서 그들은「우리는 감히 조선을 사랑한다고 큰 소리 못하나 조선과 자신과의 관계에 대하여 겨우 '무엇'인가를 깨달았음을 믿고 있다」고 서술하고「그러나 자신을 위하여 무엇을 하고 조선을 위하여 무엇을 할 수 있을까. 오직 비분개세(非憤慨世)만이 능사일까」라고 하면서 창간의 동기를「조국조선의 독립을 위하여 공헌하고자 하는 조선기독교인으로서 애국심에 의한 것이」그 목적은「조선에 기독교의 능력적인 교훈을 전달하고 진리의 기반 위에 연구불멸의 조선을 건립하는 민족구제운동의 수행이다」88)라고 주장하였다. 이 창간사에서 우치무라의 조선제자인 김교신, 함석헌 등

---

85)「回顧三十年」, 1929년 3월,『聖書之研究』,『全集』19, p.136.

86) 이중 대표적 인물인 김교신(金教臣)은 1901년 4월 18일 함경남도 함흥에서 태어나 1918년 함흥농업학교를 졸업하고 이듬해인 1919년에 일본 도쿄(東京)에 유학함. 1920년 20세 나이에 그곳에 있는 한 교회에서 입신하고 그해 도쿄위생회관에서 열렸던 우치무라의 로마서강해 성서연구회에 참석하여 그 문하에 들어갔다. 그후 7년간 그가 귀국할 때까지 우치무라집에 사숙하며 인격형성과 신앙생활의 결정적인 영향을 받는다.
　　金丁煥 著,『金教臣 그 삶과 믿음과 사랑』한국신학연구소 1994, p.17.

87)「격정을 같이 하고 소망을 한 곳에 붙이는 우자 5,6명이 동경시외 스기나미무라(杉並村)에 처음으로 <朝鮮聖書研究會>를 시작하고 매주 때를 기하여 조선을 생각하고 성서를 강의하면서 지내온지 반세여에 누가 동의하여 그동안의 소원인 연구의 일단을 세상에 공개하려 하니 그 이름을『聖書朝鮮』이라 하게 되도다.」,「金教臣 주필『聖書朝鮮』창간사」1927년 7월 1일, 聖書朝鮮社.

88) 위의 책.

이 우치무라의 기독교적 애국심의 영향을 받은 점을 알 수 있다. 이 부분은 김교신이 우치무라를 회고하면서 쓴 「내가 본 우치무라 간조」에서 더욱 확인할 수 있다. 즉 「우치무라 선생은 용감한 애국자였다. 그야말로 우치무라 선생에게서 애국자라는 요소를 빼면 그냥 단순한 우치무라일 뿐이다.」[89]라고 하였다.

김교신은 우치무라가 일본의 진정한 애국자라는 점을 인식했었다. 과학적 정신에 근거한 성서연구와 온 국민으로부터 국적(國敵)이라고 불리는 비방 속에서도 결코 조국 일본을 버릴 수 없었던 그에게 애국자의 모습을 발견하였고 '예언자적 실존'이라는 애국방법에 매료되었음을 명백히 했다.

함석헌은 일제시기 원수의 나라 일본인 우치무라에게 기독교신앙을 배워서 자신의 기독교사상을 형성하여 민족의 독립과 평화운동을 전개하였다. 이것은 일제시기 입장의 차이를 넘어선 교류와 교감의 모습이었다. 우치무라가 그토록 일본을 사랑하고 신의 섭리사 속에 세계에 대한 일본의 사명을 모색하여 '일본국의 천직'을 찾아냈듯이 함석헌도 조선의 고난역사 속의 조선의 사명을 찾아낸 것이다.

함석헌이 해방 후 다시 일본을 찾았을 때 우치무라에 대해서 「우리가 일본에게 36년 간 종살이를 했더라도 적어도 내게는 우치무라 하나만을 가지고도 남음이 있다고 생각합니다.」[90]라고 한 면에서 우치무라의 기독교사상이 한국인에게도 공감, 공유되었음을 확인할 수 있다.

본래 일본 식민지 하에서의 조선인의 애국과 당시 일반 일본인의 애국과는 현실적으로 충돌할 수밖에 없었다. 그러나 김교신, 함석헌 등의 조선 제자와 우치무라 사이에는 갈등이 없었다. 망국의 백성으로서 조선독립을 위해 뜻을 품은 조선청년들이 당시의 일본인들과는 본질적으로 다른 우치무

라의 조선관을 알았으며, 또한 그의 일본을 향한 참된 애국심에도 감명을 받았다. 그것은 우치무라의 애국심이 편협된 것이 아니고 넓은 세계관에 입각한 인류애적인 것이었기 때문이라고 볼 수 있다.

VI. 결   론

본고에서 우치무라 간조의 기독교사상의 특색을 알아보고 그 사상이 바탕이 된 그의 일본론과 조선론을 살펴보았다. 그의 기독교사상의 특색을 정리하면 다음과 같다.

첫째 우치무라는 당시 다른 메이지시대 선각자들과는 달리 서양문명을 과학과 물질문명으로만 본 것이 아니고 그 근간에 기도교가 있음을 파악하고 기독교와 더불어 받아들였다는 점이다. 그 배경은 그가 청년기 도쿄에서 멀리 떨어진 개척지 홋카이도 삿뽀로 농학교에서 미국인에게 직접 개척정신을 배웠던 점과 또 종교와 과학의 조화 속에서 서양교육을 받았던 점을 들 수 있다.

둘째 우치무라는 그냥 서양기독교 수용에만 끝히지 않고 보다 독자적인 기독교를 모색하였는데 그것이 무교회주의기독교다. 이미 그가 만든 삿뽀로 독립교회에서 그 맹아를 볼 수 있었으나 서양선교사와 종파에서 완전히 독립된 교회를 말한다. 그는 후에 교회라는 조직과 의식자체에서도 독립된 것을 모색하였다. 그것이 그가 도달한 결론적인 교회형태였지만 조직성의 완전배제라는 현실적으로 불가능한 한계점도 있었다.

셋째 우치무라는 무교회주의와 더불어 그가 성장기 받은 무사집안에서의 유교교육의 영향을 긍정적으로 계승하여 이것과 접목된 유교적, 무사도적 기독교를 내세운 점이다. 그는 미국 체류기간에 신앙적으로 새로운 것도 얻었지만 미국사회와 미국교회의 현실문제도 파악하였다. 그는 이 유교와 무사도정신이 서양에는 없는 동양적인 장점으로 생각하고 이 정신과 결합된 기독교가 종파주의와 물질주의에 빠진 서양기독교를 구원할 수 있다고 보았다. 따라서 동양정신과 결합된 기독교의 서양 및 세계를 향한 재전파가 바로 하늘이 일본에게 준 사명이며 천직이라고 확신하였다.

우치무라의 이와 같은 기독교사상의 핵심에는 그의 강력한 독립심과 애국심이 있었다. 그의 조선기독교인 제자에게 감명을 준 것도 바로 이 부분이었다. 그가 이와 같은 신앙과 사상을 확립한 후 처음 표출한 사건이 소위 "불경사건"이었다. 이 사건은 천황이 직접 서명한 교육칙어 진서에 대 한 우치무라의 봉배거부에서 비롯되었다. 이 행위는 이 사건 이후에 진행된 천황을 신격화하는 국가체제 즉 고쿠타이(國體) 확립을 거부하는 양심선언의 의미를 가졌다. 비틀어지는 일본근대화 노선에 대한 애국적 행동이었다.

우치무라가 독립심과 애국심에 불타면서 신의 섭리사 속의 일본의 사명을 모색하며 찾아낸 것이 일본국의 천직이다. 즉 일본은 지리적으로나 숙명적으로 동양과 서양의 중매역할을 해야 한다는 사명론이다. 다만 그 내용이 청일전쟁전과 후에 차이가 난다. 즉 전전에는 다른 메이지 선각자들과 같이 서양문명의 동양전파만을 강조하며 이를 위한 일본의 간섭도 불가피하다고 역설하며 청일전쟁도 의전(義戰)이라고 주장하였다. 그러나 전후에는 전쟁옹호를 회개하면서 그 대열에서 이탈해 일본의 부도덕성과 침략성에 대한 경종을 올리며 각성을 외쳤다. 또한 서양문명의 수용만이 아니고 동양화된 기독교, 즉 유교적, 무사도적 기독교의 서양전파를 강조하였다.

그는 노일전쟁시기, 또 한국병합 후에도 일관해서 일본의 천직 수행을 강조하였고, 달라지지 않는 일본에 실망하면서도 각성의 소리를 외치며 변화를 기대하였다. 그러나 그의 만년이 되어도 지속되는 비교화와 사회적 부패가 심한 일본에 진노하면서 마침내 그 앞날의 멸망을 예언하였다.

이와 같은 그의 일본론에 비하면 그의 조선론은 변화를 거듭해 갔다. 즉 그가 본격적으로 조선에 대해 언급하기 시작한 청일전쟁 전에는 일본의 천직이라는 사명론으로 조선문명화에 책임이 있다고만 보고 전술한 바 청일전쟁도 의전으로 평가하였다. 전후 침략적인 일본에 실망하여 의전론은 부정하였지만 조선에 대한 일본의 사명론은 변하지 않았다. 그러나 1907년 그가 조선에서의 소위 '성령강림'을 인지한 후에는 그의 조선관은 크게 달라졌다. 즉 조선인의 깊은 신앙심과 교화가능성이 일본보다 높음을 알게 되었다. 따라서 조선을 문명화의 대상국이 아닌 동양교화의 중심국으로 큰 인식전환을 한 것이다. 이러한 인식변화는 조선에 대한 일제강점 후 만년까지 그와 가까이 지낸 조선 기독교인인 친구와 제자와의 교류를 통해 더욱 강화되었다.

그의 근대사상 바탕에는 그의 기독교신앙이 있었고 그것이 어쩌면 그의 인생노정의 핵심이었다고 볼 때, 신앙심이나 전체 교화면에서도 조선이 일본보다 앞섰다는 것은 인간의 본질적 성품이 조선인이 일본인보다 낫다고 인식한 것이다. 바로 이점이 우치무라에게 주목하는 부분이다. 사실 당시 이 같은 조선인식을 가진 일본지식인을 찾기가 어렵다. 앞으로도 우치무라에 대한 보다 지속적이고 다양한 연구가 요망된다.

■ 참고문헌

1. 주요자료

1) 국내

「淸韓論」, O. N. 데니 著 金源模 譯, 『東洋學』第10輯, 檀國大學校 附設 東洋
學硏究所, 1980(원문, China And Korea by O. N. DENNY, kelly and
Walsh, Limited Printers, Shanghai, 1888).

「데니의 淸韓論에 대한 反駁文」, 묄렌도르프 著 金源模 譯, 『東洋學』第10輯,
1980. 檀國大學校 附設 東洋學硏究所(원문, P.G von Moellendorff. A
Reply to Mr. O. N. Denny's pamphlet cntitled: "China and Korea". 1888).

『聖書朝鮮』第1號~第136號, 聖書朝鮮社, 1927~1940.

「徐載弼手記」, 卜榮魯 譯, 「回顧甲申政變」, 閔泰瑗, 『甲申政變과 金玉均』, 國
際文化協會 所收 1947.

『梅泉野錄』, 國史編纂委員會, 探求堂, 1955.

『陰晴史』, 國史編纂委員會, 探求堂, 1958.

『續陰晴史』, 國史編纂委員會, 探求堂, 1960.

『承政院日記』, 高宗朝, 國史編纂委員會, 探求堂, 1967.

『舊韓國外交文書』, 高麗大學校 亞細亞問題硏究所 編, 高麗大學校出版部 ,1967.

『高宗純宗實錄』, 國史編纂委員會, 探求堂, 1970.

『高宗時代史』, 國史編纂委員會, 探求堂, 1971.

『行政年表 陰晴史 全』, 國史編纂委員會, 探求堂, 1971.

『金玉均全集』, 韓國學文獻研究所 編, 亞細亞文化社, 1979.

『金允植全集』, 韓國學文獻研究所 編, 上·下, 亞細亞文化社, 1980.

『雲養集』, 韓國學文獻研究所 編, 『亞細亞文化社』, 1980.

『日本外交文書』(韓國編)2, 泰東文化社, 1981.

『萬國公法』, 韓國學文獻研究所 編, 亞細亞文化社, 1981.

鄭晉錫, 『漢城旬報 漢城周報』, 寬勳클럽信永研究基金, 1983.

『朴定陽全集』, 韓國學文獻研究所 編, 亞細亞文化社, 1984.

『함석헌전집』, 1-24, 한길사, 1987.

『駐韓日本公使館記錄』 1-6, 國史編纂委員會, 1986~1991.

『兪吉濬全書』, 全5卷, 一潮閣, 1996.

『朝鮮策略』, 黃遵憲 原著, 趙一文 譯註, 建國大學校出版部, 1997.

2) 국외

『日本外交文書』 第13卷, 東京, 1880.

『愛國新誌』, 愛國社, 1881.

『敎育時論』 284~285, 1892~1893.

山本泰次郎 譯補, 『內村鑑三, D·C Belに送った自敍傳的書簡』, 1917.

日本史籍協會編, 『大久保利通文書』 第5卷, 1925.

『福澤全集』 全10卷, 國民圖書株式會社, 1926.

植木枝盛 『民權自由論』, 吉野作造 編, 『明治文化全集』5卷, 日本評論社, 1928.

忠芬義芳樓藏版 『征韓評論』, 吉野作造 編, 『明治文化全集』22卷 雜史編 所
　　　　收, 日本評論社, 1929.

『續福澤全集』 全7卷, 岩波書店, 1933.

日本史籍協會 編, 『木戶孝允日記』, 1933.

「古友金玉均의 回想」, 『古均』 創刊號, 古均會, 1935.

學藏會 編, 『林子平全集』, 第1,2卷 生活社, 1943.

山本泰次郎 編, 『內村鑑三信仰著作全集』 1~24, 敎文館, 1964.

金正明 編, 『日韓外交資料集成』1, 巖南堂書店, 1966.

『中江兆民集』, 筑摩書房, 1974.

『吉田松陰全集』, 大和書房, 1974.

臺北:中央硏究院 近代史硏究所 編, 『淸季中日韓關係史料』 第2卷, 出使大臣·何如璋 函. 1972, 景人文化社, 1982.

『日本書紀』 第9卷 神功皇后, 井上光貞 編, 『日本の名著』1, 中央公論社, 1983.

『日本外交文書』, 日本外務省, 1988.

『內村鑑三選集』, 全24卷, 岩波書店, 1990.

2. 주요저서

1) 국내

金敎臣, 咸錫憲 共著, 『內村鑑三先生과 朝鮮』, 1940.

李瑄根, 『韓國史 −現代篇−』, 震檀學會, 1963.

金義煥, 『朝鮮對日交涉史硏究』, 通文館, 1966.

高柄翊, 『東亞交涉史의 硏究』, 서울大學校出版部, 1970.

金道泰, 『徐載弼博士自敍傳』, 乙酉文庫, 1972.

崔昌圭, 『近代韓國政治思想史』, 一潮閣, 1972.

李昊宰, 『弱小國 外交政策論』, 法文社, 1973.

黃玹 저, 李章熙 역, 『梅泉野錄』, 대양서적, 1973.

F.A. 맥켄지 著, 申福龍 譯, 『大韓帝國의 悲劇』, 探求堂, 1973.

H.B. 헐버트 著, 申福龍 譯, 『大韓帝國史 序說』, 探求堂, 1973.

李光隣, 『開化黨硏究』, 一潮閣, 1973.

_____, 『韓國開化思想研究』, 一潮閣, 1981.

_____, 『開化派의 開化思想研究』, 一潮閣, 1989.

_____, 『改訂版 韓國開化史研究』, 一潮閣, 1990.

_____, 『유길준』, 東亞日報社, 1992.

_____, 『開化期의 人物』, 연세대학교출판부, 1993.

愼鏞廈, 『獨立協會研究 －獨立新聞·獨立協會·萬民共同會의 思想과 運動－』, 一潮閣, 1976.

裵成東, 『日本近代政治史』, 法文社, 1976.

閔斗基, 『日本의 歷史』, 知識産業社, 1977.

白鐘基, 『近代韓日交涉史研究』, 正音社, 1977.

_____, 『韓國近代史研究』, 博英社, 1981.

姜萬吉, 『分斷時代의 歷史認識』, 創作과 批評社, 1978.

H.N. 알렌 著, 申福龍 譯. 『朝鮮見聞記』, 博英社, 1979.

尹炳奭, 『韓國近代史料論』, 一潮閣, 1979.

김정환, 『김교신』, 한국신학연구소, 1980.

田鳳德, 『韓國近代法思想史』, 博英社, 1981.

申基碩, 『新考東洋外交史』, 探求堂, 1981.

李鉉淙, 『韓末에 있어서 中立化論』, 국토통일원, 1982.

姜在彦, 『近代韓國思想史研究』, 한을, 1983.

崔鍾庫, 『韓國의 西洋法受容史』, 博英社, 1983.

琴章泰, 『東西交涉과 近代韓國思想』, 성균관대학교출판부, 1984.

宋炳基, 『近代韓中關係史研究』, 檀國大學校出版部, 1985.

楊尚弦 編, 『韓國近代政治史研究』, 사계절출판사, 1985.

韓國史研究會 編, 『清日戰爭과 韓日關係－日本의 對韓政策形成에 관한 研究－』, 一潮閣, 1985.

_____, 『韓國近代社會와 帝國主義』, 三知院, 1985.

歷史學會 編, 『露日戰爭前後 日本의 韓國侵略』, 一潮閣, 1986.

李炫熙, 『征韓論의 背景과 影響』, 大旺社, 1986.

俞東濬, 『俞吉濬傳』, 一潮閣, 1987.

愼鏞廈, 『韓國近代社會思想史研究』, 一志社, 1987.

朴宗根 編, 朴英宰 譯, 『淸日戰爭과 朝鮮』, 一潮閣, 1989.

趙東杰, 『韓國民族主義의 成立과 獨立運動史研究』, 知識産業社, 1989.

_____, 『韓國民族主義의 발전과 獨立運動史研究』, 知識産業社, 1993.

柳永益, 『甲午更張研究』, 一潮閣, 1990.

_____, 『韓國近現代史論』, 一潮閣, 1992.

金泰俊·姜在彦 外編, 『韓日文化交流史』, (주)민문고, 1991.

함석헌, 『뜻으로 본 한국역사』, 한길사, 1992.

孫承喆, 『朝鮮時代 韓日關係史研究』, 지성의 샘, 1994.

金度亨, 『大韓帝國期의 政治思想研究』, 知識産業社, 1994.

金丁煥, 『金敎臣 그 삶과 믿음과 사랑』, 한국신학연구소, 1994.

尹炳喜, 『俞吉濬研究』, 國學資料院, 1998.

韓哲昊, 『親美開化派研究』, 國學資料院, 1998.

具仙姬, 『韓國近代對淸政策史研究』, 혜안, 1999.

이태진, 『고종시대의 재조명』, 태학사, 2000.

2) 국외

煙山專太郎, 『征韓論實相』, 早稻田大學出版部, 1907.

田保橋 潔, 『近代日鮮關係의 研究』上, 朝鮮總督府中樞院, 1926.

_____, 『近代日鮮關係의 研究』下, 朝鮮總督府中樞院, 1940.

津田左右吉, 『日本上代史研究』, 岩波書店, 1930.

石川幹明, 『福澤諭吉傳』 全四卷, 岩波書店, 1931〜1932.

羽仁五郎, 『白石諭吉』, 岩波書店, 1932.

蒻田貞雄, 『征韓論の眞相とその影響』, 東京日日新聞社, 1941.

池内宏, 『日本上代史の一研究 －日鮮の交渉と日本書記－』, 近藤書店, 1947.

家永三郎, 『近代精神とその限界』, 角川書店, 1950.

_____, 『革命思想の先驅者』, 岩波書店, 1957.

_____, 『植木枝盛研究』, 岩波書店, 1960.

遠山茂樹, 『明治維新』, 岩波書店, 1951.

_____, 『日淸戰爭と福澤諭吉』, 1951.

_____, 『福澤諭吉』, 東京大學出版會, 1970.

丸山眞男, 『福澤諭吉選集』 第四卷 「解題」, 岩波書店, 1952.

_____, 『日本の思想』, 岩波書店, 1957.

森有正, 『內村鑑三』, 弘文堂, 1953.

政池仁, 『內村鑑三』, 三一書店, 1953.

鹿野政直, 『日本近代思想の研究』, 新評論社, 1956.

_____, 『明治の思想』, 筑摩書房, 1964.

_____, 『福澤諭吉』, 淸水書店, 1967.

_____, 『資本主義形成期の秩序意識』, 筑摩書房, 1969.

_____, 『日本近代化の思想』, 研究社, 1972.

_____, 『日本近代思想の形成』, 頸草書房, 1976.

丸山眞男, 『日本の思想』, 岩波新書, 1961.

_____, 『文明論之槪略を讀む』 上·中·下, 岩波新書, 1986.

_____, 『日本政治思想史研究』, 東京大學出版會, 1986.

鈴木俊郎 編, 『回想の內村鑑三』, 岩波書店, 1961.

_____, 『內村鑑三と現代』, 岩波書店, 1962.

土肥昭夫, 『內村鑑三』, 日本基督敎團出版局, 1962.

『日本歷史』 15, 岩波書店, 1962.

三品彰英, 『日本書記朝鮮關係記事考證』, 吉川弘文館, 1963.

阿部吉雄, 『日本朱子學と朝鮮』, 東京大學出版會, 1965,

小泉信三, 『福澤諭吉』, 岩波書店, 1966.

河野健二, 『福澤諭吉』, 講談社, 1967.

井上淸, 『日本帝國主義の形成』, 岩波書店, 1968.

_____, 『日本の歷史』中, 岩波書店, 1971.

_____, 『日本の軍國主義』 Ⅱ, 現代評論社版, 1975.

旗田巍, 『日本人の朝鮮觀』, 勁草書房, 1969.

松本三之介, 『天皇制國家と政治思想』, 未來社, 1969.

_____, 『福澤諭吉』, 東京大學出版會, 1970.

_____, 『西鄕隆盛』, 中央公論社, 1970.

_____, 『日本の軍國主義』Ⅱ, 現代評論社, 1975.

橋川文三 編, 『近代日本思想史の基礎知識』, 有斐閣, 1971.

橋川文三, 『順逆の思想』, 勁草書房, 1973.

松澤弘樹, 『近代日本と內村鑑三』, 『日本の名著』 38, 中央公論社, 1971.

藤村道生, 『日淸戰爭』, 岩波新書, 1973.

關根正雄 編著, 『內村鑑三』, 淸水書院, 1973.

安丸良夫, 『日本の近代化と民衆思想』, 靑木書房, 1974.

植手通有, 『日本近代思想の形成』, 岩波書店, 1974.

會田倉吉, 『福澤諭吉』, 吉川弘文館, 1974.

金榮作, 『韓末ナショナリズムの研究』, 東京大學出版會, 1975.

廣田昌希, 『福澤諭吉硏究』, 東京大學出版會, 1976.

大畑膳四郎, 『日本外交史』, 東出版, 1978.

姜在彦·李進熙 外, 『歷史の中の日本と朝鮮』, 講談社, 1981.

今永淸二, 『福澤諭吉の思想形成』, 頸草書房, 1984.

森山茂德, 『近代日韓關係史研究』, 東京大學校出版會, 1987.

猪飼隆明, 『西鄕隆盛』, 岩波新書, 1992.

原田環, 『朝鮮の開國と近代化』, 溪水社, 1997.

大江志乃夫, 『東アジア史としての日淸戰爭』, 立風書房, 1998.

3. 주요논문

1) 국내

金麟端, 「無敎會主義者 內村鑑三氏에 對하여」, 『神學指南』, 1930, 7월호.

金貞植, 「內村鑑三氏を追憶す」, 金敎臣, 咸錫憲 共著, 『內村鑑三先生과 朝鮮』, 1940.

權錫奉, 「李鴻章의 對朝鮮列國立約勸導策에 대하여」, 『歷史學報』 21, 1963

_____, 「淸日戰爭 以後의 韓淸關係硏究 1984~1898」, 韓國精神文化硏究院 歷史硏究室 編, 『淸日戰爭을 前後한 韓國과 列强』(1984) 所收.

金泳鎬, 「兪吉濬의 開化思想」, 『創作과 批評』 11집, 1968, 가을호.

金仁順, 「朝鮮에 있어서 1894년의 內政改革硏究 —兪吉濬의 開化思想을 중심으로—」, 『國際關係論』, 1968.

朴英宰, 「淸日戰爭과 日本外交 —遼東半島 割讓問題를 中心으로—」, 『歷史學報』 53·54, 1972.

_____, 「近代日本의 對韓認識」, 歷史學會 編, 『日本의 侵略政策史硏究』(1984) 所收.

_____, 「近代日本의 아시아認識」(脫아시아主義와 아시아主義), 歷史學會 編, 『淸日戰爭前後 日本의 韓國侵略』(1986) 所收.

尹炳奭, 「일제의 한국주권 침투과정」, 『한국사』 19 —근대— (대한제국의 종말과 의병항쟁), 국사편찬위원회, 1976.

_____, 「列强의 利權侵奪」, 『韓國史』 18, 1977.

_____, 「帝國主義侵略에 대한 韓國의 抵抗」, 韓國史硏究會 編, 『韓國近代社

會와 帝國主義』(1985) 所收.

宋炳基, 「駐日淸國公使 何如璋의 '主持朝鮮外交議'에 대하여」, 『東洋學』 11 輯, 檀國大學校 附設 東洋學硏究所, 1981.

田鳳德, 「西遊見聞과 兪吉濬의 法思想」, 『韓國近代法思想史』, 법문사, 1981.

白鍾基, 「壬午軍亂을 에워싼 淸·日 兩國의 對韓政策에 관한 一管見」, 『大東文化硏究』 제16집, 1982.

고병익, 「독일인 穆麟德의 임용」, 『동아시아의 전통과 근대화』, 삼지원, 1984.

柳永益, 「甲午更張 이전의 兪吉濬」, 『甲午更張硏究』, 一潮閣, 1986.

_____, 「西遊見聞과 兪吉濬의 保守的 漸進改革論」, 『韓國近現代史論』, 一潮閣, 1992.

崔德壽, 「獨立協會의 政體論 및 外交論硏究」, 『民族文化硏究』, 13, 1978.

_____, 「독립협회의 정체론과 외교론 연구」, 『한국근대정치사연구』: 사계절.

_____, 「淸日·露日 戰爭期 日本의 朝鮮觀硏究」, 高麗大學校 大學院 博士學位論文, 1987.

_____, 「朴泳孝의 內政改革論 및 外交論硏究」, 『民族文化硏究』, 21, 1988.

具仙姬, 「福澤諭吉과 1880年代 韓國開化運動」, 『史叢』 32, 1987.

_____, 「유길준의 입헌군주제론」, 『동아연구』 제12, 1987.

_____, 「대한제국말기 유길준의 사상과 행동」 서강대학교 박사학위논문, 1993.

旗田巍, 「『日本書紀』에 나타난 古代日本人의 韓國觀」, 『第5回 國際學術會議論文集』 1, 한국정신문화연구원, 1988.

鄭在貞, 「井上馨 ─明治政府에서의 役割과 朝鮮侵略의 實踐─」, 『國史館論叢』 1, 1989.

金鳳烈, 「兪吉濬 開化思想의 硏究」, 경희대학교 박사학위논문, 1989.

徐正敏, 「內村鑑三의 韓國觀과 그 解釋問題」, 『水邨朴永錫敎授華甲紀念 韓國史學論叢』 下, 1992.

이원영,「開化思想의 構造的 分析」, 이화여자대학교 박사학위논문, 1994.

_____,「문명사관과 문명사회론」－유길준의 서유견문을 중심으로－,『한
　　국정치학회보』30집 4호, 1996.

윤병희,「일본망명시절의 유길준의 쿠데타음모사건」,『한국근현대사연구』
　　제3집, 1995.

李起勇,「韓國開化思想과 日本文明思想의 比較硏究」,『韓日關係史硏究』제4
　　집, 1995.

_____,「'征韓論' 批判」,『韓日關係史硏究』제8집, 1998.

_____,「內村鑑三의 기독교사상 및 그의 日本觀과 朝鮮觀」,『韓日關係史硏
　　究』제9집, 1998.

_____,「兪吉濬과 福澤兪吉의 政治論 比較硏究」,『韓日關係史硏究』제13집,
　　2000.

한철호,「時務開化派의 改革構想과 政治活動」,『韓國近代開化思想과 開化運
　　動』, 신서원, 1998.

_____,「유길준의 개화사상서『西遊見聞』과 그 영향」,『진단학보』89, 2000.

정용화,「유길준의 兩截체제론」,『國際政治論叢』제37호, 한국국제정치학회,
　　1998.

_____,「유길준의 정치사상연구」, 서울대학교 박사학위논문, 1999.

金世民,「高宗時代 萬國公法 認識硏究」, 강원대학교 박사학위논문, 2000.

2) 국외

植木枝盛,「人民의 國家에 對하는 精神을 論함」,『愛國新誌』, 愛國社, 1881.

丸山眞男,「福澤에 있어서의 實學의 展開」,『東洋文化硏究』第三集, 1947.

_____,「福澤의 儒敎批判」,『東京帝國大學學術大觀』, 1953.

遠山茂樹,「征韓論・自由民權論・封建論」,『歷史學硏究』, 143, 145, 1951.

_____,「內村鑑三に心うたれる理由」, 鈴木俊郎 編,『回想の內村鑑三』岩波書店, 1961.

矢內原忠雄,「日本の思想史上における內村鑑三の地位」, 鈴木俊郎 編,『內村鑑三と現代』, 岩波書店, 1962.

時野谷藤,「明治初年の外交」,『日本の歷史』15, 岩波書店, 1962.

梶村秀樹,「朝鮮近代史と金玉均の評價」,『思想』No.510, 1966.

_____,『朝鮮史の構造と思想』. 研文出版, 1982.

大江志及夫,「征韓論の成立とその意義」,『東アジアの近代史の研究』, 御茶の水書房, 1967.

藤村道生,「征韓論における內因と外因」, 日本國際政治學會,『日本外交史の諸問題』Ⅲ, 有斐閣, 1967.

松尾尊允,「日本組合基督教會の朝鮮傳導」,『思想』529号, 1968, 7.

靑木功一,「朝鮮開化運動と福澤諭吉の著作」,『朝鮮學報』52, 1970.

_____,「朴泳孝の民本主義・新民論・民族革命論 (1)」,『朝鮮學報』80, 1976.

_____,「脫亞論の源流」,『慶應義塾大學新聞研究所年報』No.10, 1978.

_____,「福澤諭吉の朝鮮論 (その初期より「脫亞論」に至るまで)」,『朝鮮歷史論集』下卷, 1979.

_____,「『時事新報』論說における朝鮮問題(1) (壬午軍亂以後)」,『慶應義塾大學新聞研究所年報』No.14, 1980.

姜在彦,「近代朝鮮における自由民權思想の形成」,『思想』No.570, 1971.

_____,「江華島事件前後」,『季刊 三千里』第3号, 三千里社, 1975.

中塚明,「日本近代史の展開と‘朝鮮史像’」,『朝鮮史研究會論文集』11, 朝鮮史研究會, 1974.

佐藤全弘,「朝鮮問題と內村鑑三」,『內村鑑三研究』5号, 1975, 12.

隅谷三喜男,「近代日本の成立と基督教」武田淸子 編『明治宗教文學集』(二) 1975.

原田環,「朝鮮策略をめぐって」, 季刊『三千里』17号, 三千里社 1977.

_____, 「1880年前半の閔氏政權と金允植」, 『朝鮮史硏究會論文集』 No.22, 1985.

澤纓, 「內村鑑三の愛國思想と韓國基督敎」, 『內村鑑三硏究』 18号, 1977년 1.

高崎宗司, 「內村鑑三と朝鮮」, 『思想』 639号, 1977, 9.

石田雄, 「內村鑑三における'獨立'の意味」, 『思想』 639号, 1977, 9.

田保橋潔, 『近代日支鮮關係の硏究 －天津條約より日支開戰に至る－』, 原書房, 1979.

坂野潤治, 「征韓論爭後の內治派と外征派」, 『幕末進新の日本』, 近代日本硏究會, 由川出版社, 1981.

森山浩二, 「朝鮮近代における基督敎受容に對する一考察」, 『朝鮮史硏究會論文集』 No.19, 1982.

對談 「日本における朝鮮硏究の系譜」, 『季刊三千里』 第34号, 三千里社, 1983.

橋川文三, 『順逆の思想』 (脫亞論以後), 頸草書房, 1984.

朴宗根, 『日淸戰爭と朝鮮』. 靑木書店, 1984.

趙景達, 「朝鮮における大國主義と小國主義の相剋」, 『朝鮮史硏究會論文集』 NO.22, 1985.

旗田巍 編, 『朝鮮の近代史と日本』, 大和書房, 1987.

吉野誠, 「福澤諭吉の朝鮮論」, 『朝鮮史硏究會論文集』 No.26, 1989.

月脚達彦, 「開化思想の形成と展開」 (兪吉濬の對外論を中心に), 『朝鮮史硏究會論文集』 No.28, 1991.

_____, 「甲午改革の近代化構想」, 『朝鮮史硏究會論文集』 No.33, 1995.

_____, 「朝鮮開化思想の構造」 －兪吉濬 『西遊見聞』 の文明論的立憲君主制論－, 『朝鮮學報』 第159輯, 1996.

_____, 「保護條約以後の'實力養成運動の論理と活動」, 『朝鮮學報』, 165, 1997.

金鳳珍, 「東アジア知識人の國際秩序觀」 －鄭觀應・福澤諭吉・兪吉濬の比較考察－, 東京大學 博士學位論文, 1991.

長谷川直子,「壬午軍亂後の日本の朝鮮中立化構想」,『朝鮮史研究會論文集』 No32, 1994.

北原スマ子,「朝鮮の對西洋開國決定とロシア認識」,『朝鮮史研究會論文集』 No33. 朝鮮史研究會, 1995.

塚本明,「神功皇后傳說と近世日本の朝鮮觀」, 史林 79券 6号, 1998.

李起勇,「近代日本の對韓平和思想」,『世界平和研究』, 通卷 159号, 2003.

_____,「金玉均の近代思想と甲申政變 (上)」(韓國近代思想の形成と淸國 の干涉),『世界平和研究』通卷 162号, 2004.

_____,「金玉均の近代思想と甲申政變 (下)」(甲申政變の展開と歷史的意 義),『世界平和研究』通卷 166号, 2005.

Schapiro, Jacob. S 1958. *Liberalism; Its meaning and History,* D. Van Nostrand Company, Inc.

Conroy, Hirary. 1960. The Japanese Seizure of Korea, 1868−1910. Philadelphia

Hobsbawm, E, J. 1962. *The Age of Revolution,* London : Weidenfeld

Macpherson, C. B. 1966. *The Real World of Democracy,* Oxford University Press.

Blacker, Carmen. 1969. The Japanese Enlightenment:A Study of the Writings of Fukuzawa Yukichi. Cambridge Univ. Press

Rosenau, J 1969. Linkage Politics, Free Press.

Smith, David. 1974. "Liberalism", in *International Encyclopedia of Social Science,* The Macmillan Company & The Free Press.

Sandel, Michael J. 1982, Liberalism and the Limits of Justice University Press.

Gong, Gerrit W. 1984 The Standard of *Civilization in International Society,* Oxford : Clarendon Press.

MacIntyre, Alasdair. 1984, *After Virture : A Study in Moral Theory,* 2nd ed., University of Notre Dame Press.

Walzer, Michael. 1984, "Liberalism and The Art of Separation", Political Theory, vol.12, No. 3, August.

Hinsley, F. H. 1986. *Sovereignty.* second edition, Cambridge University Press.

Rosemont, Henry. 1988. "Why Take Rights Seriously? A Confucian Critique."

Rosemont, Henry. 1988, "Why Take Rights Seriously? A Confucian Critique", Leroy
S. Rouner (ed), *Human Rights and the Worlds Religions,* Notre Dame, Indiana
: University of Notre Dame Press.

Ames, Roger T. 1988. "Rites as Rights: The Confucian Alternative."

Donnelly, Jack, 1989, *Universal Human Right in Theory and Practice,* Cornell University
Press

Parekh, B. 1992. "The Cultural Particularity of Liberal Democracy", Political Studies
XL(Special Issue), 160–75

Liu, Lydia H. 1993. "Translingual Practice: The Discourse of Individualism between
China and the West", *Positions* vol. 1, no. 1.

Lyons, Gene M. and Mastanduno, Michael (ed.). 1995. *Beyond Westphalia? : State
Sovereignty and International Intervention,* Johns Hopkins University Press.

Kwok, Daniel W. Y. 1998. "On the Rites and Rights of Being Human", Wm.
Theodore de Bary & Tu Weiming (eds.), *Confucianism and Human* Rights,
Columbia University Press

색 인

■저자
이 기 용 (李 起 勇)

서울대학교 인문대학 국사학과 졸업
성균관대학교 대학원 사학과 석사, 박사과정졸업(문학박사)

선문대학교 외국어대학장, 통·번역대학원장, 총장자문위원 역임
일본연구소 소장, 일어일본학과 교수

한국일본사상사학회 부회장
한일관계사학회 이사
한국평화연구학회 이사
서울대학교 총동창회 이사

▶주요저서
『현대일본의 사정』

▶주요논문
「福澤諭吉의 朝鮮觀硏究」
「한국개화사상과 일본문명사상의 비교연구」
「'征韓論'비판」
「근대일본기독교사상가의 동양관」
「일본침략사상의 원형인 '神功황후설화'」
「韓末期 愛國啓蒙團體의 시대인식과 변혁사상」
「한국기독교사상과 우치무라 간조」
「20세기 초 동아시아에서의 전쟁과 평화사상」
「독도인식의 역사적 고찰과 일본영유권 주장의 오류」
「近代日本の對韓平和思想」
「金玉均の近代思想と甲申政變」외 다수

한일근대사상사연구

초판 1쇄 인쇄일		2007년 4월 15일
2쇄 인쇄일		2011년 11월 7일
초판 1쇄 발행일		2007년 4월 23일
2쇄 발행일		2011년 11월 9일

지은이		이기용
펴낸이		정구형
출판이사		김성달
편집이사		박지연
책임편집		박지연
본문편집		이하나 정유진
디자인		정문희 김현경 장정옥
마케팅		정찬용
영업관리		한미애 김정훈 안성민
인쇄처		월드문화사
펴낸곳		**국학자료원**

등록일 2006 11 02 제2007-12호
서울시 강동구 성내동 447-11 현영빌딩 2층
Tel 442-4623 Fax 442-4625
www.kookhak.co.kr
kookhak2001@hanmail.net

| ISBN | | 978-89-279-0145-7 *93900 |
| 가격 | | 18,000원 |